문학과 삶

문학과 삶

초판 1쇄 발행 2021년 9월 1일
초판 2쇄 발행 2023년 4월 1일

지은이 | 최현주, 정미경, 나선혜
펴낸곳 | (주)태학사
등록 | 제406-2020-000008호
주소 | 경기도 파주시 광인사길 217
전화 | 031-955-7580
전송 | 031-955-0910
전자우편 | thspub@daum.net
홈페이지 | www.thaehaksa.com

편집 | 조윤형 여미숙 김선정
디자인 | 한지아 이보아
마케팅 | 김일신
경영지원 | 정충만
인쇄·제책 | 영신사

값 18,000원
ISBN 979-11-90727-78-5 93810

책임편집 | 조윤형
북디자인 | 임경선

최현주
정미경
나선혜

문학과 삶

허구를 넘어 실체에 다가서다

태학사

서문

바야흐로 4차 산업혁명의 시대가 도래하였다. 인공지능과 과학기술의 발전에 따른 새로운 사회문화적 환경은 인간의 위기의식을 불러왔고, 이에 대한 대응으로 침체된 인문학을 부흥하려는 노력이 대두되었다. 세계의 명문 대학들이 인문학을 통한 교양 교육 강화에 몰두하고 있으며, 국내의 대학들 또한 세계와 인간의 가치 탐색과 관련된 다양한 강좌들을 개설하고 있다. 이는 인문학이 기본적으로 인간과 사회의 실질적 대화로서, 오늘날과 같은 변화의 시대에 '인간은 무엇을 할 수 있는가?', '인간의 가치는 어떻게 규정되어야 하는가?'에 대한 답을 제시할 수 있기 때문일 것이다.

인문학 가운데서도 특히 문학은 인간의 삶과 현실을 작품 속에 생생하고 구체적으로 재현하고, 세계를 총체적으로 이해할 수 있도록 하는 장을 제공해 준다는 점에서 더욱 주목을 요한다. 우리는 문학작품 속에 형상화된 인물과 사건을 통해 삶을 되돌아보는 한편, 바람직한 세계의 모습을 고민해 볼 수 있다. 문학을 통해 삶에 대한 사유를 확장하고 내가 속한 사회에 대한 이해를 심화시킬 수 있는 것이다. 이러한 이유에서 문학작품을 감상하고, 그 속에 담긴 메시지를 사유하는 행위는 인간 중심의 사회를 유지하기 위한 인성과 사회성 함양을 가능하게 한다고 할 수 있다. 따라서 문학과 이에 대한 교육의 필요성은 이 시대에도 여전히 유효한, 어쩌면 더욱 절실히 요구되는 화두라 하겠다.

『문학과 삶』은 기존의 문학 교육에서 강조해 온 문학 이론이나 텍스트 분석 중심의 접근보다는 작품이 주는 감동과 자기 성찰을 통한 심층적 교육이 필요하다는 저자들의 뜻이 모여 집필되었다. 이 책을 통해 학생들이 문학의 본질을 깨우치고 다양한 문학작품을 만남으로써 자신의 삶을 주도적으로 성찰하는 데에서 나아가 세계와 타인과의 소통을 이루어 공동체적 가치를 창출해 내기를 기대한다.

이 책은 크게 2부로 구성되어 있다. 제1부는 문학의 본질을 묻고 이에 대해 답한다. '문학이란 무엇인가?'라는 물음은 오래된 것이기는 하나 여전히 한마디로 정의하기 어렵다. 이 책에서는 이 물음에 대해 나름대로 제시된 기존의 답을 정리하면서 우리 삶과 관련하여 새로운 답을 모색해 보고자 했다. 또한, 문학을 바라보고 의미를 창출해 내는 다양한 관점에 대해 살펴보았다. 문학의 구조와 비평에 대한 분류는 작품을 효과적으로 분석하는 데에 도움이 될 수 있을 것이다.

제2부에서는 다양한 문학작품을 우리가 사는 세계와 인생의 틀 안에서 논의하였다. 좁게는 가족부터 넓게는 생태에 이르기까지 주목할 만한 10개의 주제를 선정한 후 이와 관련된 작품들을 분석하고 비평하였다. 이러한 논의들은 혼란한 세상과 혼돈의 삶 속에서 '나는 누구인가?', '나는 무엇을 할 것인가?', '나는 어떻게 살 것인가?'라는 질문에 대한 실천적 설득력을 가진 답을 찾기 위한 과정이라 할 것이다. 인간다운 삶을 지속하기 위한 논의가 활발하게 이루어질 수 있도록 학생들이 이 책을 읽으며 함께 고민해 주기를 희망한다.

짧다면 짧고, 길다면 긴 시간 동안 이토록 재미있는 문학을 학생들도 좋아했으면 좋겠다는 마음, 문학과 소통하면서 느낄 수 있는 자유와 행복을 학생들도 똑같이 느낄 수 있으리라는 확신으로 문학을 가르쳐 왔다. 그러나 요령부득으로 그 내용을 정리하지 못하고 있다가 지금이나마 이렇게 책으로 엮을 수 있게 되어 다행이면서도 부끄러운 마음이 앞선다. 그럼에도 한 가지 바람이 있다면, 이 책과 함께하는 시간을 통해 학생들이 자발적으로 문학작품을 찾아서 읽고 감동하고 비평하고 창작하며 성장하는 것이다.

모든 문학작품은 등장인물을 통해 인간의 고유한 본질을 발견하는 길을 제시한다. 따라서 문학작품을 읽는 것은 자신의 진정한 정체성을 탐색하기 위한 길을 나서는 행위이다. 아무쪼록 이 책이 학생들에게 보다 나은 삶을 위한 길을 찾아가는 소중한 나침반이 되기를 바란다. 이미 제시된 길이 아닌, 길 없는 길, 자신만의 길을 걸어가야겠다는 목표를 갖게 된다면 저자들이 느끼는 보람은 더할 나위 없을 것이다.

2021년 여름

집필진이 뜻을 모아

차례

제2부 문학으로 바라본 존재와 사건

제1부

문학이란 무엇인가

제1장

문학의 정의

1. 문학의 개념

'문학은 무엇인가?'라는 물음은 쉽게 답하기 어렵지만 그 단초는 '인생이 무엇인가'라는 물음에서부터 찾아볼 수 있다. '인생'이 여러 복합적인 요소들, 이를테면 사회, 정치, 경제, 역사, 학교, 가족, 친구… 등등 수많은 요소들과 관련되어 있으며, 문학 또한 인생을 둘러싼 여러 요소들과 밀접하게 연관되어 있기 때문이다. '문학은 곧 인생이다', 혹은 좀 더 구체화하여 '문학은 인생의 표현이다'라고 할 수 있다. 그래서 문학은 지구상에 살고 있고, 살아왔던 수많은 사람들의 삶의 기록이라고 할 수 있을 것이다.

그렇다면 문학의 개념은 인생에 대한 개념 정리로부터 시작하는 것이 바람직할 것이다. 여기서 조선말 불교의 선종 교리를 집대성한 경허스님의 화두를 떠올려 보자.

무사아유사(無事我有事) : 일없음이 내겐 일있음이다.

우리는 매일 무사(無事)한 삶을 살기를 원한다. 하지만 매일 일이 없는 무사한 삶이 반복된다면 그 사람의 매일 매일의 삶은 지나치게 단조롭거나 지루한 삶이 될 것이다. 더구나 일자리가 없는 사람에게 무사한 삶이란 더욱 그러할 것이다. 반대로 매일 유사(有事, 일이 많은)한 사람은 쉴 틈 없는 일상에 지치고 피곤하겠지만 일한 만큼 보상받을 뿐 아니라 자신의 삶을 둘러싼 사소한 고민과 상처는 잊게 될 것이다. 과연 우리는 어떤 삶을 택할 수 있을까? 우리는 단정적으로 무사한 삶, 유사한 삶 하나만 택할 수는 없다. 우리의 인생에는 무사함도 유사함도 공존하고 있는 것이다. 유사하다고 기뻐할 일도, 무사하다고 슬퍼할 수도 없는 것이 우리의 인생의 역설 혹은 아이러니가 아닐까?

그런 점에서 모든 위대한 문학은 우리의 인생처럼 역설이나 아이러니를 내포하고 있다. 최고의 베스트셀러인 성경의 "원수를 사랑하라", 불경의 "색즉시공, 공즉시색"(채워진 것은 비어있음이요, 비어있음이 바로 채워짐이다), 혹은 세익스피어의 『햄릿』의 한 구절 "사느냐 죽느냐"는 바로 이러한 역설과 아이러니의 구조로 이루어져 있다.

이러한 역설은 문학이라는 개념과 역할에서도 동일하게 작용한다. 문학의 개념에는 서양(Literature)이나 동양(文學)이나 '말'이나 '문자'라는 어원을 내포하고 있다. 'Literature'의 어원에는 'Letter(문자)'라는 개념이, 문학(文學)에도 글월 문(文)의 개념이 내포되어 있는 것이다. 그런데 과연 말이나 문자가 의미를 실어 나르는 제대로 된 도구가 될 수 있을까? '사과'란 말이나 문자에는 실제의 사과가 가지고 있는 신맛이나 단맛이 내재되어 있지 않다. 사과란 말이나 글자를 모르는 어린 아이에게 사과라는 말이나 글자는 도무지 알 수 없는, 의미없는 그 무엇일 뿐이다. 즉 말이나 문자는 진정한 소통의 투명한 매개물이 아니며, 그런 점에서 소통의 불완전한 도구일 뿐이다. 그럼에도 인간은 원시시대부터 후기자본주의 시대인 오늘날까지 말이나 글자로 자신의 삶이나 생각을 표현하고 소통해 왔다.

이는 불완전한 도구임에도 그 언어로 소통을 해야 하는 인간의 삶의 필요에서 문학은 원시시대부터 현재까지 활용되어 온 것이다. 따라서 문학 또한 불완전한 도구를 전제로 하는 불완전한 것이며, 그러한 양상은 바로 앞에서 서술한 인생의 불완전함과 상통한다. '무사'한 삶도 '유사'한 삶도 아니면서 둘 다를 역설적으로 포용하면서 살아가는 우리들의 불완전한 인생처럼 문학 또한 불완전한 매개물에 기대어 역설적으로 삶의 진실을 드러내고 있는 것이다.

그런데 이러한 문학의 본질적인 불완전함 혹은 모순은 문학이 가지는 두 가지 개념, 과학과 예술의 두 개념을 공유하기 때문이기도 하다. 즉 문학은 이성을 통해 진리를 탐구하는 과학의 속성을 가지고 있고 한편으로 감성을 통해 아름다움을 지향하는 예술의 속성을 지니고 있는 것이다. 우리는 송기숙의 『녹두장군』을 읽으면서 동학혁명의 실상과 의의에 대한 이성적 인식을 해내기도 하면서 전봉준 장군을 비롯한 농민군들의 비장한 죽음에 대해 슬퍼하거나 그들의 의로운 삶에 공감하기도 한다. 이러한 문학 개념의 이중적 상황은 두 개념의 대립과 모순 때문에 더욱 강화된다. 이성적 인식이 강화되면 감성적 공감을 끌어내기 어렵거나 감성을 앞세우다 이성을 소홀히 하기 쉽기 때문이다. 그런 점에서 문학은 이러한 이성과 감성의 공유를 개념적 인식의 바탕에 두어야 할 것이다.

● 작품 해설

최인훈의 『광장』 — 존재론적 모순의 소설적 형상화

한국 소설사에 새롭고도 충격적인 화두를 던진 최인훈의 소설 『광장』은 등장부터 범상치 않았다. 『광장』은 1960년 4.19혁명과 1961년 5.16군사정변의 한 가운데의 시기에 발표된다. 1960년 10월 『새벽』이란 월간지에 발표된 것이다. 4.19 이전과 5.16 이후에는 발표될 수 없었을 것이라 짐작되는 소설, 그 이유는 이 작품이 한국 현대사의 가장 큰 모순인 민족 분단의 문제를 다루고 있기 때문이다. '자유의 최대치'의 계기가 되었던 4.19가 아니었던들 이 작품은 한국 소설사에 그 존재 자체를 드러낼 수 없었을 것이다.

더욱 이 작품이 문제적인 것은 민족 분단으로 인한 전쟁의 참화를 사실적으로 드러냄과 동시에 그 참화로 인해 상처받은 사람들의 존재론적 고민을 담아내고 있기 때문이다. 이 작품의 주인공 이명준의 남과 북을 사이에 둔 존재론적 고민은 당대의 냉전체제로 인한 것이면서 인간의 본질적인 모순을 반영해낸 것이기도 하다.

철학과 대학생이던 주인공 '명준'은 남한에서 자유와 낭만을 꿈꾸지만 월북한 사회주의자 아버지로 인해 수난을 겪게 된다. 밀실만 존재하는 남한 사회에 환멸을 느끼게 된 그는 아버지가 있는 북한으로 가게 된다. 하지만 북한으로 간 '명준'은 광장의 구호만 있고 개인의 자유와 욕망이 허용되지 않는 북한 사회에도 실망하게 된다. 그리고 6.25 전쟁이 발발하자 그는 인민군으로 징집되어 전쟁터로 나가지만, 폭력과 살육의 공간에서 '은혜'와의 사랑과 욕망만을 추구한다. 단지 초토의 공간에서 그가 할 수 있는 일은 '은혜'와의 사랑과 욕망에 최선을 다하는 것일 뿐이다. 하지만 전쟁포로로 잡혀 거제도에 수용되어 있던 그는 전쟁포로 석방 과정에서 남도 북도 아닌 제3국인 인도를 선택하고 인도로 향한 타고르호에서 바다로 뛰어들어 자살하고 만다.

그의 존재론적 고민의 핵심은 광장과 밀실이었으며, 그것은 남한과 북한 혹은 윤애와 은혜 사이의 선택의 문제였다. 하지만 그는 그 어느 것도 선택할 수 없었다. '사느냐 죽느냐'를 고민하던 햄릿처럼 고민에 고민을 반복할 수 밖에 없는 존재론적 모순을 반복하던 '이명준', 그가 바로 모든 소설 속 주인공의 공통된 모습이고, 부조리한 일상을 살아가는 우리들의 자화상일 수도 있다.

그런 점에서 모든 문학작품은 이같은 인간의 존재론적 고민을 형상화한다. 이러지도 저러지도 못한 채 하루하루를 살아가는 사람들의 모습을 문학은 대변하고 있다. 그리고 문학 또한 인간의 부조리한 삶의 표현이기에 비슷하게 모순된 것일 터이다. 인간의 부조리한 삶을 인간의 불완전한 언어로 드러내는 것이 문학이기에 문학 또한 부조리하고 불완전한 것이리라. 그럼에도 부조리한 가운데 살아가고 소통하는 우리들의 모습처럼, 문학 또한 그렇게 인간들과 같이 호흡하고 계속되어 갈 것이다.

● 작품 감상

꽃

김춘수

내가 그의 이름을 불러 주기 전에는
그는 다만
하나의 몸짓에 지나지 않았다.

내가 그의 이름을 불러 주었을 때
그는 나에게로 와서
꽃이 되었다.

내가 그의 이름을 불러 준 것처럼
나의 이 빛깔과 香氣에 알맞은
누가 나의 이름을 불러다오.
그에게로 가서 나도
그의 꽃이 되고 싶다.

우리들은 모두
무엇이 되고 싶다.
너는 나에게 나는 너에게
잊혀지지 않는 하나의 눈짓이 되고 싶다.

학습 활동

1. 이 시는 기 - 승 - 전 - 결의 구조로 이루어져 있다. 각 단계의 내용을 정리해보자.

단계	주요 내용
기	
승	
전	
결	

2. 다음 노자의 『도덕경』의 첫 구절과 비트겐슈타인의 『논리철학논고』 중의 '그림이론'을 읽어보고, 다음 활동을 해보자.

> 道可道非常道 말로 표현할 수 있는 도는 이미 본질을 담고 있는 도가 아니고
> 名可名非常名 이름지어 부를 수 있는 이름은 참다운 실재의 이름이 아니다.
>
> 한 이름은 한 사물을 나타내고, 다른 이름은 다른 사물을 나타내며, 그 이름들은 서로 결합되어 있다. 그래서 전체가 상호 대칭의 그림(데칼코마니)처럼 사태를 표상한다.(세계의 실재와 그를 표상하는 언어가 상호 대칭적으로 서로 결합되어 있다는 의미이다)

1) 노자와 비트겐슈타인의 '사물'(세계)과 '이름'(언어)의 관계에 대한 차이에 대해 토론해보자.

2) 김춘수의 시에서 '꽃'과 '이름 불러 주는 것'의 의미와 관계에 대해 정리하고 발표해보자.

3. 이 시에서 시인은 자신이 보고 인식한 '꽃'을 가장 잘 표상할 수 있는 언어를 활용하여 시로 형상화하였다. 다음에 대해 생각해보고 이야기해보자.

1) 시인의 언어 선택은 적절하였는가?

2) 시어를 통해 전달하고자 하는 '꽃'(대상)에 대한 실체를 제대로 읽어낼 수 있는가?

3) 자신이 시인이라고 생각하고 '꽃'에 대해 적절한 언어를 선택해서 형상화해 보자.

4) 자신이 형상화한 시에서의 '꽃'과 본래 자신이 생각했던 '꽃'과의 차이에 대해 이야기해 보자.

5) 본래의 '꽃'과 형상화한 '꽃'의 차이가 있다면 그 이유는 무엇일까? 그것이 시인의 어려움이고 문학의 본질적인 어려움은 아닐까?

2. 문학의 기원

문학의 기원은 인류의 기원과 같이한다고 해도 과언이 아니다. 인류가 시작되면서 인간들은 가족이나 친구들에게 자신의 삶의 경험이나 추억을, 말을 수단으로 하여 소통하며 공유하였을 것이다. 지구의 40억 년 역사에 비하면 아주 짧은 기간이지만 지금부터 2~3백만 년 전, 지구상에 등장한 인류는 문자를 발명하지 못하였기에 말로써 소통하였다. 그때부터 인간이 소통의 도구로 말을 사용하게 됨으로써 침팬지나 고릴라와 같은 유인원류와 구별되기 시작하였던 것이다.

원시 인류는 점차 집단을 이루면서 자연의 신비로움을 파악하게 되고, 인지능력과 물질 생산력이 높아지면서 부족국가를 형성하기 시작하였다. 그 시기부터 신이나 왕에 대한 관념 혹은 실체를 발견하게 된다. 그러한 자연이나 신, 왕에 대한 관념이나 생각을 말로 후손들에게 전하면서 신화가 형성되는데, 그것은 말로 구전되었다. 따라서 최초의 문학은 신이나 자연에 대한 노래나 이야기였을 것이다.

그러다 고대국가 체제가 형성되던 지금으로부터 오천 년 전 문자가 발명된다. 중국의 한자나 이집트의 고대문자, 서구의 라틴문자 등이 등장하면서 그간 입으로 전해지던 이야기나 노래들이 기록되기 시작한다. 소크라테스의 대화편, 석가의 불경, 공자의 『논어』 또한 이 시기 기록된다. 그런데 소크라테스나 석가, 공자가 이러한 책을 직접 저술한 것이 아니고 그의 제자들이 스승과의 대화, 혹은 스승이 남긴 말을 문자로 대신 옮긴 것이다. 이 시기부터 인간의 인지는 엄청나게 발달했다. 그 과정에서 말로 전해지던 신화가 기록되고 다양한 노래들이 기록되었으며, 현실의 삶에 대한 경험과 기억들을 기록하는 문학이 등장한다. 이 시기부터 현대에 이르기까지 많은 문학들이 탄생하고 전파되고 읽혀지게 된 것이다.

문학의 기원에 대한 논의는 모방기원설, 유희기원설, 생활제의기원설이 대표적인 것들이다.

모방기원설은 인간의 모방본능설을 전제로 한다. 모방기원설은 인간이 원래 자연현상이나 동·식물의 양태를 그대로 모방하고자 하는 본능을 가지고 있으며 그러한 본능 때문에 예술이 발생했다는 것이다. 대표적으로 알타미라의 동굴벽화에 그려진 들소, 말, 산돼지 그림은 이러한 인간의 모방본능설에 바탕한 예술의 기원을 설명해 준다. 이처럼 바람 소리나 동물 소리를 흉내내거나 친구나 가족의 목소리를 모방하는 과정에서 구비문학이 발생한 것으로 추론하는 것이다.

유희기원설은 인간이 노동하고 난 후 남은 힘으로 놀고자 한다는 유희본능설을 전제로 한다. 인간은 종족 보존과 생명 보존을 위한 노동 후에도 남는 힘이 있게 되는데 그 힘이 유희본능으로 작동함으로써 춤이나 노래 혹은 재미있는 이야기를 발생시켰다는 것이다. 원시인들의 화려한 문양이나 장식품들이 바로 이러한 인간의 근원적인 유희본능을 보여준다.

생활제의기원설은 모든 예술이 생활에서의 필요에 의해 시작되었다고 설명한다. 이는 예술이 인간의 모방본능이나 유희본능과 같은 심리적인 요인에 의해서 시작된 것이 아니라 인간의 일상적인 삶과 예술이 필요 불가결하게 연결되어 있음을 강조한다. 알타미라의 동굴벽화에 그려진 들소 그림도 실상은 원시인이 사냥하기에 가장 적합한 대상을 그려놓음으로써 후손들에게 사냥의 효율적인 방법을 교육시키기 위한 것이었으며, 원시인들의 장식품마저도 생활의 필수 도구로 활용되었다는 것이다.

● **작품 해설**

「구지가(龜旨歌)」 — 제의와 주술의 노래

원시 인류는 자연의 신비를 깨닫거나 삶과 죽음의 문제를 해결해 가면서 어렴풋이 신에 대한 관념을 갖기 시작한다. 더구나 집단을 이루기 시작한 인류는 집단의 결속을 강화시키기 위해 공통된 관념이나 상징을 마련한다. 여기서 집단의 기원을 설명해줄 신이나 상징물에 대한 이야기나 노래가 만들어지고 불리게 된다. 그리고 이러한 이야기와 노래는 집단의 제의나 축제 때 같이 구연되고 이야기되었다.

고대가요 「구지가」도 우리 조상의 집단적인 제의와 주술의 양상을 보여준다.

> 세조 광무제 건무 18년 임인 3월 계욕일(禊浴日)에
> 그곳 북쪽 구지(龜旨)에서 무엇을 부르는 수상한 소리가 났다.
> 중서(衆庶) 이백인이 이곳에 모이니, 사람의 소리는 나는 듯하되
> 그 형상은 보이지 않고 소리만 내어 말하기를 여기에 사람이 있느냐.
> 구간(九干)들이 이르되 우리들이 여기있다 하였다.
> 또 말하기를 여기가 어디냐. 대답하되 龜旨라 하였다.
> 또 말하되 황천(皇天)이 나에게 명하기를 이곳에 와서
> 나라를 새롭게 하여 임금이 되라 하였으므로 이곳에 일부러
> 내려 왔으니 너희들은 마땅히 봉우리 위에서 흙을 파면서 노래하여,
>
> 거북아 거북아 머리를 내어라 내밀지 않으면 구어서 먹으리
> (龜何龜何 首其現也 若不現也 燔灼而喫也)
>
> 하고 무용(舞踊)하면 대왕을 맞이하여 환희용약(歡喜踊躍)할 것이라 하였다.
>
> — 일연, 『삼국유사』, 〈가락국기(駕洛國記)〉

위의 『삼국유사』에 기록된 것처럼 「구지가」는 '영신군가(迎神君歌)'라 하여 임금을 맞이하는 노래인데, 가야의 수로왕(首露王)과 관련된 노래이다. 임금을 맞이하기 위하여 가야의 사람들이 산에 올라 흙을 파면서 불렀다는 것은 집단적 제의와 축제가 이루어지는 상황에서 이 노래를 집단적으로 불렀다는 것을 의미한다.

그런데 문제는 이 노래가 갖는 주술성이다. '입이 쇠를 녹인다'는 말처럼 이 시기의 사람들은 집단이 모여 노래함으로써 절대자를 위협하여 자신들이 뜻한 바를 얻어내고 있다. 이는 사람들이 언어가 가진 주술성을 이미 알고 있었다는 의미일 것이다. 비슷한 이름의 인물, 즉 '수로(水路)부인'이 등장하는 「해가사」에서도 동일한 주술의 방식이 노래로 활용된다. '수로부인'을 납치해간 용왕을 협박하기 위해 "사람들이 모여 바위를 치며 수로를 내놓으라"는 위협의 노래를 불렀다는 것이다.

이처럼 고대시대의 사람들은 집단적으로 제의와 축제의 행사를 개최했으며 그 자리에서 집단적으로 노래하고 춤췄던 것인데, 이는 문학의 기원이 고대 인류가 집단행사에서 즐겼던 원시종합예술에서 시작되었음을 보여주는 것이기도 하다. 집단적 제의와 축제에서 춤추고 노래하던 종합예술 형태(춤+노래+노래말)에서 춤은 무용으로, 노래는 음악으로, 노래말은 문학으로 발전해 온 것이다.

● **작품 감상 1**

모를 심세 모를 심어/작년에 심었던 자리 또 심어 보세
어하 어하 어하뒤야/금년에도 삼배출 먹세

어하 어하 어하뒤야/금년에도 삼배출 먹세
여보게 농부님네 이내 말을 듣소/검은 들판 푸르게 가꿔
어하 어하 어하뒤야/금년에도 삼배출 먹세
거름주고 김을 매어/땀 흘리며 가꾸어 보세
어하 어하 어하뒤야/금년에도 삼배출 먹세
봄이 오면 씨앗 뿌려/여름에는 북돋와주고
어하 어하 어하뒤야/금년에도 삼배출 먹세
가을이면 추수하여/겨울에는 배 채워보세
어하 어하 어하뒤야/금년에도 삼배출 먹세
자고 새면 농부들은 이골 저골/들판으로 콧노래도 홍겨웁네
어하 어하 어하뒤야/금년에도 삼배출 먹세

(중략)

다 되었네 다 되었네/서마지기 논 배미가 반달만큼 남았구나
제가 무슨 반달이냐/초생달이 반달이지
얼시구나 좋구나/절시구나 좋구나
얼시구나 좋네 절시구나 좋네
(중략)
어덜릴릴 상사뒤여 여여어/여— 어루 상사뒤여
여보소 농부네들 이내말을 들어보소/어화 농부들 말들어 보소
전라도 남원이라 하는데는/심산이 미친곳이라
여 농부들도 상사소리를 매기면서/각기 저정 거리고 너우렁 거리네
여— 어어 여어 여루/상사야 뒤여(이하 생략—가창자 정진순)

— 『한국구비문학대계』 5-1 —전라북도 남원군편, 한국정신문화연구원, 1980

● **작품 감상 2**

노동의 새벽

박노해

전쟁 같은 밤일을 마치고 난
새벽 쓰린 가슴 위로
차거운 소주를 붓는다
아—
이러다간 오래 못 가지
이러다간 끝내 못 가지

설은 세 그릇 짬밥으로
기름투성이 체력전을
전력을 다 짜내어 바둥치는
이 전쟁 같은 노동일을
오래 못 가도
끝내 못 가도
어쩔 수 없지

탈출할 수만 있다면,
진이 빠져, 허깨비 같은
스물아홉의 내 운명을 날아 빠질 수만 있다면
아 그러나 어쩔 수 없지 어쩔 수 없지
죽음이 아니라면 어쩔 수 없지
이 질긴 목숨을,

가난의 멍에를,
이 운명을 어쩔 수 없지

늘어져진 육신에
또다시 다가올 내일의 노동을 위하여
새벽 쓰린 가슴 위로
차거운 소주를 붓는다
소주보다 독한 깡다구를 오기를
분노와 슬픔을 붓는다

어쩔 수 없는 이 절망의 벽을
기어코 깨뜨려 솟구칠
거치른 땀방울, 피눈물 속에
새근새근 숨쉬며 자라는
우리들의 사랑
우리들의 분노
우리들의 희망과 단결을 위해
새벽 쓰린 가슴 위로
차거운 소주잔을
돌리며 돌리며 붓는다
노동자의 햇새벽이
솟아오를 때까지

학습 활동

1. 두 시의 차이와 공통점에 대해 정리하고 설명해보자.

	모내기노래	노동의 새벽
작자		
시대		
매체		
향유자		
정서		

2. 인류의 출현이후 노동과 인간의 관계는 뗄 수 없는 관계였으므로 다양한 방식의 예술로 형상화되었다. 두 작품은 노동/작업 현장과 깊은 연관을 맺고 있는 노래인데 약간의 차이들이 보인다. 그 차이와 원인에 대해 발표해보자.

3. 노드롭 프라이의 글을 읽고 다음 활동을 해보자.

> 문학이 기록문화의 정신적 산물 중의 하나라고 인식되기 시작하면, 그것은 여가를 보내기 위한 장식품, 발달된 문명에서의 이차적 산물정도로 간주받게 된다. 플라톤의 『국가론』 제10권에서, 소크라테스는 시인의 실체관(實體觀)은 철학자에 비해서만이 아니라 장인(匠人)에 비해서조차 열등하다고 하고 있다. 장인은 그의 실체 인식의 한계내에서 사실상의 침대

를 만들어낸다. 그렇지만 예술가는 침대의 그림자를 만들 수 있을 뿐이라는 것이다. 그 이후 시에 대한 비난의 대부분은, 그것이 플라톤적 견지에서든, 청교도적 견지에서든, 마르크스주의에서든 혹은 교양없는 속물들의 생각이든, 시가 이차적인, 여가를 위한 장식품 정도일 뿐이라는 도덕관에 근거하고 있다. 시가 사회적으로 인정되었을 때에는 그와 똑같은 가정하에서 긍정적 속성을 보았기 때문이다. 이러한 생각은 시가 원래 갖고 있던 사회적 역할의 관점과 비교해보면 야릇한 시의 개념이라는 느낌을 받게 된다. 에스키모 사회와 같이 생존 수단에 전념을 기울이는 미발달의 단순사회에서는 시는 불필요한 장식품이 아니라 우선적으로 긴요한 것이다. 그렇지만 문화가 더욱 복잡해짐에 따라 예술작품은 자유분방한 유한계급에서나 즐기고 감상하는 대상으로 인식하게 되었다.

— 노드롭 프라이, 『문학의 길』, 심지

1) 시는 사회적으로 긴요한 것인가 아니면 장식품처럼 즐기고 감상하는 대상인가 토론해보자.
2) 위 두 작품은 언어의 아름다움보다는 화자의 의식이나 태도가 더 중요하게 드러나고 있다. 문학이 근본적으로 형식미와 내용미를 모두 충족시켜야 한다면 이 작품들이 가지고 있는 긍정적인 요소와 부정적인 요소에 대해 토론해 보자.

3. 문학의 역할

문학은 인류의 시작부터 현재까지 인간의 기쁨과 슬픔을 표현하고 소통하면서 공유해 오고 있다. 그 오랜 세월 동안 인간의 삶과 문학이 동반한 것은 문학이 인간의 삶에 필수 불가결한 요소가 있고 나름의 역할을 해왔기 때문일 것이다. 그동안 문학의 역할과 기능에 대해서는 두 가지의 주장이 제기되어 왔다. 하나는 문학의 효용적 기능에 관한 것이고, 다른 하나는 문학의 쾌락적 기능에 관한 것이었다.

먼저 문학의 효용적 기능에 대해 살펴보면, 문학이 인간의 삶의 필요를 충족시켜주는 무엇인가의 기능을 한다는 것이다. 대체로 문학은 독자에게 감동과 교훈을 준다. 한 편의 시와 소설을 읽은 독자는 그 작품에 등장한 인물의 정서에 공감하면서 감동을 받게 되거나 인물의 삶과 자신의 삶을 대비하면서 삶에 대한 깨달음이나 교훈을 얻게 되는 것이다. 문학의 효용적 기능을 강조하는 이들은 대체로 문학이 사회적 정치적으로 역할을 해야 한다고 생각한다.

한편 문학의 쾌락적 기능의 측면에서 보면, 문학이 일상의 삶과 노동에 지친 인간에게 감정적 정화(카타르시스, 라틴어 어원은 배설)와 향유를 발생시키는 기능을 한다는 것이다. 한편의 소설이나 연극을 감상하면서 독자는 등장인물의 삶과 정서에 공감하게 되는데, 그 과정에서 공포와 안도의 정서적 반복을 통해 감정의 정화감을 획득하게 되는 것이다. 이처럼 문학의 쾌락적 기능을 강조하는 이들은 문학의 순수문학적 측면, 즉 작품 자체의 예술성과 문학성을 강조한다.

이러한 문학의 역할은 근대 자본주의 사회의 성립 이후 더욱 강조되어 왔다. 특히 국민국가와 민족이 형성되어 가는데 있어서 문학은 중세의 종교가 했던 역할을 대체하는 정도에 이르렀다. 국민과 민족 공동체 형성에 있어서 민족 언어로 이루어진 문학은 민족 국가나 사회의 이데올로기를 구성원들에게 교육하는 매개체로서의 역할을 수행했던 것이다. 인도를 다

줘도 바꾸지 않겠다던 셰익스피어를 통해 영국인은 영국 문화와 영국 민족의 문화적 우월성과 국민적 정체성을 배양해 나갔으며, 이와 동일한 방식으로 독문학, 불문학, 일본문학이 발전해갔던 것이다.

또한 후기 자본주의 시대를 맞이한 오늘날, 문학은 본질적 가치와 비본질적 가치가 전도되어 자본과 상품의 논리가 지배하고 있는 물신화(物神化)된 사회를 비판하는 역할을 하고 있다. 상품의 본질적 가치인 사용가치보다 비본질적 가치인 교환가치가 강조되고 있는 자본의 논리를 비판하고 문학과 예술의 상품화에 대한 저항의 거점으로 문학이 기능하고 있는 것이다. 모든 것이 상품화되어 가는 물신화된 사회에 대한 방부제의 역할을 문학이 해내고 있고 해내야 할 것이다.

● **작품 해설**

신석정, 「꽃덤불」 — 어두운 시대적 현실과 목가(牧歌)의 비의

문학은 감동과 교훈의 효용적 기능을 갖고 있지만 정서적 정화의 기능을 공유한다. 어느 하나의 기능보다 두 가지 기능을 공유하는 것이 문학의 일반적인 역할이다. 자칫 그 중 하나를 강조할 때 효용만을 강조하는 목적문학이 되거나 정서의 소비만을 일삼는 유한(遊閑)문학이 되기도 한다.

목가시인으로 알려진 신석정의 시들은 자칫 민족사의 어두운 현실을 외면하고 자연으로 도피한 작품들로 이해될 수 있다. 하지만 그가 노래한 목가를 통해 보여준 자연은 현실과 단절되고 유폐된 자연이 아니라 부조리한 현실을 극복하고 현실로 되돌아가기 위한 공간이다. 시인은 식민지 시기 검열이 심각했던 시절 그것을 회피하기 위한 수사로서의 목가를 선택했지만 더 깊은 심층에는 암담한 시대 현실을 암시하거나 상징으로서의 자연을 시어로 활용했던 것이다. 그런 식민지 현실에 대한 저항의식으로 인해 그는 식민지 후반 친일문학지인 『국민문학』의 원고 청탁을 거절하고 해방 때까지 절필하기도 했다.

해방 후부터 그는 현실에 대한 첨예한 비판의식을 자연 소재의 시어를 활용하여 형상화한다. 이를 잘 보여주는 것이 「꽃덤불」이다.

> 태양을 의논하는 거룩한 이야기는
> 항상 태양을 등진 곳에서만 비롯하였다.
>
> 달빛이 흡사 비 오듯 쏟아지는 밤에도
> 우리는 헐어진 성터를 헤매이면서
> 언제 참으로 그 언제 우리 하늘에
> 오롯한 태양을 모시겠느냐고
> 가슴을 쥐어뜯으며 이야기하며 이야기하며
> 가슴을 쥐어뜯지 않았느냐?
>
> 그러는 동안에 영영 잃어 버린 벗도 있다.
> 그러는 동안에 멀리 떠나 버린 벗도 있다.
> 그러는 동안에 몸을 팔아 버린 벗도 있다.
> 그러는 동안에 맘을 팔아 버린 벗도 있다.
>
> 그러는 동안에 드디어 서른여섯 해가 지나갔다.
> 다시 우러러보는 이 하늘에

겨울밤 달이 아직도 차거니
오는 봄엔 분수처럼 쏟아지는 태양을 안고
그 어느 언덕 꽃덤불에 아늑히 안겨보리라.

식민지 시기에 대한 반성과 더불어 아직도 차가운 현실과 앞으로 다가올 민족의 미래를 담아내고 있는 시이다. 민족 현실에 대한 철저한 인식과 새롭게 다가올 민족의 운명에 대한 기대가 시 전편에 절절하게 녹아들어 있다.

신석정은 식민지 시기 친일했던 많은 시인들이 해방 후 문단의 권력에 부침을 반복할 때 오직 민족의 현실을 고민하는 시를 창작했다. 자연으로의 도피가 아니라 자연을 소재로 민족의 현실을 노래한 시인, 그는 진정한 문학의 역할을 알고 온몸으로 실천한 시인이었다.

● **작품 감상**

화왕계

설총

화왕께서 처음 이 세상에 나왔을 때, 향기로운 동산에 심고, 푸른 휘장으로 둘러싸 보호하였는데, 삼춘가절(三春佳節)을 맞아 예쁜 꽃을 피우니, 온갖 다른 꽃보다 빼어나게 아름다웠다. 멀고 가까운 곳에서 여러 가지 꽃들이 화왕을 뵈러 왔다. 깊고 그윽한 골짜기의 맑은 정기를 타고난 탐스러운 꽃들과 양지바른 동산에서 싱그러운 향기를 내며 피어난 꽃들이 앞을 다투어 모여 왔다. 문득 한 가인(佳人)이 앞으로 나왔다. 붉은 얼굴에 옥 같은 이와 신선하고 탐스러운 감색 나들이옷을 입고 아장거리는 무희(舞姬)처럼 얌전하게 임금에게 아뢰었다.

"이 몸은 백설(白雪)의 모래사장을 밟고, 거울 같이 맑은 바다를 바라보며 자라났습니다. 봄비가 내릴 때는 목욕하여 먼지를 씻었고, 상쾌하고 맑은 바람 속에 유유자적(悠悠自適)하면서 지냈습니다. 이름은 장미(薔薇)라고 합니다. 임금님의 높으신 덕을 듣고 꽃다운 침소에 그윽한 향기를 더하여 모시고자 찾아왔습니다. 임금님께서 이 몸을 받아주실는지요?"

이때 베옷을 입고, 허리에는 가죽 띠를 두르고, 손에는 지팡이, 머리는 흰 백발을 한 장부 하나가 둔중(鈍重)한 걸음으로 나와 공손히 허리를 굽히며 말했다. "이 몸은 서울 밖 한 길 옆에 사는 백두옹입니다. 아래로는 창망한 들판을 내려다보고, 위로는 우뚝 솟은 산 경치에 의지하고 있습니다. 가만히 보옵건대, 좌우에서 보살피는 신하는 고량(膏粱)과 향기로운 차와 술로 수라상을 받들어 임금님의 식성을 흡족하게 하고, 정신을 맑게 해 드리고 있사옵니다. 또 고리짝에 저장해 둔 양약(良藥)으로 임금님의 양기를 돕고, 금석(金石)의 극약(劇藥)으로써 임금님의 몸에 있는 독을 제거해 줄 것입니다. 그래서 이르기를 '군자된 자는 비록 사마(絲麻)가 있다고 해서, 관괴(菅蒯) 버리는 일이 없고, 부족에 대비하지 않음이 없다.'고 했습니다. 임금님께서도 이러한 뜻을 가지고 계신지 모르겠습니다."

한 신하가 아뢰되, "두 사람이 왔는데 임금님께서는 누구를 취하고 누구를 버리겠습니까."하니 화왕께서 이렇게 대답하였다. "장부의 말도 도리가 있기는 하나 그러나 가인을 얻기 어려우니 이를 어찌할꼬?"

장부가 앞으로 나와, "제가 온 것은 임금님의 총명이 모든 사리를 잘 판단한다고 들었기 때문입니다. 그러나 지금 뵈오니 그렇지 않으십니다. 무릇 임금된 자로서, 간사하고 아첨하는 자를 가까이 하지 않고 정직한 자를 멀리하지 않는 이는 드뭅니다. 그래서 맹자는 불우한 가운데 일생을 마쳤고, 풍당(馮唐)은 낭관(郎官)으로 파묻혀 머리가 백발이 되었습니다. 예로부터 이러하오니 저인들 어찌하겠습니까?"라고 말씀드렸다. 화왕께서는 마침내 "내가 잘못했다."고 되풀이했다.

— 김부식, 『삼국사기』 열전

학습 활동

1. 세 명의 등장인물의 발화내용과 태도에 대해 말해보자.

등장 인물	발화내용과 태도
가인	
장부	
화왕	

2. 문학의 기능을 효용적 기능과 쾌락적 기능으로 나누어 설명하는데, '가인'과 '장부'를 두 가지 기능에 빗대어 설명해보자.

3. 〈새로 쓰는 백설공주 이야기〉를 읽고 자신이 알고 있는 동화를 고쳐 써보자.

"동화 같은 얘기 하지 마"하고 사람들은 거짓말쟁이를 향해 말하곤 합니다. '동화적'이란 것은 불가능한 것, 즉 사실이 아닌 것을 뜻하지만, 그럼에도 불구하고 동화는 우리 인간 속에 있는 깊은 욕구에 부합하므로 즐겨 읽혀집니다. 신데렐라는 동화의 정수, 그 자체라고 생각지 않습니까? 이 이야기는 사람이 생각해 낼 수 있는 것 중에서도 가장 믿기 어려운 것이지만, 그럼에도 불구하고, 혹은 오히려 그렇기 때문에 항상 이야기되고 있지요. 헐리우드는 20년대와 30년대 여러 번 그것을 영화로 변형시켰고, 통속 소설은 아직도 그 내용을 우려먹고 있습니다. 누가 가장 먼저 그 이야기를 지어냈고, 왜 무슨 이유에서 지어냈을까요? 성직자였을까요? 아니면 많은 신데렐라의 희망 없는 처지를 의식하고 동조하는 것을 방해하려는 한 영리한 정치가였을까요? 누구였든간에 그 동기는 분명한데, 그것은 민심을 안심시켜야 하는 것이다는 것입니다. "기다리기만 해라, 너희 가난하고 억눌리고, 경멸받는 자들아, 언젠가는 너도 금과 은 속에서, 아름답고 강한 왕자 옆에서 뽐내며 살게 될 것이다. 사악함이 없고 온 자연이 착한 인간들과 함께 부활을 축하하는 그런 날을 참고 기다려라"고 이 동화는 말하고 있습니다. 이렇게 동화가 행동을 못하게 하고, 꿈꾸는 자들로 하여금 단지 어려운 현실을 받아들이게끔 한다면 우리는 동화를 다시 써야 하는 것입니다. 그럼 이제 백설공주의 원본을 재구성해 볼까요?

옛날에 백설공주라고 불리우는 그림같이 예쁘고 착한 소녀가 양친의 성에서 부귀와 영화를 누리며 자라나고 있었습니다. 소녀의 머리는 흑단나무처럼 까맣고, 뺨은 눈처럼 희고, 입술은 핏빛처럼 빨갛습니다. 그렇지만 공주는 궁궐의 모든 부귀 영화가 백성들의 가난과 고된 노동을 통해 얻어진다는 것을 알고부터는 마음 속 깊이 슬픔을 안고 살아가고 있었습니다.

어느 날 말을 타고 숲속을 가다가 거친 수염을 기른 청년을 만났습니다. 공주는 청년에게 말을 걸어 세상살이에 대해 알아보려 했습니다. 그리고는 그 청년이 바로 자기의 슬픔을 해결하는 일을 하는 것을 알아냈습니다. 죽도록 일하고 시달리기만 하는 백성들을 해방시키는 것을 목적으로 삼은 반란군에 그가 속해 있다는 사실을 알아낸 것입니다. 헤어질 때에 그는 공주에게 조그맣고 빨간 책 하나를 선물하면서 몰래 그 책을 읽고 궁 안의 아무에게도 보여주지 말라고 부탁했습니다.

백설공주는 일곱 밤 동안을 이 책을 읽어서 거의 외울 정도였습니다. 그리고 공주는 그 청년이 하고 있는 일이 옳다는 확신을 갖게 되었습니다. 다음에 숲속에 갔을 때에 공주는 몰래 식량과 칠판, 그리고 몇 개의 무기를 가지고 갔습니다. 공주가 일곱 언덕을 넘어 반란군들의 진영에 도착하자 그들은 열광적으로 환영을 했습니다. 물론 그들에게 유용한 물건을 가져왔기 때문이기도 하겠지요. 아름다운 공주가 반란군에 가세하였다는 소식은 산불처럼 왕국에 퍼져 나가서 자유 해방군에 더 많은 추종자들이 생겼습니다.

여러 번 왕의 군대의 교활한 음모를 물리친 반란군들은 드디어 성을 함락시키고 왕정을 무너뜨렸습니다. 그리고는 백설공주가 가담한 혁명 정부를 수립하였습니다. 사악한 왕비는 감옥에서 평생 동안 뜨개질하는 형을 받았습니다. 그 동안 백성들과 민중에게 행한 잘못을 보상하기 위하여 옷을 만드는 것입니다. 혁명 정부에서 백설공주는 여성 해방을 위하여 일을 하였습니다. 그래서 나라의 모든 백성들은 백설공주를 좋아하고 존경하였습니다. 아마 죽지 않았다면 지금도 그렇게 열심히 그런 정의로운 일을 하면서 살고 있을 것입니다.

— 이링 페처, 이진우 역, 『누가 잠자는 숲속의 공주를 깨웠는가』, 철학과 현실, 1991

제2장

문학의 요소

1. 문학의 갈래

문학의 갈래에 대한 논의에는 두 갈래설(운문/산문), 세 갈래설(시/소설/희곡), 네 갈래설(시/소설/희곡/수필, 서정/서사/희곡/교술) 등이 있으며, 이 외에도 다양한 갈래 논의가 있다. 여기서는 주로 세 갈래설과 네 갈래설에 대해 살펴보자.

세 갈래설에 대한 논의는 그리스의 철학자이자 문학이론가인 아리스토텔레스에 의해서 제기되었다. 그는 『시학(Poetics)』이란 책에서 화자와 이야기의 층위에서 시, 소설, 희곡의 세 갈래에 대해 구분한다. 시는 화자의 서술로만 일관된 것이며, 소설은 화자의 서술과 작중인물의 발화가 혼합된 것이며, 희곡은 화자의 서술은 없이 작중인물의 발화로만 이루어진 것이라고 아리스토텔레스는 설명하였다.

한편 문학 갈래설은 서양의 많은 논의도 있지만 우리나라의 조동일에 의해 간명하게 정리되었다. 조동일은 서정은 세계의 자아화이며, 교술은 자아의 세계화에 해당하는 갈래라고 구분하였다. 그는 서정이 세계의 다양한 사실이나 현상보다 자아의 감정이나 인식이 주요한 갈래이며, 반대로 교술은 자아보다 세계의 사실이나 현상을 강조하면서 그것을 풀어 설명하는 갈래라고 강조하였다. 또한 그는 서사와 희곡은 자아와 세계의 갈등인데, 서사는 제3자(화자)의 개입이 있고 희곡은 제3자의 개입이 없다고 주장했다. 즉 서사와 희곡 모두 갈등의 갈래이지만 그 갈등을 소설은 화자의 목소리를 통해 제시되고, 희곡은 화자 없이 작중인물의 목소리를 통해서만 제시되는 차이가 있다는 것이다.

1) 시

시는 문학의 갈래 네 가지 중에서 가장 오래된 갈래라고 할 수 있다. 원시 인류에서부터 시는 사랑을 노래하거나 신을 찬미하는 노래였으며 입에서 입으로 구전되었다. 우리가 보통 시를 시가(詩歌)라고 부르기도 하는데, 시는 근대에 들어 읽는 산문시로 변화되었고 중세까지는 노래로 불리는 것이 일반적이었다. 이는 시의 근원이 노래였음을 의미한다. 그러한 노래가 기록되기 시작하면서 노래의 기능보다 수사나 형식이 강조되고 근대에 이르러서는 음악적 특징이 감소되었던 셈이다.

시는 화자의 정서가 강조되면서 동시에 운율 또한 중요시된다. 여기서 운율은 시의 음악적 율동을 드러내면서 시인이 가진 호흡과 내면의 상태를 드러내기도 한다. 시에서 특히 운율이 강조되는 이유가 여기에 있다. 그런데 현대시는 내재율을 강조했지만 과거 중세의 정형시들에는 외형율이 강조되었다. 이는 당대 사회의 규범이나 관습과도 깊은 연관이 있다.

2) 소설

시가 가장 오래된 갈래라면 소설은 가장 근대적 갈래라고 할 수 있다. 동양에서도 소설(小說)은 아주 사소한 이야기를 의미하는데 이는 유교 경전들인 논어·맹자·중용이 대설(大說), 즉 큰 이야기라는 인식이 전제되어 있는 것이다. 그런 점에서 중세 사회에서의 소설은 황당무계한 이야기로 치부되었고 그로 인해 많은 이들에 의해 향유되기 어려운 갈래였다. 또한 소설의 영어적 개념인 노블(novel)의 어원에는 새롭다(new)라는 의미가 내재되어 있다. 즉 중세의 로망스(romance, 중세 기사의 연애담)에 비해 새로운 이야기가 바로 소설이란 갈래라는 판단이 노블이라는 어원에 함의되어 있는 것이다.

이처럼 소설은 중세의 주류 담론이나 이야기들과는 전혀 다르거나 새로운 이야기로 이루어진 새로운 갈래였던 것이다. 이는 골드만이란 문학이론가가 소설을 "타락한 사회에서 타락한 방식으로 진정한 가치를 추구하는 갈래"라고 정의 내린 것에서도 유추해 볼 수 있다. 즉 신성한 가치를 추구하던 중세적 관념들, 신성성 혹은 충·효·열의 가치들이 의심되는 과정에서 근대가 성립하게 되는데, 중세적 관점에서 이러한 근대적 가치들은 타락한 것들이었을 것이다. 그럼에도 소설은 타락한 방식으로 타락한 세상을 드러냄으로써 진정한 가치를 추구하여 근대사회의 문제점을 비판적으로 제시하는 갈래가 된 것이다. 따라서 소설이란 갈래의 핵심적인 지향점은 사회에 대한 비판의식을 전제로 한 것이라 할 수 있다.

3) 희곡

희곡은 소설의 정의와 유사하면서도 다르다. 유사한 점은 자아와 세계의 갈등을 제시한다는 점이고, 다른 점은 소설에 제3자(서술자)의 개입이 있는 반면 희곡은 제3자의 개입이 없이 등장인물의 행동과 발화로만 이루어져 있다는 점이다. 즉 소설이 말하기와 보여주기가 혼용되어 있다면 희곡은 보여주기만 존재한다는 차이가 있는 것이다. 그런 점에서 희곡은 현실 세계를 가장 직접적으로 모방하는 갈래라고 할 수 있다.

그런데 독자나 관객들은 사람들의 실제적 삶의 모방이라 인식되는 희곡작품(연극)을 감상하면서 극적 정화감을 느낀다고 한다. 이러한 극적 정화감은 공포와 안도의 감정이 반복적으로 교차되면서 일어나는 현상이라고 아리스토텔레스는 『시학』에서 강조한 바 있다. 그의 설명에 의하면 공포의 감정은 독자나 관객이 주인공과의 동일시나 감정이입을 하면서 발생하며, 안도의 감정은 주인공에 대한 거리두기나 연민으로부터 발생한다는 것이다. 이를테면 『햄릿』을 보면서 관객이 '햄릿'에게 발생한 사건이 자신의 사건이라고 인식하게 되면 공포를 느끼지만 '햄릿'과 자신이 별개의 존재라고 인식되는 순간 안도감을 느끼게 된다는 것이다.

4) 수필

수필(隨筆)이란 한자어의 의미는 '붓가는 대로 쓰는 글'이라 알려져 있다. 이는 수필이란 갈래가 무형식의 글이라는 함의를 가지고 있기 때문일 것이다. 여기서 무형식이란 다양한 형식의 가능성을 내포하고 있다. 즉 수필이란 글 안에는 서정적인 형식, 서사적인 형식, 극적인 형식의 글들이 동시에 혼용될 수 있다는 의미이기도 하다. 그만큼 수필은 무형식의 갈래이며 자유로운 형식의 글이라고 할 수 있는 것이다.

그러한 자유로움의 형식이 글쓴이의 정신과 영혼을 자유롭게 표현해낼 수 있으며, 그러한 자유가 작가의 개성을 마음껏 발휘하게 하는 동시에 시대와 역사에 대한 비판 정신을 드러낼 수 있다. 이러한 수필의 특성을 많은 이들은 산문정신의 발로라고도 하는데, 수필과 같은 자유로운 형식이 시대와 역사에 대한 자유로운 비판 정신을 가능하게 한다는 의미일 것이다.

● **작품 해설**

서사무가 『바리데기』와 황석영의 『바리데기』 — 노래와 이야기, 소설의 상호텍스트성

김동리의 소설 「무녀도」에는 무당인 모화가 물에 빠져 죽은 혼을 편안하게 저승 세계로 인도하는 씻김굿을 하는 장면이 등장한다. 현세에서 원통하게 일찍 죽은 영혼을 저승 세계로 편안히 인도하는 씻김굿은 조선시대까지 우리 조상에게는 일반화된 제의 중의 하나였다. 이를 주관하는 무당은 본디 한자어 무(巫)의 근원개념을 생각해보면 하늘(一)과 땅(一)을 연결(丨)시켜주는 사람(人)의 의미를 갖는다. 즉 천상과 지상을 연결시켜주는 제사장의 역할을 무당이 해 온 것이다.

이 무당들은 원시종합예술 형태로서의 춤과 노래, 이야기를 결합한 굿을 진행하는데, 서사무가는 여기서 무당에 의해 불리어지는 이야기를 담은 노래이다. 그래서 서사무가에는 노래와 이야기가 결합되어 있는 것이다. 대체로 이러한 노래 속의 이야기들은 무당이 모시는 신(神)의 내력을 담고 있다.

서사무가 『바리데기』 또한 죽은 사람의 원혼을 위로하여 저승으로 편안히 보내주는 '지노귀굿', '오구굿', '씻김굿' 등으로 불렸다. 이 노래에는 '버려진 아이'가 병에 걸린 부모의 약을 구하기 위해 갖은 고생을 다하고 난 뒤 뜻한 바를 이룬다는 내용을 담고 있는데, 이러한 치병(治病)의 기능이 무당이 맡은 임무 중의 하나였다. 이 서사무가는 『당금애기』와 함께 우리 나라 전역에서 전해내려오는 대표적인 서사무가이다.

> 서천서역 가문 세상 끝에 약수물이 있다구 그랬지미, 병든 나라 지나 물 건너고 산 넘고 가는 동안에 신령님들이 도와주고 왼갖사람 빨래해주고, 밭 매주고, 시키는 천한 일 다해주고, 귀신 물리치고, 지옥에도 다녀오지, 지옥에 갇힌 죄인들 구제해주고 서천에 당도하니 장승이 기달리고 이서…….

위의 글은 소설가 황석영의 소설 『바리데기』의 일부이다. 입으로 전해 내려 오던 서사무가 『바리데기』의 내용을 작가가 창조적으로 변용하여 창작한 작품이다. 이 소설은 귀신과 영적인 교섭이 가능한 '바리'를 주인공으로 하여 북한에서 중국 그리고 영국에 이르는 탈북의 과정을 다룬 작품이다. 탈북의 과정에서 '바리'가 겪는 배고픔과 현이, 할머니 등 사랑하는 이들의 죽음, 다양한 양상의 폭력 체험 등은 서사무가의 '바리데기'가 겪게 되는 다양한 고난과 유사하다.

이처럼 아주 오랜 옛날부터 전해지던 서사무가 『바리데기』가 현대에 이르러 소설 『바리데기』로 수용 변형되어 창작되고 읽혀지게 된 것이다. 결국 다양한 유형의 갈래들이 있지만 이야기의 형식과 내용에 따라 서정이나 서사가 되고, 어느 경우에는 희곡으로 변용될 수 있다. 그리고 그 갈래들이 상호 영향을 주고 받거나 필요에 따라서는 한 작품에 여러 유형의 갈래들이 섞이어 활용되기도 한다.

● **작품 감상**

세월이 가면

박인환

지금 그 사람의 이름은 잊었지만
그의 눈동자 입술은
내 가슴에 있네

바람이 불고
비가 올 때도
나는 저 유리창 밖
가로등 그늘의 밤을 잊지 못 하지

사랑은 가고
과거는 남는 것
여름날의 호숫가 가을의 공원

그 벤치 위에
나뭇잎은 떨어지고
나뭇잎은 흙이 되고
나뭇잎에 덮여서
우리들 사랑이 사라진다 해도

지금 그 사람 이름은 잊었지만
그의 눈동자 입술은
내 가슴에 있네
내 서늘한 가슴에 있네

학습 활동

1. 이 시가 창작된 배경과 노래로 만들어진 경위를 조사해 보고 다음 활동을 해보자.
   1) 시의 율격에 맞추어 낭송해 보자.
   2) 이 시를 가사로 한 노래를 같이 불러 보자.
   3) 낭송한 시와 작곡된 노래의 정서적 공통점과 차이에 대해 토의해 보자.

2. 이 시는 이별한 연인에 대한 그리움을 노래하고 있다. 우리 모두는 마음 속에 연인을 두고 있는데, 그 연인에 대한 마음을 수필 형식의 글로 표현해 보자.

3. 이 시가 노래로 만들어진 상황을 연극으로 꾸며 공연해 보자.

2. 문학의 매체

문학은 활용된 매체에 따라 말을 활용한 구비문학, 문자를 활용한 문자문학, 영상을 활용한 영상문학으로 구분할 수 있다. 문자가 발명되기 전에는 구비문학만 존재하였고, 문자가 발명된 후 구비문학과 문자문학이 공존하였다. 그후 근대 산업사회 이후 영상이 발명되면서 구비문학과 문자문학, 그리고 영상문학이 공존하고 있다. 매체에 따른 세 개의 문학들은 각각 시대에 따라 중심과 주변으로 역할을 달리 하였지만 여전히 문학이 존재하기 위해서는 세 개의 매체가 주요한 역할을 할 수밖에 없다.

그런데 이 세 가지 매체에 의해 이루어진 문학은 궁극적으로 사람들 사이의 소통을 지향한다. 그 때문에 사람들은 불완전한 언어로나마 문학을 창작하고 그 결과물을 독서하면서 서로의 사상과 감정을 소통하였다. 이러한 소통의 과정을 인류의 기원으로부터 살펴볼 수 있다.

원시인류가 유인원으로부터 구별될 수 있었던 것은 말을 발견하면서 가능하게 되었을 것이다. 마음만 가지고 상대방의 마음과 소통하기는 어려웠을 것이고, 그러한 마음을 소통하고자 하는 수많은 시행착오 과정에서 원시인류는 말을 발견해냈을 것이다. 말로 자신의 경험과 지혜를 상대에게 혹은 자손들에게 소통해내면서 인류는 유인원과 다른 문화를 만들어내고 발전시켜 나갈 수 있었다. 원시인류는 자연의 신비로움이나 자신들의 근원에 대한 인식, 그로부터 촉발된 신에 대한 관념을 말이라는 도구를 통해 생산하고 전달하고 소통할 수 있었을 것이다.

300만 년 전 시작된 인류는 오랜 기간 말을 사용하다가 지금부터 5천 년 전부터 새롭게 발명된 문자를 실생활에 활용하기 시작하였다. 그러한 과정에서 책이라는 첨단 문명의 이기가 탄생하게 된다. 하지만 당시의 보수적인 사람들은 문자의 사용을 금기시하였다. 그런 대표적인 이가 그리스의 철학자 플라톤이다. 그는 문자를 파르마콘(pharmacon, 독약)에 비유하면서 문자가 인간의 창조적인 영혼을 망치게 하는 것이라고 비판하였다. 그는 문자가 인간의 외부에 있는 도구와 같은 것으로 그 도구를 사용함으로써 인간 내부의 창조적인 영혼이나 능력을 파괴한다고 보았던 것이다. 이를테면 도구인 전자계산기를 사용하면서 사람들이 뛰어난 암산이나 계산능력을 상실하게 되었다는 것과 비슷한 이유였다. 그럼에도 인간은 문자를 사용하게 되면서 이전의 시기와는 비교할 수 없는 문명의 비약적 발전을 이루게 된다. 플라톤이 자신의 스승 소크라테스와의 대화를 기록하여 책으로 남기고, 공자의 제자들이 공자와의 대화 내용을 『논어』로 남기게 되면서 인간의 문명은 비약적으로 발전하게 된 것이다.

최근 이와 유사한 현상이 발생하고 있다. 이제 소통의 매체는 문자로만 이루어지지 않고 영상이라는 발전된 매체가 등장하게 되었다. 컴퓨터, 영화, 휴대폰 등의 영상매체가 새로운 문명을 주도하고 있다. 그런데 보수적인 많은 이들은 요즘 젊은이들이 영상에 매혹되어 책을 읽지 않는다고 비판한다. 하지만 100여 권의 책을 가방에 넣어 다닐 수 없지만 파일로 변환시켜 USB에 담으면 몇천 권의 책도 가지고 다니며 볼 수 있다. 매체의 혁명인 것이다.

그렇다면 소통은 영상매체로만 이루어지고 있는가? 그것은 아니다. 여전히 말과 문자를 기본적인 소통의 매체로 삼지 않는다면 영상은 단지 비어있는 도구에 지나지 않을 것이다. 따라서 문학이라는 매력적인 소통을 위해서는 마음과 말, 문자 그리고 영상에 대한 충분한 이해와 활용능력을 필요로 한다. 어느 하나도 소홀해서는 우리 시대의 진정한 문학을 향유하기는 어려울 것이다.

● 작품 해설

김소진의「자전거도둑」과 비토리오 데시카 감독의 영화 〈자전거 도둑〉

문학은 본디 인간의 인식과 체험에 대해 소통하는 것을 목적으로 한다. 그 목적을 달성하기 위해 사람에 따라 말이나 문자 혹은 영상을 선택해서 활용한다. 매체의 선택은 그 매체의 활용능력에 따라 좌우되기도 하지만 무엇보다도 전달하고 싶은 내용의 선택에 따라 달라지기도 한다.

그런데 21세기 들어서서 영상에 대한 의존도는 높아져 가는 듯 하다. 과거에는 문자로만 전달되던 것들이 이제는 영상으로 그 매체를 달리하는 경우가 많아지기 때문이다. 하지만 어떤 매체를 선택하느냐에 따라 그 효과는 조금씩 달라진다.

「자전거도둑」이라는 작품은 김소진에 의해 씌어진 소설이 있고, 그보다 50여 년 전에 이탈리아에서 만들어진 영화가 있다. 두 작품 모두 성장과정에서의 아버지와의 갈등을 소재로 하고 있다. 아버지에 대한 부정 혹은 반항의 감정은 두 작품에서 비슷한 양상으로 드러난다. 평생 씻을 수 없는 내면의 상처를 안고 사는 아들 '부르노'의 삶이 등장하는 영화 〈자전거 도둑〉이야말로 소설「자전거도둑」의 원형인 셈이다.

소설「자전거도둑」에서 '나'는 아버지의 유일한 수입원이자 생존 이유였던 구멍가게를 유지하기 위해 아버지와 닷새마다 한 번씩 수도상회로 물건을 떼러 간다. 그러던 어느 날 아버지는 진로 소주 두병을 훔치다 혹부리 영감에게 들키고 만다. 위기의 상황에서 '나'는 대신 도둑임을 자원하고 희생양이 되어 아버지로부터 지독한 연극과 같은 혹독한 교육을 받게 된다. '나'는 그 순간 '차라리 죽는 한이 있어도 애비라는 존재는 되지 말자'는 다짐을 한다. 이 상황에서의 '나'는 이 소설에서 병치되어 드러나는 이탈리아 비토리오 데시카 감독의 〈자전거 도둑〉의 소년 주인공 '부르노'와 닮아 있다.

2차 세계 대전의 패전으로 경제적 위기에 몰린 이탈리아에서 가난한 삶을 극복하기 위해 고통스런 일상을 보내는 주인공 '부르노'와 아버지 '안토니오', 하지만 아버지는 잃어버린 자전거를 찾지 못하자 자전거를 훔치다 잡혀 아들 '부르노' 앞에서 많은 이들에게 봉변을 당하고 만다.

무너져내리는 아버지의 뒷모습을 목격해야 하는, 그럼으로써 평생 씻을 수 없는 내면의 상처를 끌어안고 살아갈 영화 속의 '부르노'는 소설 속의 주인공 '승호'와 은유적으로 병치되는 존재이다. 이들은 유년 시절 평생 씻을 수 없는 내면의 상처로 인해 아버지에 대해 이중적인 애증의 감정을 소유한 존재들이다. 이들이 보여주는 아버지에 대한 저항과 거부는 기존 질서를 유지해가는 상징으로서의 아버지의 동일성이나 폭력에 대한 저항이고 거부이다.

더구나 소설 「자전거도둑」은 작품 속에서 영화 〈자전거 도둑〉의 아버지 갈등의 모티프를 그대로 수용하고, 주인공 '승호'는 영화속 주인공 '부르노'에 대한 감정이입의 양상을 보여준다. 이 소설은 매체의 상호텍스트성에 의해 동일한 주제적 효과를 거두어내고 있다. 어쩌면 21세기에는 이와 같은 매체의 습합과 상호텍스트적 결합이 더욱 빈번하게 발생할 것이다.

● **작품 감상**

우리는 결국 모두 형제들이다

미 인디언 두아미쉬 — 수쿠아미쉬족 추장

그대들은 어떻게 저 하늘이나 땅의 온기를 사고 팔 수 있는가? 우리로서는 이상한 생각이다. 공기의 신선함과 반짝이는 물을 우리가 소유하고 있지도 않은데 어떻게 그것들을 팔 수 있다는 말인가? 우리에게는 이 땅의 모든 부분이 거룩하다. 빛나는 솔잎, 모래 기슭, 어두운 숲속 안개, 맑게 노래하는 온갖 벌레들, 이 모두가 우리의 기억과 경험 속에서는 신성한 것들이다. 나무 속에 흐르는 수액은 우리 홍인(紅人)의 기억을 실어 나른다. 백인은 죽어서 별들 사이를 거닐 적에 그들이 태어난 곳을 망각해 버리지만, 우리가 죽어서도 이 아름다운 땅을 결코 잊지 못하는 것은 이것이 바로 우리 홍인의 어머니이기 때문이다. 우리는 땅의 한 부분이고 땅은 우리의 한 부분이다. 향기로운 꽃은 우리의 자매이다. 사슴, 말, 큰 독수리, 이들은 우리의 형제들이다. 바위산 꼭대기, 풀의 수액, 조랑말과 인간의 체온 모두가 한 가족이다.

워싱턴의 대추장이 우리 땅을 사고 싶다는 전갈을 보내온 것은 곧 우리의 거의 모든 것을 달라는 것과 같다. 대추장은 우리만 따로 편히 살 수 있도록 한 장소를 마련해 주겠다고 한다. 그는 우리의 아버지가 되고 우리는 그의 자식이 되는 것이다. 그러니 우리 땅을 사겠다는 그대들의 제안을 잘 고려해 보겠지만, 우리에게 있어 이 땅은 거룩한 것이기에 그것은 쉬운 일이 아니다. 개울과 강을 흐르는 이 반짝이는 물은 그저 물이 아니라 우리 조상들의 피다. 만약 우리가 이 땅을 팔 경우에는 이 땅이 거룩한 것이라는 걸 기억해 달라. 거룩할 뿐만 아니라, 호수의 맑은 물 속에 비추는 신령스러운 모습들 하나하나가 우리네 삶의 일들과 기억들을 이야기해 주고 있음을 아이들에게 가르쳐야 한다. 물결의 속삭임은 우리 아버지의 아버지가 내는 목소리다. 강은 우리의 형제이고 우리의 갈증을 풀어준다. 카누를 날라주고 자식들을 길러준다. 만약 우리가 땅을 팔게 되면 저 강들이 우리와 그대들의 형제임을 잊지 말고 아이들에게 가르쳐야 한다. 그리고 이제부터는 형제에게 하듯 강에게도 친절을 베풀어야 할 것이다.

아침 햇살 앞에서 산안개가 달아나듯이 홍인은 백인 앞에서 언제나 뒤로 물러났었지만 우리 조상들의 유골은 신성한 것이고 그들의 무덤은 거룩한 땅이다. 그러니 이 언덕, 이 나무, 이 땅덩어리는 우리에게 신성한 것이다. 백인은 우리의 방식을 이해하지 못한다는 것을 우리는 알고 있다. 백인에게는 땅의 한 부분이 다른 부분과 똑같다. 그는 한밤중에 와서는 필요한 것을 빼앗아가는 이방인이기 때문이다. 땅은 그에게 형제가 아니라 적이며, 그것을 다 정복했을 때 그는 또 다른 곳으로 나아간다. 백인은 거리낌 없는 아버지의 무덤을 내팽개치는가 하면 아이들에게서 땅을 빼앗고도 개의치 않는다. 아버지의 무덤과 아이들의 타고난 권리는 잊혀지고 만다. 백인은 어머니인 대지와 형제인 저 하늘을 마치 양이나 목걸이처럼 사고 약탈하고 팔 수 있는 것으로 대한다. 백인의 식욕은 땅을 삼켜 버리고 오직 사막만을 남겨놓을 것이다.

모를 일이다. 우리의 방식은 그대들과는 다르다. 그대들의 도시의 모습은 홍인의 눈에 고통을 준다. 백인의 도시에는 조용한 곳이 없다. 봄 잎새 날리는 소리나 벌레들이 날개 부딪치는 소리를 들을 곳이 없다. 홍인이 미개하고 무지하기 때문인지는 모르지만, 도시의 소음은 귀를 모욕하는 것만 같다. 쏙독새의 외로운 울음소리나 한밤중 못가에서 들리는 개구리 소리를 들을 수가 없다면 삶에는 무엇이 남겠는가? 나는 홍인이라서 이해할 수가 없다. 인디언은 연못 위를 쏜살같이 달려가는 부드러운 바람 소리와 한낮의 비에 씻긴 바람이 머금은 소나무 내음을 사랑한다. 만물이 숨결을 나누고 있으므로 공기는 홍인에게 소중한 것이다. 짐승들, 나무들, 그리고 인간은 같은 숨결을 나누고 산다. 백인은 자기가 숨쉬는 공기를 느끼지 못하는 듯하다. 여러 날 동안 죽어가고 있는 사람처럼 그는 악취에 무감각한다.

그러나 만약 우리가 그대들에게 땅을 팔게 되더라도 우리에게 공기가 소중하고 또한 공기는 그것이 지탱해 주는 온갖 생명과 영기(靈氣)를 나누어 갖는다는 사실을 그대들은 기억해야만 한다. 우리의 할아버지에게 첫 숨결을 베풀어준 바람은 그의 마지막 한숨도 받아준다. 바람은 또한 우리의 아이들에게 생명의 기운을 준다. 우리가 우리 땅을 팔게 되더라도 그것을 잘 간수해서 백인들도 들꽃들로 향기로워진 바람을 맛볼 수 있는 신성한 곳으로 만들어야 한다.

—『녹색평론선집1』, 녹색평론사, 1993.

학습 활동

1. 이 글의 문체는 매우 시적이고 아름답다. 학교 교육을 받지 않았고, 문학을 배운 일이 없는 인디언이 어떤 시인보다 훌륭한 시적 문장을 사용하는 것에 대해 이야기해 보자.

2. 글쓰기의 기원에 관한 레비스트로스의 글을 읽고, 다음 활동을 해보자.

글쓰기란 이상스런 것이다. 글쓰기의 출현은 인간들의 생활조건에 심오한 변화를 초래할 수 있었고, 또 이러한 변형들은 특히 그 성격이 지적인 것처럼 여겨지는 것 같다. 일단 사람들이 글쓰는 방법을 알게 되면, 그들은 하나의 커다란 지식체계를 굉장히 축적할 수 있는 것이다. 말하자면 글쓰기란 일종의 인위적인 기억형태로서 간주될 수 있다. 그리고 이 인위적인 기억의 발달과 함께 현재와 미래를 조직하는 보다 큰 능력이 생기게 되는 것이다. 사람들이 문명과 야만을 흔히 구별하는 모든 기준들 가운데 글쓰기라는 척도가 가장 보존할 만한 가치가 있는 것이다. 즉, 어떤 사람들은 글을 쓰고, 어떤 사람들은 글을 쓰지 않는 것이다. 글을 쓰는 집단은 하나의 지식체계를 축적하고, 그 지식체계는 그 집단으로 하여금 그 자체에 부여된 목적을 향하여 훨씬 빨리 움직여 나가도록 도와준다. 글을 쓰지 않는 집단은 개인들의 기억이 결코 확대될 수 없는 한계 속에 구속되어, 그 집단의 기원에 대하여 명확한 지식도 지니지 못하고, 또 그 집단의 미래상에 대한 논리적인 관념도 갖지 못한 채, 매일매일 움직이고 있는 어떤 역사의 죄수로서 남게 되는 것이다.

그러나 우리가 글쓰기나 진화에 있어 그것의 역할에 대해 알고 있다는 사실이 결코 이 같은 개념을 정당화시키는 것이라고 말할 수는 없다. 인류(역사상의 가장 창조적인 국면들 중의 하나)는 신석기 시대의 시작과 함께 나타났다. 농업과 야생동물의 가축화가 이 시기까지 추적될 수 있는 유일한 두 가지 발달이다. 이 시기의 뒤에 나타나는 수천 년 동안에 인간들의 작은 사회는 단지 지식이란 열매를 서로가 실험하고 전달하였을 뿐이다. 바로 이 방대한 사업의 성공이, 글쓰기가 전혀 알려지지 않았던 시기에, 그것의 준비를 위한 고행과 지속을 증언하는 것이다. 만약 글쓰기가 기원전 3천 년과 4천 년 사이에 처음 출현하였다면, 우리는 글쓰기를 어떤 정도에 있어서도 신석기의 혁명에 있어서의 하나의 조건 요인으로서가 아니라 그 혁명의 어떤 확실한 간접적 결과로서 파악해야만 한다.

— 레비스트로스 『슬픈 열대』, 삼성출판사, 1997, pp.296-297

1) 문자의 발명으로 말보다 글이 지식을 체계적으로 정리하는 데 도움이 되었다. 하지만 문학 창작에 있어서 말과 글은 매체로서의 상대적 우월성을 따지기는 어렵다. 말로 된 문학과 글로 된 문학의 차이에 대해 설명해 보자.

2) 말에서 글로, 글에서 영상으로 소통의 매체는 변화하고 있다. 새로운 소통의 시대에 문학의 변화 가능성에 대해 논의해 보자.

3. 자연 친화적인 인디언의 주장을 바탕으로 우리 주변의 아름다운 자연을 시와 영상으로 표현해 보고, 그 차이에 대해 토론해 보자.

3. 문학과 문학사

문학사는 문학의 주요한 요소이다. 문학의 기원과 개념, 문학의 역할을 살피기 위해서는 반드시 문학사에 대한 검토가 필요하다. 대체로 문학사는 문학매체와 갈래의 변화 과정, 문학주체와 향유층의 변화 과정을 전제로 서술된다.

먼저 매체와 갈래의 변화 과정을 통한 문학사의 서술양상을 살펴보자. 처음 문학의 매체는 말이었다. 말에서 말로 전파되고 소통되는 구비문학의 시대가 문학사의 시작이었다. 이 시기는 주로 말로 이루어진 구비 서사, 즉 신화나 서사시가 주로 불리고, 개인의 연애감정을 노래한 사랑시도 유행하였다. 그후 문자가 발명되면서 문자문학 시대가 시작되는데 이 시기에는 구비문학 시대의 주요 갈래들이 문자로 기록되기도 하고, 새로운 시가 장르가 창작되기도 하고, 본격적인 서사문학들이 창작되었으며 그중에서도 소설의 등장은 주목할 만하다. 이 시기 비로소 지금 문학이라고 규정하는 본격적인 문학 갈래들이 다양하게 창작된다. 한편 현대에 들어서 영상매체가 등장하면서 기존의 기록문학의 갈래를 뛰어넘은 영상문학이 등장하는데 20세기 시작과 더불어 영화가 본격적으로 만들어져 대중의 각광을 받게 된다. 이러한 영상문학 시대가 되면서 일반 대중들이 쉽게 창작할 수 있게 되고, 갈래 또한 다변화되어 영화 뿐만 아니라 영상 다큐멘터리 혹은 광고나 뮤직비디오도 훌륭한 영상 작품으로 인정받고 있다.

또한 문학주체와 향유층의 변화 과정에 따른 문학사의 서술양상을 살펴보자. 이러한 문학주체와 향유층의 변화 과정은 권력의 분화 과정과 연동하여 살펴볼 필요가 있다. 초기 문학의 창작 주체는 구비문학 시대였으므로 사람들 모두가 창작의 주체가 되고 향유층이 될 수 있었다. 공동 창작과 공동의 향유가 가능했으므로 문학적 소통은 용이하고 활발하였다. 다만 신에 관한 구술 서사는 대체로 인류 초기 권력을 장악했던 신의 대리인인 제사장이나 무당이 주체가 되었을 가능성이 높다. 한편 고대국가 형성시기는 대개 문자문학의 시대와 일치하게 되는데 이 시기는 권력이 왕에게 집중되어 있거나 왕의 대리인인 관리에게 한정되어 있었다. 따라서 문학의 주체와 향유층은 왕이나 관리 등 문자를 자유롭게 활용할 수 있는 존재에게 한정되었다. 대중들에 의한 구비문학 또한 가능했지만 이 시기에는 문학으로 인정받기 힘들었다. 이러한 문학주체의 변화 과정을 서사문학을 예로 들어 살펴보자. 서사문학은 대체로 신화 - 전설 - 고소설(민담) - 근대소설 - 현대소설로 변화되어 왔다.

	주인공	이야기양상	창작 주체	향유층
신화	신·왕	성공담	왕/제사장	대중/민중
전설	실패한 신/영웅	실패담	대중/민중	대중/민중
고소설	귀족/양반	성공담	귀족/양반	귀족/양반
근대소설	시민/평민	실패담	시민/평민	시민/평민
현대소설	대중/민중	실패담/성공담	대중/민중	대중/민중

위의 표에서 볼 수 있듯이 서사문학의 변화 과정은 문학 주체와 향유층의 확대/분화 과정과 일치한다. 신화의 창작 주체가 왕이나 제사장으로 추정되지만 대체로 구비문학 시대의 주체나 향유층은 일반 대중 전부를 내포하고 있다. 그런데 문자문학 시대 고소설은 문자 활용이 가능한 귀족이나 양반이 창작주체와 향유층이 되고 시민혁명 이후 근대에는 소설의 창작주체나 향유층이 시민/평민에서 대중/민중으로 확산되고 분화되는 것이다.

이처럼 문학사는 매체나 갈래 혹은 창작주체와 향유층의 층위에서 다양하게 조망하고 서술할 수 있는 것이다.

● **작품 해설**

판소리계 소설『춘향전』— 향유계층의 변이와 주제의 양면성

문학사는 매체와 갈래의 변화에 따라 다양한 변이 양상을 보이지만 문학 주체와 향유계층의 변화도 다양한 변이 양상의 원인이 된다. 즉 문학 주체가 지배계층이냐 피지배계층이냐에 따라 문학의 갈래 및 주제 등이 다양하게 변화하게 된다. 뿐만 아니라 문학을 향유하는 계층이 누구냐에 따라 문학사적 변이도 달라진다.

조선후기에 나타나기 시작한 판소리계 소설도 이러한 문학 향유층의 변이에 따라 문학사적 변이의 양상을 보여준다. 대체로 판소리의 출현은 호남의 무속이 가지고 있는 독특성 때문이라고 추론된다. 즉 호남의 무당은 다른 지역의 무당들이 대체로 강신무(降神巫)인데 비해 세습무(世襲巫)이다. 강신무는 개인적인 이유로 인해 갑자기 신내림을 받고 무당이 된 경우이며, 세습무는 시어머니나 친정어머니가 무당이어서 그 무업을 승계한 경우이다. 그래서 세습무인 호남의 무당들은 징이나 장구 등의 무악에 능한 남편들이 무업을 조력하게 되는데, 그들에 의해서 판소리가 발생했다는 것이다.

따라서 호남에서 발생한 판소리는 처음에는 무당의 영험함을 믿는 호남의 민중들에 의해 향유되었다. 따라서 판소리의 주제는 대체로 민중적인 의식에 기반한 민중들의 생명력과 지배층에 대한 비판이 주를 이루었다. 하지만 19세기에 이르러 판소리가 사대부에 의해 향유되면서 판소리는 흥선대원군과 같은 집권층에게까지 전파되고 향유되었다. 그 과정에서 무당 출신의 판소리 창자들은 민중들을 향유대상으로 하던 판소리의 주제를 그대로 지배계층에게 전달하기는 어려웠다. 그래서 판소리의 주제는 민중적인 의식을 바탕에 깔고 겉으로는 양반층의 지배 이데올로기를 제시하였다.

이러한 배경이 바로 판소리의 주제적 양면성의 원인이 되었다. 판소리계 소설인 『춘향전』의 주제적 양면성도 바로 이 때문이다. 『춘향전』의 표면적 주제는 여성의 정절에 대한 강조이지만 그 내면의 주제에는 민중들의 계급타파 혹은 자유로운 개인의 사랑이 개입되어 있다. 조선조 지배계층의 이데올로기였던 충·효·열 중의 하나인 열을 표면적으로 강조했지만 안으로는 기생의 딸마저도 정승부인이 될 수 있다는 계급타파의 열망이 숨어 있었던 것이다. 이처럼 문학사에 있어서 문학 향유층의 변화는 매체의 변화는 물론 주제상의 변화까지도 동반하였다.

● **작품 감상 1**

「만세전」

염상섭

그는 하여간에 정자의 열심으로 써 보내 준 편지에 어느 때까지 모른 척하고 내버려 두기도 안되어서 이튿날 이런 답장을 써 부치었다.

모든 것이 순조로이 해결되어 가고 학교에 들어가시게 되었다 하오니 얼마나 반가운지 모르겠습니다. 과거 반년간의 쓰라린 체험이 오늘의 신생(新生)을 위한 커다란 준비시기이셨던 것을 생각하면, 그 동안 나의 행동이 부끄럽지 않을 수 없습니다마는, 한편으로는 내 생애에 있어서도, 다만 젊은 한때의 유흥 기분만에 그치지 아니하였던 것을 감사하며 기뻐합니다. 그러나 뒷날에 달콤하고 아름다운 추억으로 남아 있으리라고 생각할 뿐이라면 이렇게 섭섭한 일도 없고, 당신은 또 자기를 모욕하였다고 노하실지도 모르나, 언제까지 그런 기쁨과 행복에 잠겨 있도록 이 몸을 안온하고 자유롭게 내버려두지 않으니 어찌하겠습니까. 나도 스스로를 구하지 않으면 아니 될 책임을 느끼고, 또 스스로의 길을 찾아가야 할 의무를 깨달아야 할 때가 닥쳐오는가 싶습니다. 지금 내 주위는 마치 공동묘지 같습니다. 생활력을 잃은 백의(白衣)의 백성과, 백주에 횡행하는 이매망량(魑魅魍魎) 같은 존재가 뒤덮은 이 무덤 속에 들어앉은 나로서 어찌 '꽃의 서울'에 호흡하고 춤추기를 바라겠습니까. 눈에 보이는 것, 귀에 들리는 것이 하나나 내 마음을 부드럽게 어루만져 주고 용기와 희망을 돋우어 주는 것은 없으니, 이러다가는 이 약한 나에게 찾아올 것은 질식밖에 없을 것이외다. 그러나 그것은 장미꽃송이 속에 파묻히어 향기에 도취한 행복한 질식이 아니라, 대기(大氣)에서 절연된 무덤 속에서 화석(化石)되어 가는 구더기의 몸부림치는 질식입니다. 우선 이 질식에서 벗어나야 하겠습니다.

소학교 선생님이 사벨(환도)을 차고 교단에 오르는 나라가 있는 것을 보셨습니까? 나는 그런 나라의 백성이외다. 고민하고 오뇌하는 사람을 존경하시고 편을 들어 주신다는 그 말씀은 반갑고 고맙기 짝이 없습니다. 그러나 스스로 내성(內省)하는 고민이요 오뇌가 아니라, 발길과 채찍 밑에 부대끼면서도 숨이 죽어 엎디어 있는 거세(去勢)된 존재에게도 존경과 동정을 느끼시나요? 하도 못생겼으면 가엾다가도 화가 나고 미운증이 나는 법입네다. 혹은 연민의 정이 있을지 모르나, 연민은 아무것도 구하는 길은 못 됩니다⋯⋯ 이제 구주(歐洲)의 천지는 그 참혹한 살육의 피비린내가 걷히고 휴전조약이 성립되었다 하지 않습니까. 부질없는 총칼을 거두고 제법 인류의 신생(新生)을 생각하려는 것 같습니다. 그러나 이 땅의 소학교 교원의 허리에서 그 장난감칼을 떼어 놓을 날은 언제일지? 숨이 막힙니다.

우리 문학의 도(徒)는 자유롭고 진실된 생활을 찾아가고, 이것을 세우는 것이 그 본령인가 합니다. 우리의 교유, 우리의 우정이 이것으로 맺어지지 않는다면 거짓말입니다. 이 나라 백성의, 그리고 당신의 동포의, 진실된 생활을 찾아 나가는 자각과 발분을 위하여 싸우는 신념 없이는 우리의 우정도 헛소리입니다.

나는 형님이 떠날 제 초상에 쓰고 남은 것이라고, 동경 갈 노자와 함께 책값이며 용돈으로 내놓고 간 삼백 원 속에서 백 원을 이 편지와 함께 부쳐 주었다. 혹시는 다른 의미나 있는 줄로 오해할 것이 성가시기도 하나, 동경에서 떠날 제 선사받은 것도 있으려니와, 정자의 새출발을 축하하는 의미라고 한마디 쓰고, 다소 부조가 될까 하여 보낸 것이다. 실상은 동경 가는 길에 들르지 않겠다는 결심을 다시 하였기 때문에, 아주 이것으로 마감을 하여 버리고, 나도 이 기회에 가뜬한 몸이 되고 싶었던 것이다.

나는 한 열흘 더 있다가 졸업 논문도 있고 아무래도 학교 일이 걱정이 되어서 떠나고 말았다. 정거장에는 큰집 형님, 병화 내외, 을라 들이 나왔다. 을라는 입도 벌리지 않고 오도카니 섰고, 병화 내외도 플랫폼의 보꾹에 매달린 시계만 쳐다보며 선하품을 하고 섰었다. 그러나 병화의 얼굴에는 그렇게 보아서 그런지 모든 오해를 풀고, 인제는 안심하였다는 듯이 화평한 기색이 도는 것 같았다.

차가 떠나려 할 제 큰집 형님은 승강대에 섰는 나에게로 가까이 다가서며,

"내년 봄에 나오면 어떻게 속현(續絃)할 도리를 차려야 하지 않겠나?"

하고 난데없는 소리를 하기에, 나는,

"겨우 무덤 속에서 빠져나가는데요? 따뜻한 봄이나 만나서 별장이나 하나 장만하고 거드럭거릴 때가 되거든요……!"

하며 웃어 버렸다.

—『만세전』, 수선사, 1948

● 작품 감상 2

「낙동강」

조명희

이리하고 난 뒤에 로사는 그 자리에 푹 엎으러져서 흑흑 느껴 가며 울기도 하였다. 그것은 그 부친에게 야단을 만나고 나서 분한 생각을 참지 못하여 그러는 것만도 아니었다. 그의 부모가 아무리 무지해서 그렇게 굴지마는, 그 무지함이 밉다가도 도리어 불쌍한 생각이 난 까닭이었다.

이러할 때도, 로사는 으레같이 성운에게로 달려가서 하소연한다. 그럴 것 같으면 성운은,

"당신은 최하층에서 터져 나오는 폭발탄 같아야 합니다. 가정에 대하여, 사회에 대하여, 같은 여성에 대하여, 남성에게 대하여, 모든 것에 대하여 반항하여야 합니다."

하고 격려하는 말도 하여 준다. 그럴 것 같으면 로사는 그만 감격에 떠는 듯이 성운의 무릎 위에 쓰러져 얼굴을 파묻고 운다. 그러면 성운은 또,

"당신은 또 당신 자신에 대하여서도 반항하여야 되오. 당신의 그 눈물—약한 것을 일부러 자랑하는 여성들의 그 흔한 눈물도 걷어 치워야 되오…… 우리는 다 같이 굳센 사람이 되어야 합니다."

이같이, 로사는 사랑의 힘, 사상의 힘으로 급격히 변화하여 가는 사람이 되었다. 그의 본 성명도 로사가 아니었다. 어느 때 우연히 로사 룩셈부르크의 이야기가 나올 때에 성운이가 웃는 말로,

"당신 성도 로가고 하니, 아주 로사라고 지읍시다, 의."

그리고 참말 로사가 되시오 하고 난 뒤에, 농이 참 된다고, 성명을 아주 로사로 고쳐 버린 일이 있었다.

병든 성운을 둘러싼 일행이 낙동강을 건너 어둠을 뚫고 건넌마을로 향하여 가던 며칠 뒤 낮결이었다. 갈 때보다도 더 몇 배 긴긴 행렬이 마을 어귀에서부터 강 언덕을 향하고 뻗쳐 나온다. 수많은 깃발이 날린다. 양렬로 늘어선 사람의 손에는 긴 외올 벳자락이 잡혀 있다. 맨 앞에 선 검정테 두른 기폭에는 '고 박성운 동무의 영구'라고 써 있다.

그 다음에는 가지각색의 기다. 무슨 '동맹', 무슨 '회', 무슨 '조합', 무슨 '사', 각 단체 연합장임을 알 수 있다. 또 그 다음에는 수많은 만장이다.

'용사는 갔다. 그러나 그의 더운 피는 우리의 가슴에서 뛴다.'

'갔구나, 너는! 날 밝기 전에 너는 갔구나! 밝는 날 해맞이 춤에는 네 손목을 잡아 볼 수 없구나.'

'……'

'……'

이루 다 셀 수가 없다. 그 가운데에는 긴 시구같이 이렇게 벌여서 쓴 것도 있었다.

'그대는 평시에 날더러, 너는 최하층에서 터져 나오는 폭발탄이 되라, 하였나이다. 옳소이다. 나는 폭발탄이 되겠나이다.

그대는 죽을 때에도 날더러, 너는 참으로 폭발탄이 되라, 하였나이다.

옳소이다. 나는 폭발탄이 되겠나이다.'

이것은 묻지 않아도 로사의 만장임을 알 수 있었다.

이해의 첫눈이 푸뜩푸뜩 날리는 어느 날 늦은 아침, 구포역(龜浦驛)에서 차가 떠나서 북으로 움직여 나갈 때이다. 기차가 들녘을 다 지나갈 때까지, 객차 안 들창으로 하염없이 바깥을 내다보고 앉은 여성이 하나 있었다. 그는 로사이다. 아마 그는 돌아간 애인의 밟던 길을 자기도 한번 밟아 보려는 뜻인가 보다. 그러나 필경에는 그도 멀지 않아서 다시 잊지 못할 이 땅으로 돌아올 날이 있겠지.

—『조명희선집』, 소련과학원 동방도서출판사, 1959

학습 활동

1. 두 작품의 서술방식의 차이와 효과에 대해 말해 보자.

2. 1920년대의 사회·문화적 맥락과 문학사적 맥락에 대해 조사해 보고, 다음 활동을 해보자.
   1) 두 작품에서 인물의 세계에 대한 태도에 대해 사회 문화적 맥락에서 설명해 보자.
   2) 두 작품의 결말의 차이에 대해 문학사적 맥락과 연관하여 토의해 보자.

3. 「만세전」이 「아기장수전설」/『춘향전』과 서사문학으로서 어떤 차이를 가지고 있는지 설명해 보자.
   1) 작가:
   2) 인물:
   3) 결말:
   4) 향유층:

4. 문학과 예술

문학은 미술이나 음악처럼 예술의 한 영역을 이룬다. 미술이 선과 색의 예술이고, 음악이 소리와 멜로디의 예술이라면 문학은 말과 문자의 예술이라고 할 수 있다. 따라서 문학 또한 예술의 궁극적 지향점인 아름다움, 즉 미(美)를 추구한다.

그렇다면 예술이 궁극적으로 추구하는 아름다움이란 무엇일까? 대체로 아름다움은 네 가지의 영역으로 나누어 설명되곤 한다. 즉 숭고미, 비장미, 우아미, 골계미가 바로 그것이다. 이 네 가지 미적 영역은 있어야 할 것(당위)과 있는 것(실재)의 융합과 상반의 관계에 의해 설명할 수 있다.

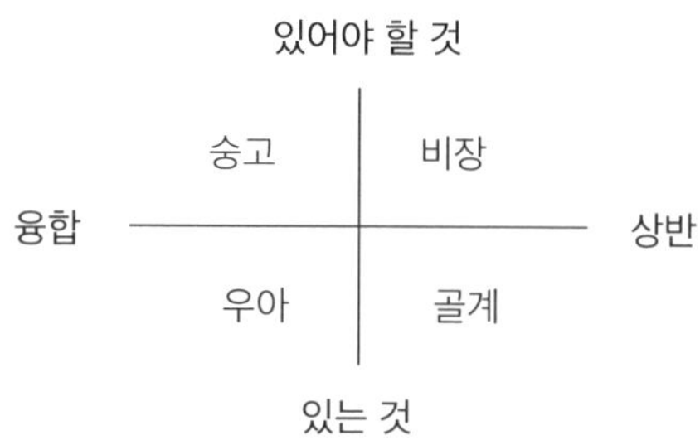

숭고미는 있어야 할 것이 있을 때 발생한다. 즉 진정한 선의 가치나 존엄한 신의 섭리가 현실 속에 실재하는 것으로 드러날 때 숭고미가 발생한다. 미켈란젤로의 『천지창조』에 형상화된 신의 섭리, 신화 속에 제시되는 신의 영험함 등에서 우리는 숭고미를 찾아볼 수 있다.

비장미는 있어야 할 것이 없을 때 발생한다. 신의 영험함이나 영웅의 고귀한 꿈이 현실 속에서 부정되거나 실현되지 못할 때 비장미가 발생한다. 그리스 신화에 등장하는 이카루스의 죽음이나 우리 전설 속의 아기 장수의 죽음은 이러한 비장미를 발생시킨다.

우아미는 있는 것이 있을 때 발생한다. 평범한 일상 속의 인물들이 가지고 있는 덕목과 가치들이 있는 그대로 드러날 때 우아미가 발생한다. 우리의 시조작품에서 자연의 아름다움이나 연인을 향한 사랑의 감정이 제시될 때 우리는 우아미를 느끼게 된다.

골계미는 있는 것이 없을 때 발생한다. 평범한 존재들이면 모두 가지고 있는 가치나 특질들을 갖지 못한 존재들이 문학적으로 제시될 때 골계미가 발생한다. 희극에 등장하는 평범 이하의 인물들은 대체로 바보스러운 존재들이고 그들은 누구나 가질 수 있는 특질들을 가지고 있지 못하기 때문에 골계미를 발생시키는 것이다.

그런데 칸트는 그의 세 번째이자 마지막 저서인 『판단력비판』에서 아름다움을 인식 저편의 '물자체'(인식 주관과는 관계없이 그 자체로서 존재하며 현상의 궁극적 원인이라고 생각되는 물(物)의 본체(本體)를 이른다. 칸트는 물자체를 생각할 수는 있지만 인식할 수는 없다고 하였다)와 유사한 것으로 상정한다. 여기서 칸트는 물자체를 대체로 신이나 자연 등 인간의 인식이 개입할 수 없는 것들로 예시하면서 아름다움도 그 영역에 포함시켰던 것이다.

그런데 과연 아름다움은 신이나 자연의 관념처럼 인간의 현실적 인식이 개입할 수 없는 영역일까? 그래서였는지는 모르지만 우리의 많은 순수문학들 또한 스스로의 미적 영역을 그러한 자연이나 신의 관념에 한정 짓는 경우가 많았다. 식민지 시기와 해방 이후의 문학작품들이 당대의 현실적 모순이나 시대적 상황을 작품의 소재로 삼지 않고 자연예찬이나 동양적인 종교나 신의 관념을 노래하거나 서술한 경우가 많았다.

특히 문학적 아름다움을 칸트의 논의처럼 인간의 현실인식과 거리를 둔 물자체와 같은 영역으로만 상정하는 것은 바람직하지 않다. 아름다움은 신이나 자연 관념처럼 절대적이거나 불변하는 것이 아니다. 아름다움의 기준은 반드시 인간다움을 전제로 하는 것이어야 할 것이다. 시대의 상황과 모순 속에서 왜 살고 어떻게 살아야 하느냐의 인간적인 질문에 문학이 답할 수 있을 때 문학의 아름다움은 비로소 획득될 수 있을 것이다.

● 작품 해설

이중섭, 「소의 말」— 시와 그림의 만남

높고 뚜렷하고
참된 숨결

나려 나려 이제 여기
고웁게 나려

두북두북 쌓이고
철철 넘치소서

삶은 외롭고
서글프고 그리운 것

아름답도다 여기에
맑게 두 눈 열고

가슴 환히
헤치다

문학은 예술로서의 속성을 가지면서 아름다움을 지향한다. 그 아름다움은 작품에 활용된 언어의 형식과 구조를 통해 드러나기도 하고 작가의 정서적 활용을 통해 드러나기도 한다. 또한 작품에 다른 예술 갈래를 수용

이중섭, 〈흰소〉

하면서 더 큰 미적 효과를 얻기도 한다.

위의 시는 화가 이중섭의 시와 그림이다. 이중섭은 습작 시절부터 소에 관심을 갖고 소를 미적으로 형상화해냈다. 조선의 전통적 정서와 더불어 민중적 생명력을 표상하는 소를 그려냄으로써 그는 조선 미술의 전통과 미의식을 되살려내려고 노력하였다. 위의 그림에서 보는 바와 같이 그는 굵은 곡선의 질감으로 소의 머리부터 몸통, 네 발과 꼬리를 힘있게 그려내 소가 마치 힘 있는 숨결을 토하면서 살아있는 것처럼 형상화하고 있다.

화가의 이런 소에 대한 애정이 자작시로 변용되기도 하였다. 위 시가 바로 그 시이다. 소의 생명력을 약동하는 '참된 숨결'로 포착하여 '두북두북 쌓이고/철철 넘치소서'라고 화자는 노래하고 있다. 그러면서 그 생명력으로 인해 '맑게 두 눈 열고/가슴 환히/헤치게' 될 것이라 노래한다. 하지만 시인은 소의 생명력에 비해 자신의 삶에는 외로움과 서글픔이 역설적으로 잠재되어 있음을 고백한다. 이중섭은 천재적인 화가였다. 동경 유학중이던 1937년 일본의 '자유미협전'에 출품하여 '태양상'을 받을 정도로 일찍이 천재성을 인정받은 화가였다. 하지만 혹독한 시대의 흐름이 그를 불행으로 내몰았다. 전쟁으로 부산, 제주, 통영 등지를 전전하면서 생활고로 인해 부인과 두 아들 등 가족과 헤어지고 정신 분열 증세를 보이다 1956년 마흔의 나이로 일찍 죽게 된다. 전형적인 예술가의 불행한 운명의 여정을 보여주는 삶이었다.

이와 같은 삶의 심층적 고통이 이 시에서의 외로움과 서글픔과 그리움으로 드러나고 있는 것이다. 또한 그러한 정서가 위의 그림에서 볼 수 있는 바와 같이 강한 생명력의 호흡과 톤으로 나타나면서도 쓸쓸한 우울을 배경에 담아내고 있다.

● **작품 감상**

「광염소나타」

김동인

사실 아까운 천재였습니다. 우리들 새에는 때때로 그의 천분을 생각하고 아깝게 여기는 한숨이 있었지만 세상에서는 그 '장래가 무서운 한 천재'가 있었다는 것은 몰랐었습니다.

그러는 동안에는 그는 어떤 양가의 처녀를 어떻게 관계를 맺어서 애까지 뱄습니다. 그러나 그 애의 출생을 보지 못하고 아깝게도 심장마비로 죽어 버리고 말았습니다.

그 유복자로 세상에 나온 것이 백성수였습니다.

그러나 우리는 백성수가 세상에 출생되었다는 풍문만 들었지, 그 애 아버지가 죽은 뒤부터는 그 애의 소식이며 그 애 어머니의 소식은 일절 몰랐습니다. 아니, 몰랐다는 것보다, 그 집안의 일은 우리의 머리에서 온전히 잊어버리고 말았습니다.

*

삼십 년이라는 세월이 흘렀습니다.

십 년이면 산천도 변한다 하는데 삼십 년 새의 변천을 어찌 이루 다 말하겠습니까. 좌우간 그 동안에 나는 내 이름을 닦아 놓았습니다. 아시다시피 지금 K라 하면 이 나라에서 첫 손가락을 꼽는 음악비평가가 아닙니까. 견실한 지도적 비평가 K라면 이 나라의 음악계의 권위이며, 이 나의 한마디는 음악가의 가치를 결정하는 판결문이라 하여도 옳을 만치 되었습니다. 많은 음악가가 내 손 아래서 자랐으며 많은 음악가가 내 지도로써 이름을 날렸습니다.

*

재작년 이른 봄 어떤 날이었습니다.

그때 나는 조용한 밤중의 몇 시간씩을 ○○예배당에 가서 명상으로 시간을 보내는 것이 습관이 되어 있었습니다. 언덕 위에 홀로 서 있는 집으로서 조용한 밤중에 혼자 앉아 있노라면 때때로 들보에서 놀라 깬 비둘기의 날개 소리와 간간이 기둥에서 뚝뚝 하는 소리밖에는 아무 소리도 들리지 않는, 말하자면 나 같은 괴상한 성미를 가진 사람이 아니면 돈을 주면서 들어가래도 들어가지 않을 음침한 집이었습니다. 그러나 나 같은 명상을 즐기는 사람에게는 다른 데서 구하기 힘들도록 온갖 것을 가진 집이었습니다. 외따로고 조용하고 음침하며 간간이 알지 못할 신비한 소리까지 들리며 멀리서는 때때로 놀란 듯한 기적(汽笛) 소리도 들리는…… 이것뿐으로도 상당한데, 게다가 이 예배당에는 피아노도

한 대 있었습니다. 예배당에는 오르간은 있을지나 피아노가 있는 곳은 쉽지 않은 것으로서 무슨 흥이나 날 때에는 피아노에 가서 한 곡조 두드리는 재미도 또한 괜찮았습니다.

그날 밤도 (아마 두시는 지났을걸요) 그 예배당에서 혼자서 눈을 감고 조용한 맛을 즐기고 있노라는데, 갑자기 저편 아래에서 재재 하는 소리가 납디다. 그래서 눈을 번쩍 뜨니까 화광이 충천하였는데, 내다보니까 언덕 아래 어떤 집이 불이 붙으며 사람들이 왔다갔다 야단이었습니다.

이렇게 말하면 어떨지 모르지만 그다지 멀지 않은 곳에서 불붙는 것을 바라보는 맛도 괜찮은 것이었습니다. 일어서는 불길이며 퍼져 나가는 연기, 불씨의 날아나는 양, 그 가운데 거뭇거뭇 보이는 기둥, 집의 송장, 재재거리는 사람의 무리, 이런 것은 어떻게 생각하면 과연 시도 될지며 음악도 될 것이었습니다. 옛날에 네로가 로마의 불붙는 것을 바라보면서, 자기는 비파를 들고 노래를 하였다는 것도 음악가의 견지로 보면 그다지 나무랄 것이 아니었습니다.

나도 그 때에 그 불을 보고 차차 흥이 났습니다.

…… 네로를 본받아서 나도 즉흥으로 한 곡조 두드려 볼까. 어렴풋이 이런 생각을 하며 나는 그 불을 정신없이 바라보고 있었습니다.

그때였습니다. 갑자기 덜컥덜컥 하는 소리가 들리더니 예배당 문이 열리며 웬 젊은 사람이 하나 낭패한 듯이 뛰어들어왔습니다. 그리고 무엇에 놀란 사람같이 두리번두리번 사면을 살피더니 그래도 내가 있는 것은 못 보았는지 저편에 있는 창 안에 가서 숨어 서서 아래서 붙는 불을 내다봅니다.

나도 꼼짝을 못 하였습니다. 좌우간 심상스런 사람은 아니요 방화범이나 도적으로밖에는 인정할 수 없지 않겠습니까? 그래서 꼼짝을 못 하고 서 있노라니까 그 사람은 한숨을 쉽니다. 그리고 맥없이 두 팔을 늘이고 도로 나가려고 발을 떼려다가 자기 곁에 피아노가 놓인 것을 보더니 교의를 끌어다 놓고 피아노 앞에 주저앉고 말겠지요. 나도 거기는 그만 직업적 흥미에 끌렸습니다. 그래서 무엇을 하나 보자 하고 있노라니까 뚜껑을 열더니 한 번 뚱 하고 시험을 해보아요. 그리고 조금 있더니 다시 뚱뚱 하고 시험을 해보겠지요.

이때부터 그의 숨소리가 차차 높아 가기 시작했습니다. 씩씩거리며 몹시 흥분된 사람같이 몸을 떨다가 벼락같이 양 손을 키 위에 갖다가 덮었습니다. 그 다음 순간으로 C샤프 단음계의 알레그로가 시작되었습니다.

처음에는 다만 흥미로써 그의 모양을 엿보고 있던 나는 그 알레그로가 울리어 나오는 순간 마음은 끝까지 긴장되고 흥분되었습니다.

그것은 순전한 야성적 음향이었습니다. 음악이라 하기에는 너무 힘있고 무기교(無技巧)이었습니다. 그러나 음악이 아니라기에는 거기는 너무 괴롭고도 무겁고 힘있는 '감정'이 들어 있었습니다. 그것은 마치 야반의 종소리와도 같이 사람의 마음을 무겁고 음침하게 하는 음향인 동시에 맹수의 부르짖음과 같이 사람으로 하여금 소름 돋치게 하는 무서운 감정의 발현이었습니다. 아아 그 야성적 힘과 남성적 부르짖음, 그 아래 감추어 있는 침통한 주림과 아픔, 순박하고도 아무 기교가 없는 그 표현!

나는 덜석 그 자리에 주저앉고 말았습니다. 그리고 음악가의 본능으로써 뜻하지 않고 주머니에서 오선지와 연필을 꺼내었습니다. 피아노의 울리어 나아가는 소리에 따라서 나의 연필은 오선지 위에서 뛰놀았습니다.

좀 급속도로 시작된 빈곤, 거기 연하여 주림, 꺼져 가는 불꽃과 같은 목숨, 그러한 것을 지나서 한참 연속되는 완서조(緩徐調)의 압축된 감정, 갑자기 튀어져 나오는 광포. 거기 연한 쾌미(快味) 홍소(哄笑)……

이리하여 주화조(主和調)로서 탄주는 끝이 났습니다. 더구나 그 속에 나타나 있는 압축된 감정이며 주림 또는 맹렬한 불길 등이 사람의 마음에 주는 그 처참함이며 광포성은 나로 하여금 아직 '문명'이라 하는 것의 은택에 목욕하여 보지 못한 야인(野人)을 연상케 하였습니다.

탄주가 다 끝이 난 뒤에도 나는 정신을 못 차리고 망연히 앉아 있었습니다. 물론 조금이라도 음악의 소양이 있는 사람일 것 같으면 이제 그 소나타를 음악에 대하여 정통으로 아무러한 수양도 받지 못한 사람이 다만 자기의 천재적 즉흥뿐으로 탄주한 것임을 알 것입니다. 해결이 없이 감칠도 화현(減七度和絃)이며 증육도 화현(增六度和絃)을 범벅으로 섞어 놓았으며 금칙(禁則)인 병행 오팔도(竝行五八度)까지 집어넣은 것으로서, 더구나 스케르초는 온전히 뽑아 먹은, 대담하다면 대담하고 무식하다면 무식하달 수도 있는 방분 자유한 소나타였습니다.

이때에 문득 내 머리에 떠오른 것은 삼십 년 전에 심장마비로 죽은 백○○였습니다. 그의 음악으로서 만약 정통적 훈련만 뽑고 거기다가 야성을 더 집어넣으면 지금 내 눈앞에 있는 그 음악가의 것과 같은 것이 될 것이었습니다. 귀기가 사람을 엄습하는 듯한 그 힘과 방분스런 표현과 야성…… 이것은 근대 음악가에게 구하기 힘든 보물이었습니다.

그 소나타에 취하여 한참 정신이 어리둥절히 앉았던 나는 고즈넉이 일어서서, 그 피아노 앞에 가서 그의 어깨에 가만히 손을 얹었습니다. 한 곡조를 타고 나서 아주 곤한 듯이 정신이 없이 앉아 있던 그는 펄떡 놀라며 일어서서 내 얼굴을 보았습니다.

"자네 몇 살 났나?"

나는 그에게 이렇게 첫 말을 물었습니다. 가슴이 답답한 나로서는 이런 말밖에는 갑자기 다른 말이 생각 안 났습니다. 그는 높은 창에서 들어오는 달빛을 받고 있는 내 얼굴을 한순간 쳐다보고 머리를 돌이키고 말았습니다.

"배고프나?"

나는 두 번째 그에게 물었습니다.

그는 시끄러운 듯이 벌떡 일어섰습니다. 그리고 달빛이 비친 내 얼굴을 정면으로 바라보다가,

"아, K선생님 아니세요?"

하면서 나를 붙들었습니다. 그래서 그렇노라고 하니깐,

"사진으로는 늘 봤습니다마는……."

하면서 다시 맥없이 나를 놓으며 머리를 돌렸습니다.

그 순간, 그가 머리를 돌이키는 순간 달빛에 얼핏, 나는 그의 얼굴을 처음으로 보았습니다. 그리고 나는 거기서 뜻밖에 삼십 년 전에 죽은 벗 백○○의 모습을 발견하였습니다.

"자, 자네 이름이 뭐인가?"

"백성수……."

"백성수? 그 백○○의 아들이 아닌가. 삼십 년 전에, 자네가 나오기 전에 세상 떠난……."

그는 머리를 번쩍 들었습니다.

"네? 선생님 어떻게 아세요?"

"백○○의 아들인가? 같이두 생겼다. 내가 자네의 아버지와 동창이네. 아아, 역시 그 애비의 아들이다."

그는 한숨을 길게 쉬며 머리를 수그려 버렸습니다.

학습 활동

1. 이 소설의 인물과 그들의 관계에 대해 정리해 보자.

나 :

피아니스트 :

관계 :

2. 이 소설에서의 피아노 연주에 대한 묘사의 대략을 요약해 보고, 아름다움의 네 가지 영역 중 어디에 해당하는지 토의해 보자.

3. 모짜르트나 베토벤의 곡 하나를 듣고 자신의 느낌을 묘사해 보자.

4. 문학과 다른 예술 장르의 교섭적인 관계에 대해 말해 보자.

제3장
문학의 구조와 분석

문학은 근원적으로 인간과 인간의 소통을 전제로 한다. 이는 작가 - 텍스트 - 독자라고 하는 문학의 구조가 화자 - 메시지 - 청자, 혹은 발신자 - 기호 - 수신자의 소통의 구조와 상동한 구조를 이루고 있기 때문이다. 그런 점에서 문학적 효과는 소통의 각 구조가 상호 연관을 이루어 작동하는 구조적 효과의 산물인 셈이다.

에이브럼즈라는 문학이론가는 문학이 작동되고 생산되기 위해서 작가, 작품, 세계, 독자 등 네 가지 요소가 필요하다고 주장하였다. 즉 작가가 자신의 사상과 감정을 표현하여야 하고, 그렇게 표현된 작품은 언어적 형식과 구조로 이루어진 유기체이며, 독자는 그러한 작품을 읽으면서 감동과 교훈을 얻게 된다는 것이다. 또한 작가의 창작과 독자의 독서, 그리고 작품에는 반드시 시대적 상황이나 역사라는 외부적 요소가 모방되거나 영향을 미치는데 이를 세계라고 에이브럼즈는 명명하였다. 이러한 네가지 요소 중 어떤 것에 초점을 두느냐에 따라 문학에 대한 논의는 달라질 수 있다.

이를테면 작가에 초점을 두면 표현론, 작품에 초점을 두면 객관론, 독자에 초점을 두면 효용론, 세계에 초점을 두면 모방론이라 부른다. 따라서 표현론은 작가의 사상과 감정이 어떻게 표현되었는가를 살피게 되고, 객관론은 작품에 사용된 언어의 형식과 구조의 완결성에 초점을 두는 것이고, 효용론은 독자가 독서행위를 하면서 얻게 되는 감동과 교훈의 실체에 대해 관심을 두게 되고, 모방론은 작품에 모방되거나 재현된 세계의 양상에 대해 살펴보게 되는 것이다.

그런 점에서 하나의 문학작품에 대한 분석은 각각의 작품에 따라 표현론, 객관론, 효용론, 모방론적 접근이 필요하며, 그 접근은 하나의 방법론보다 다양한 방법론을 혼용하는 것이 작품의 효과적인 분석에 도움이 될 수 있다.

1. 작가

문학에 있어서 작가는 어떤 요소보다도 주요한 요소이다. 작가가 존재하니까 문학이 발생되었다고 해도 과언이 아니다. 구비문학시대 공동창작이 이루어졌다거나 조선시대 무명씨(無名氏)의 작가여서 작가의 이름이나 신분은 분명치 않지만 그 누구인가 창작의 주체인 작가는 있게 마련인 것이다. 그러한 작가의 사상과 감정이 그대로 작품에 형상화되는 것이다. 그런 점에서 작가의 신분, 성별, 나이, 학력, 사상, 심리상태 등 작가와 관련된 다양한 요소을 살펴보는 것이 작품을 분석하는 데 많은 도움이 될 수 있다.

일찍이 플라톤은 '영감론'을 제기하면서 작가라는 존재가 천부적으로 타고난 독창성을 가진 존재라 하였고, 이는 르네상스 시기의 천재론으로 연결되기도 하였다. 그후 낭만주의 시대에는 '영감론'의 신비성이 제거되고 개인의 우수성이 강조되면서 필립 시드니는 시인은 창조자라는 '창조론'을 주장하기도 하였다.

근대에 들어서는 실증과학에 영향을 받은 테느라는 이론가는 그의 저서 『영문학사』에서 작가와 작품의 인과관계를 설명하면서 종족-환경-시대의 세 가지 요소를 강조한다. 작가의 전기를 강조했던 그는 작가의 민족적 특징(인종/혈통), 작가의 사회적 조건이나 정치적 환경, 작가가 살았던 시대의 지배적 이데올로기나 문화적 특이성 등에 관심을 두었다. 그는 작품을 제대로 이해하기 위해서는 작가에 대한 선행적인 연구가 필요하다는 것을 강조하였던 것이다.

특히 프로이트 심리학의 영향으로 현대에 들어서는 작가의 심리적 양상을 치밀하게 추적하기도 한다. 작가가 가지고 있는 상처(트라우마)나 복합심리(콤플렉스), 혹은 방어적인 심리 기제 등이 작품에 형상화되는 양상을 심리학 이론에 기대어 분석해내기도 한다.

● **작품 해설**

이청준의 「소문의 벽」 — 작가의 유년체험과 전짓불 공포

문학작품은 창작의 주체인 작가의 체험과 사상적 표현의 결과물이다. 특히 작가의 유년체험은 전생애의 작품 창작과 작가의식에 영향을 미치곤 한다. 따라서 작가가 유년 시절 어떤 체험을 했느냐를 조사하고 연구하는 것은 작가가 창작한 작품을 이해하는 데 많은 도움이 된다.

이청준 또한 유년 시절 힘들었던 시대상황, 특히 6·25라는 민족상잔의 전쟁으로 인해 남다른 체험을 하게 된다. 전남 장흥의 바닷가 마을에서 어린 시절을 보내게 된 이청준은 일찍 아버지와 형들을 여의고 어머니와 살아가다가 6·25를 맞게 된다. 그는 전쟁의 소용돌이 속에서 각별한 체험을 하게되는데 그 체험이 '전짓불 공포'를 불러오게 되고, 그러한 공포가 정신적 상처(트라우마)로 남아 그의 많은 작품에 반복적으로 제시된다.

> 저의 고향 마을은 남해안 어느 조그만 포구 근처였습니다. 때는 6·25사변이 터지고 나서 3개월 남짓 지난 1950년 가을 무렵이었어요……. (중략) 그날 밤 저는 어머니와 함께 단둘이서 집을 지키고 있었습니다. 한데 밤중쯤 되자 느닷없이 밖에서 쿵쿵거리는 발자국 소리가 났고, 어머니와 저는 그 발자국 소리에 놀라 잠을 깨고 말았어요. 눈을 뜨자마자 백지 창문이 덜컹 열리면서 눈부신 손전등 불빛이 가득히 방 안으로 쏟아져 들어왔어요. 눈을 뜰 수도 없을 만큼 강한 불빛이었지요. 한데 그 불빛 뒤에서는 사람의 모습도 보이지 않은 채 카랑카랑한 목소리만 울려 오는 것이었어요. 이 집은 남자들이 모조리 어딜 갔어, 남자들은 다 어딜 가고 꼬맹이하고 아주머니만 남아 있는 거야, 그런 소리였지요. 올 것이 왔구나 싶었습니다. 전 속이 떨려 감히 그 불빛을 쳐다볼 수도 없었어요. (중략) 전짓불은 정말 그것을 알고 있는 것 같았어요. 전짓불의 정체만 알 수 있었다면 물론 대답이 어려운 것은 아니었지요. 하지만 그 전짓불의 강한 불빛 때문에 그 뒤에 선 사람이 어느 편인지는 죽어도 알아낼 수가 없었습니다. 아아 그 전짓불이 얼마나 원망스럽고 무서운 것이었는가를 지금도 잊을 수가 없군요. 사실을 말할 수가 없었어요.

위 글은 이청준의 대표작 「소문의 벽」의 일부이다. G라는 인물의 어린 시절의 체험을 서술하고 있는 대목인데, 이청준의 체험과 거의 같다고 할 수 있다. 스스로의 정체를 밝힘으로써 삶과 죽음이 결정되는 짧은 순간 강한 전짓불 때문에 전짓불을 비추고 있는 상대의 신분을 알 수 없기에 스스로의 정체를 말할 수 없는 항거불능의 상태, 이 때문에 주인공은 진술 공포에 시달린다. 스스로의 정체를 말하는 순간 죽을 수도 있다는 공포가 자신의 실체와 진실을 말하지 못하는 존재로 만들어버리고 만 것이다. 이는 소설 속의 주인공 '박준'의 진술 공포와도 연관되고 그것은 결국 정신이상자로 내몰리는 결과를 낳고 만다.

이청준은 자신만의 독특한 체험을 소설 작품에 형상화하여 자신의 체험이 결국은 분단의 민족적 상처와 당대를 살아가는 민중들의 고통스러운 삶과 다르지 않음을 제시해내고 있는 것이다. 이처럼 대부분의 문학작품은 작가가 겪은 삶의 체험의 반영이라 할 수 있다.

● **작품 감상 1**

「오감도」 제2호

이상

나의아버지가나의곁에서조을적에나는나의아버지가되고또나는나의아버지의아버지가되고그런데도나의아버지는나의아버지대로나의아버지인데어쩌자고나는자꾸나의아버지의아버지의아버지의..... 아버지가되느냐나는왜나의아버지를껑충뛰어넘어야하는지나는왜드디어나와나의

아버지와나의아버지의아버지와나의아버지의아버지의아버지노릇을한꺼번에하면서살아야하는것이냐

● **작품 감상 2**

「송인(送人)」

정지상

雨歇長堤草色多 비 개인 긴 언덕에는 풀빛이 푸른데
送君南浦動悲歌 그대를 남포에서 보내며 슬픈 노래 부르네.
大同江水何時盡 대동강 물은 그 언제 다할 것인가,
別淚年年添綠波 이별의 눈물 해마다 푸른 물결에 더하는 것을.

학습 활동

1. 다음 시구의 함축적 의미를 파악해 보자.
   1) 아버지 :
      조을적에 :
   2) 풀빛 :
      대동강물 :

2. 두 작가의 삶의 내력을 조사해 보고 다음 활동을 해보자.

1) 이상의 입양 체험이 작품에 어떤 영향을 미치고 있는지 말해 보자.

2) 묘청의 난에 참여한 정지상과 작품의 연관 관계에 대해 말해 보자.

3. 작가의 체험이 제대로 제시되어 있는 작품을 찾아 읽고, 작가의 체험이 어떻게 제시되고 있는지 발표해 보자.

2. 작품

작품은 문학에 있어서 필수불가결의 요소이다. 작품이 존재해야만 문학으로 성립될 수 있다는 말이다. 아무리 훌륭한 작품이 존재했다 하더라도 지금 전해지지 않는다면 그것은 문학작품으로 인정받을 수 없는 것이다. 뿐만 아니라 좋은 문학과 나쁜 문학, 고급한 문학과 저급한 문학을 가르는 기준은 오로지 작품 그 자체에 대한 평가로써만 가능하다.

작품은 하나의 생명체나 우주로 보거나 자족적인 체계로서의 유기적 구조물로 본다. 일찍이 아리스토텔레스가 작품을 독립적인 자율적 구성물로 보았는데, 특히 근대에 들어서서 러시아 형식주의, 구조주의, 신비평에 의해 작품 자체의 형식과 구조에 깊은 관심을 기울이게 되었다. 여기서 작품 자체의 형식과 구조에 대한 분석은 작품을 이루는 언어에 대한 관심으로부터 시작한다.

이러한 작품의 언어에 대한 관심이 문학성이란 개념을 도출해 내게 되며, 문학성은 어떤 작품을 미적인 완결성을 가진 문학작품으로 만드는 핵심적 자질이 된다. 따라서 문학성은 작품에 활용된 언어가 어떻게 작품의 내적 특질들을 조직하고 구성해내는가에 따라 규명된다. 따라서 객관적인 작품 분석이란 작품에 활용된 언어를 근간으로 접근하는 것이며, 언어에 대한 과학적인 분석만이 그러한 객관적 작품 분석을 가능하게 한다. 그런 점에서 작품에 사용된 언어적 자질, 수사, 형식과 구조 등을 충분히 살펴야만 제대로 된 작품 분석이 될 수 있다. 즉 작품에 활용된 은유와 환유, 반어와 역설 등의 수사에 대해 주목하여야 하며, 그러한 수사가 작품 전체의 형식이나 구조의 원리로 어떻게 기능하는가를 살펴야 한다. 그 과정에서 작품에 대한 치밀한 독서, 즉 정독(close reading)이 반드시 필요하다. 이는 작품 외적인 요소들인 작가나 세계, 독자에 대한 관심보다 작품 자체에 대한 주목과 집중이 필요하다는 의미이기도 하다.

● **작품 해설**

「제망매가」 ― 삶과 죽음의 비의와 역설의 구조

문학작품이 존재하지 않는다면 문학은 결코 존립할 수 없다. 그런 점에서 모든 문학작품의 존재의의는 작품을 근거로 한다. 특히 좋은 작품이 있어야만 좋은 문학이 성립할 수 있다. 좋은 작품은 수천 년이 지나서도 전해질 수 있으며 실제로 전해지면서 많은 이들의 문학적 감수성을 자극하고 있다.

이처럼 수천 수백 년을 전해 내려온 좋은 작품들은 어떤 특질을 갖고 있기 때문일까? 그것은 그 작품이 가지고 있는 삶이나 세계에 대한 남다른 인식 때문이기도 하겠지만 무엇보다고 작품을 이루는 언어적 자질이나 형식적 요소가 뛰어나기 때문일 것이다. 언어나 형식적 자질이 우수한 작품이 문학성이 높다고 할 수 있는 것이다.

아래 인용된 신라 향가 「제망매가」도 삶과 죽음의 비의에 대한 탁월한 인식과 더불어 언어의 형식적 요소가 뛰어나게 구성되어 있기 때문에 천여 년의 세월이 지나서도 많은 이들에게 향유될 수 있었다.

생사의 길은
여기 있으매 두려워하고
나는 간다는 말도
못다 이르고 갔습니까
어느 가을 이른 바람에
여기저기 떨어지는 잎처럼
한 가지에 나고
가는 곳을 모르는구나
아, 미타찰(彌陀刹)에서 만날 나는
도를 닦으며 기다리련다.

이 작품은 향가의 가장 완결된 형식인 10구체 향가이다. 세 개의 의미 단위(1-4행, 5-8행, 9-10행)는 마치 시조의 초·중·종장의 삼장 형식의 의미 전달 구조를 가지고 있다. 첫 장은 우리의 삶이 매순간 삶과 죽음의 경계가 가로놓여 있다는 인식, 그리하여 차마 이별의 말을 할 여유조차 없다는 역설적 인식이 순연한 우리말로 형상화되어 있다. 두 번째 장은 죽음을 가을날 떨어지는 낙엽에 비유하고 있으며, 같은 부모에 태어났다는 동기애를 '한 가지에 나고'라는 뛰어난 비유로 형상화하고 있다. 세 번째 장은 '회자정리 리자필반(會者定離 離者必反)'의 진리를 수행하기 위해 열심히 도를 닦겠다는 의지를 표출하고 있다.

이처럼 이 작품은 삶과 죽음에 대한 인간의 보편적 인식과 종교적 원리가 습합되어 있으면서도 심오한 진실을 결코 어려운 관념어를 사용하지 않으면서 일상의 순연한 우리말로 구조화하고 있다. 특히 삶과 죽음에 대한 역설적 인식을 가장 세련된 십구체의 형식을 활용하여 우리말의 아름다움을 드러냈다는 점에 높은 시가사적 의의가 있다.

● **작품 감상**

「겨울의 환(幻)」

—밥상을차리는여인

1

언젠가 당신은 제게 나이 들어 가는 여자의 떨림을 한번 써 보라고 말하셨습니다. 저는 그 얘기를 지나쳐 들었습니다, 라기보다 글이라고는 편지와 일기 정도밖에 써보지 못한 제가 어떻게 그런 것을 쓸 수 있을까 두려운 마음이 앞섰습니다. 저는 감정의 훈련도, 또한 그 감정을 끌어내어 표현하는 능력도 갖고 있지 못하기 때문입니다.

그러나 마음 한편으로는 그때부터 죽 나이 들어 가는 여자의 떨림에 대해서 분명 생각하고 있었습니다. 아니, 그보다 그 말 자체가 가지는 의미에 대해서 어떤 매혹을 느꼈다고 해도 과언이 아니겠습니다. 그 말에서 스스로를 여자로 느꼈기 때문입니다.

이렇게 얘기한다면 조금 어폐가 있겠습니까?

그러나 정말입니다. 저는 이제껏 마흔세 살이라는 나이가 되도록 단 한 번도 스스로를 여자로 느끼지 못했습니다. 저는 단지 여자의 흉내만을 내고 있다고 생각합니다. 어느 때, 목욕을 하고 나서 새 속치마를 꺼내어 입을 때, 혹은 화장을 할 때, 혹은 생리 냅킨을 꺼낼 때 자신이 여자의 흉내를 낸다는 느낌에 젖게 됩니다만 그 외에는 언제나 나의 용모나 성 따위를 전혀 잊고 있는 것입니다. 즉, 외부에서 보는 나가 아니라 내 안에 있는 나 그것일 뿐입니다(다른 여자들도 그런지 어쩐지 그것은 모르겠습니다). 그런 연고로 당신이 그 말을 하셨을 때 저는 젊었을 때도 느끼지 못했던 여자라는 성과, 그 성이 가지는 떨림에 대해서 생각해 보게 된 것입니다. 그 말 자체에는 무언가 설레게 하는, 인생에서 어떤 신묘한 가능성까지를 내포하고 있기 때문입니다.

늙어 가는 것이 단지 멸해 가기만 하는 것이 아니라 여자로서의 떨림이 있을 수 있는 것이로구나 하는 확연한 느낌을 가질 수 있었습니다.

저는 그 말에서 비로소 여자가 된 듯한 기분을 맛보았습니다.

늙어 가는 사람의 떨림이란 좀 어색하지 않습니까. 늙어 가는 사람의 떨림이라기보다 늙어 가는 여자의 떨림이란 말이 훨씬 자연스러운 것이고 보면 제가 스스로를 언제나 사람이라고 느끼던 것에서 저의 성을 찾아 여자가 된 것이, 그 자각이 이제라도 기쁨으로 다가오기도 합니다.

그러므로 저는 비로소 여자에 눈떴다고 할 수도 있겠습니다. 그리고 그 자각이 나 하나에서 머무는 것이 아니라, 내 어머니와 할머니, 이분들은 내가 실제 보았던 인물들이고, 말로만 들었던 증조할머니 그리고 더 거슬러 올라가 선조의 여자들까지도 생각해 보게 되고, 인맥을 통해 면면히 흐르는 여자로서의 숙명 같은 것도 감지하게 되었습니다.

자궁을 가진 여자로서의 숙명감, 아버지가 아닌 어머니로서의 모(母)라는 의미, 결연히 인생과 마주한 여자로서 서야 하는, 또한 그 중에서도 동양의 여자, 소나무가 크고 있는 지역의 여자, 이런 의미들이 밀려들어오는 것입니다. 그것은 복받을 만한 서구의 자연, 그리고 그들의 깨어 있는 문화가 만들어 놓은 개인주의, 저는 한때 그 개인주의에 공감하고 그를 따르려 했습니다만 서구의 개인주의와 동양의 미덕과는 어쩔 수 없이 다를 수밖에 없다는 그런 깨달음이 망연히, 그러나 어떤 확신감을 가지고 다가오는 것입니다.

우리가 서양에서만 보던 서양의 잣나무와 솔바람을 품어 안는 소나무와는 다를 수밖에 없다는 자각, 우리가 이 시간 그리고 동양권인 이 공간 속에 태어났다는 것은 하나의 운명이기도 하지 않겠습니까.

그리하여 당신과 만났다는 것도 운명이라고 생각합니다.

어디서부터 얘기를 끌어내야 할지 잘 갈피를 잡을 수 없습니다.

저는 지금 몹시 흥분된 상태이고, 되도록 내일 새벽까지 이 글을 마쳐 보겠다는 각오하에 펜을 들었으므로 나오는 대로 두서없이 쓸 수밖에 없겠습니다.

조금 전 마지막 뉴스로 산불이 아직도 계속되고 있어 예비군이 동원되고 헬리콥터까지 소화제를 뿌리고 있는 현장을 보았습니다.

그 산불은 오늘 할머니 묘소에서 집안 아저씨와 제가 낸 것입니다.

산불의 모습은 상상을 불허하는 장관스런 풍경입니다.

지진이나 홍수 그리고 산불 같은 자연의 모습 앞에 인간은 그저 무릎 꿇을 수밖에 없습니다. 두렵도록 아름다운, 죄악과 천사가 함께 있는 듯한 그 모습을 그래도 인간이 감당해 내야 한다는 일이 이상할 지경입니다.

그것은 이미 인간의 몫은 아니라고 보아야 옳겠습니다.

또한 그런 대자연 앞에서마저 내가 있어서 내가 그것을 보아야 한다는 일이, 내가 없으면 산불도 무엇도 다 없는 것이라는 그 사실이 꿈에서 깬 듯 이상하기만 합니다.

뉴스를 본 아저씨가 내일 아침 경찰서에 자진 출두하겠다고 전화를 하셨습니다. 저도 같이 가겠다고 했더니, 노모를 돌봐야 하는 문제도 있고 하니 그냥 집에 있으라고 했습니다.

"불을 끄고 나서 그렇게 오랫동안 앉아 있다가 왔는데 불씨가 남아 있었나……."

아저씨는 말끝을 흐리며 허둥거리셨습니다.

저는 전화를 끊고 나서 한동안 화면에 눈길을 주며, 그러나 아무것도 눈에 들어오지 않는 상태로 앉아 있었습니다. 무슨 전화인가 묻는 어머니의 소리도 묵살해 버렸습니다. 제 눈앞에 지금 이 순간에도 산야의 송림숲을 잿더미로 만들며 무서운 속도로 번져 나가는 불길의 환영이 투시력을 가진 듯 환히 보였습니다. 할머니의 묘가 다 타버린 것, 뿐만 아니라 다른 망자들의 묘까지 전부 태운 것. 조상의 무덤을 잘 가꾸어야 하는 우리네 풍습에 묘자리가 다 타버렸다는 사실이 자손들에게 어떤 영향을 끼치는지 심히 두려우면서도 왠지 무덤 속에서 망자들이 훨훨 타오르는 불길에 가슴에 맺힌 응어리들을 다 녹여 내린 후련함을 맛볼 것 같은 그런 기분 또한 가지게 됩니다.

사람들 마음속에는 왜 응어리가 있는 것일까요.

이제 와서 세상 이치를 어느 정도 깨닫고 보면 세상사가 모두 손바닥 안에 있다는 그 말에 수긍하고 공감하면서도 왜 마음은 이렇게 늘 괴로운 것일까요? 사람의 마음속은 기쁨, 슬픔, 평온, 희열, 고뇌, 비애, 공포, 고요 등으로 다양하게 변모하며 그러한 마음이 세상 속의 자연으로 표출되는 것이 아닌가 하는 생각도 합니다.

베토벤의 9번 심포니를 듣고 사람의 감정의 폭이 어쩌면 저렇게도 무한한 것일까, 깊은 공감으로 엎드려 운 적이 있습니다만 천둥과 번개, 바다와 시냇물, 들판, 꽃밭, 비, 눈 등은 우리의 감정이 형상화된 것이 아닐까요? 아니면 그 자연을 닮아 우리의 감정이 형성된 것일까요?

그러니까 산 하나를 다 태우고야 꺼질 이 무서운 불길은 저의 마음이겠습니까. 그리고 꺼져 버린 잿더미, 간혹 바람에 피식피식 흰 연기만 날릴 그 소화 후의 빈 산 또한 저의 마음이지 않겠습니까.

어쩔 수 없는 일입니다.

이미 불은 나버렸고 그 무섭게 타들어가고 있는 불기운에 힘입어 글에 대한 아무 지식이나 훈련이 없는 저로서도 이 밤은 무엇인가 써낼 듯한 기(氣)를 감히 느끼는 것입니다.

그러므로 무엇을 향해 어떻게 써야 한다는 일에 염려하지 않겠습니다.

학습 활동

1. 다음의 어휘의 의미와 역할에 대해 파악해 보자.
   1) 밥상을 차리는 여인 :
   2) 떨림 :
   3) 여자의 숙명 :
   4) 무서운 불길 :

2. 이 소설은 편지글의 형식으로 주인공의 심리적 상황을 묘사해내고 있다. 다음의 활동을 해보자.
   1) 주인공의 심리적 상황에 대해 말해 보자.
   2) 편지글 형식의 장점과 단점에 대해 말해 보자.

3. 문체나 수사가 뛰어난 작품을 찾아 읽고, 그 작품이 왜 뛰어난 작품인지 토의해 보자.

3. 세계

모든 문학작품은 세계를 모방하거나 반영한다. 환상적인 이야기이거나 동물을 주인공으로 한 이야기이라 할 지라도 그 작품에는 작가의 당대 사회에 대한 문제의식이 제시된다. 그런 점에서 작품 속에 드러나는 세계상을 통해 작품의 주제나 작가 의식을 추론해 볼 수 있는 것이다. 작품에 드러난 세계의 실체와 사회의 구조적 모순, 이를테면 계급간의 갈등이나 분배의 모순, 남녀간의 차별 등을 잘 살펴보는 것이 작품의 분석에 있어서 주요한 과제가 된다.

세계에 대한 강조는 이미 플라톤이 『공화국』이란 책에서 '모방론'을 제기하면서 시작되었다. 그의 '모방론'은 실재 세계와 문학작품에 창조된 세계와의 관계를 규명하는 논의였는데 이는 근대에 들어 리얼리즘 논의의 기반이 되었다.

근대 리얼리즘은 루카치에 의해 체계화되고 집대성되었다. 그는 문학작품의 평가기준으로 사회적·역사적·물적 조건의 반영 정도를 제시하였는데, 그 양상을 총체성의 측면에서 논의하기도 하였다. 그는 문학작품이 당대 사회의 객관적 현실을 총체적으로 반영하여야 한다고 본 것이다. 여기서 그가 강조한 총체성은 전형이라는 개념을 통해 더욱 구체화된다. 전형이란 대상들의 평균치가 아니고 총체성의 범주 안에 포괄되는 것인데, 이는 외재적 총체성이 아니라 내포적 총체성을 함의한다.

그런 점에서 모든 문학작품의 구조는 당대 사회의 구조를 총체적으로 재현함으로써 두 구조가 서로 상동(相同)하다는 것이 근대 리얼리즘 문학론의 핵심이라고 할 수 있다. 이는 사회와 문학, 역사와 예술의 구조적 유사성을 의미하는 것이며, 이를 구체화한 사람이 골드만이다. 그는 문학작품 또한 사회 안에 있는 하나의 구성물이며, 좀 더 큰 구조들 안에서 그것의 기능적 연관성을 밝혀낼 필요가 있다고 강조하였다.

● 작품 해설

송기숙의 『암태도』

모든 문학작품은 인간의 삶이나 인간이 살아가는 세계를 대상으로 삼는다. 대부분의 사실주의 문학작품은 실제적인 삶이나 세상을 반영하거나 재현한다. 또한 모더니즘적인 작품들 또한 현실 세계와 인간의 삶을 대상으로 삼는다. 어떤 이론가들은 이를 부인하려고 하지만 모더니즘의 발생과정을 살펴보면 그 근본적인 정신에는 근대 자본주의 사회의 모순에 대한 날카로운 비판과 회의의 의식이 내재되어 있다는 점에서 모더니즘 문학 또한 현실을 외면하지 않는 것이다.

특히 사실주의 문학들은 현실의 삶의 모순과 그로 인한 갈등을 작품에 재현하고 모방해낸다. 사람과 사람들의 갈등, 사람과 제도와의 갈등의 원인과 그로 인해 파생하는 문제들을 사실적으로 보여주려는 것이 사실주의 문학의 창작원리이다.

송기숙은 이처럼 민중의식을 전경화하면서 한국 사실주의 문학을 한 단계 성숙시키게 되는데, 그의 장편소설 『암태도』는 민중에 대한 한없는 애정과 믿음을 시종 유지하면서 리얼리즘이 함유하는 삶의 진실을 표현코자 한다. 이 소설은 1923년 전남의 암태도에서 발생한 소작쟁의를 소재로 삼았는데, 이 사건은 식민지 시대 발생한 소작쟁의 중 민중들이 성공한 대표적인 사례이며, 그 이후 조선의 농민운동에 많은 영향을 끼치게 된다. 이 작품은 서태석을 중심으로 한 암태도 민중들과 지주인 문재철과의 갈등과 투쟁을 보여주면서도 기실은 조선의 토지와 쌀을 수탈하려는 제국 일본의 식민지 침략에 대한 민중들의 강력한 저항 정신을 형상화해내고 있다.

이 작품 이외에도 송기숙은 『자랏골의 비가』, 『오월의 미소』, 『녹두장군』을 창작하면서 한국 근현대사의 왜곡된 정치 사회적 현실과 그로 인해 발생한 민중들의 삶의 질곡과 저항 의식을 형상화해내고 있다. 『자랏골의 비가』는 식민지 시기부터 군사독재기간까지 반복적으로 계속된 지주의 횡포와 소작농민들의 생명력을, 『오월의 미소』는 1980년 5월 광주에서 자행되었던 군사독재 권력의 잔인했던 폭력성과 광주 민중들의 저항을, 『녹두장군』은 1894년 발생했던 동학혁명을 사실적으로 재현해내고 있다.

● **작품 감상**

태백산맥

송능한

타이틀 백

(산과 도새떼를 쫓는 매한마리 태백산맥(太白山脈) 크레티트 타이틀)

1. 읍내중앙통(밤)

(경찰서 전경)

숙직자 (소리) 예, 벌교 경찰선디요 광주도경이요? 수고 많으시구만요

(대동청년단 간판)

자막. '45년 민족해방, 미·소 한반도 분할점령'

'48년 남북에 배타적인 정권 수립·민족분단'

'48년 10월 19일 여수 14연대 반란'

2. 청년단

자막. '10월 20일 01시 20분 반란군 여수 진입, 지방좌익에 무기지급'

(먹다남은 짜장면 그릇들 보이고 노름중인 상구와 사람들 전화벨 울리면 받는다)

상필 예. 청년단이요… 이시간에 웬일이시다요? 감찰부장님요?

(손짓으로 없다고 하라는 상구)

상필 초저녁에 들어가셨는디요… 예? 여수서 난리가 터졌다고

(놀라서 보는 상구)

3. 경찰서 앞

자막.'10월 20일 01시 20분 반란군, 여수시내로 진입'

(쓰리쿼터 서있고 자전거 타고 들어오는 경찰 2명)

경비주임 소속이 워디여?

경찰 율어 지선디요.

경비주임 왜 이렇게 늦어 이새끼들아. 너그들 땜시 지금 출발 못허고 있잖아. 이 자식들아 빨리타.

(뒤이어오는 경찰 2명)

경찰 별량지서고만요. 늦어서 죄송합니다.

경비주임 빨리 빨리타 이 새끼들아. (남인태 쪽으로 와서 경례한다) 그럼 댕겨 오겄고만요.

남인태 조심 허소

(차 출발한다)

4. 경찰서 회의실

자막. '10월 20일 05시 반란군 여수 장악'

(읍장과 금융조합장 급하게 뛰어 들어온다)

읍장 아니 대체 뭔 일이다요?

남인태 빨갱이 토벌차 제주도로 파견 예정이던 여수 14연대가 반란을 일으켰대요.

읍장 반란?

남인태 현재 주변지역 경찰병력을 순천 경찰서에 총 집결시켜 방어에 나서고 있으니까 별일 없을 것입니다.

5. 경찰서 앞

자막. '08시 30분 반란군 순천역에서 경찰 5백명과 교전'

(진지구축하는 청년단과 들어가는 지주들. 염상구 나온다)

6. 경찰서 서장실(낮)

(서장실 안에 모여 있는 유지들)

남인태 광주 4연대가 진압군으로 파견 됐응게 진압은 시간문제요. 그렁께 염려들 말고 돌아가시오.

장길춘 (소리) 서장님

(장길춘 들어와 남인태에게 신호를 보낸다)

장길춘 방금전에 순천이 떨어졌답니다.

남인태 뭣이여?

7. 읍내 중앙통(새벽)

(책방 쪽에서 걸어오는 빨치산들-)

(경찰서를 향하여 걸어가는 빨치산의 뒷모습)

7A. 경찰서 안(새벽)

(경찰서 계단을 오르는 빨치산의 발들)

(경찰서 접수하는 염상진, 하대치 일행)

(바닥에 던져지는 태극기와 이승만 사진)

(떨어지는 태극기를 보고 웃는 염상진, 조태봉, 하대치)

8. 둑방길(낮)

(달려오는 스리쿼터)

(반란군 아이들의 환호에 답례하며 오다가 갑자기 차를 멈추고 두명이 차에서 내린다)

(전투경찰 2명 반란군을 쳐다보다가 총에 맞는다)

9. 읍내 중앙통(낮)

자막. '10월 21일 16시 30분 반란군 1개 중대 벌교진입'

(반란군을 가득 태운 스리쿼터 3대 경찰서를 향해 가면, 몰려든 사람들 만세를 부르며 환호를 하며 차의 뒤를 쫓는다)

10. 경찰서 수사계(낮)

반란군 중사 (전화에 대고) 예! 지금 막 벌교에 도착혔습니다. 여그는 벌써 군당 동지덜이 싹 장악을 했구만요.

(반란군 중사 OSS 염상진 일행)

반란군 중사 박중사는 보성을 거쳐 화순, 광주쪽으로 치고 올라갔구요. 장흥 고흥쪽으론 최중사 부대가 진격중입니다. 예! 다시 보고 드리겄습니다.

(수화기 놓는 손 CS)

(중사소리) 동지들 그동안 산생활을 허시느라 을메나 고생이 많으셨소.

상진 (중사를 끌어 안으며) 여러분 애국 병사들 덕분에 해방이 되었으니 우리들 고생 쯤이야 별것 아니지요.

11. 읍내 중앙통(낮)

(보는 창민)

(단상위로 끌려오는 김사용)

간부1 김사용은 인민의 피와 땀을 착취한 악질 지주요. 전 재산을 몰수하고 처형해야 한다고 생각하는데 여러분의 뜻은 어떻소?

하대치 (소리) 여그 헐말있소.

(상진을 보는 창민)

하대치 (소리) 여그 헐말있소! 김사용은 지주지만 인민의 적은 아니오! 소작인에게 질로 후허게 했고 큰 아덜은 독립운동을 하다가 죽었고, 김사용은 독립자금을 댔소! 긍게 처형대상에서 빼야헌다고 봅니다.

염상진 (일어나서) 여러분, 저 동무의 말을 접수합니다. 지주라고 해서 모두 숙청해야 되는 것은 아니라고 봅니다. 여러분의 생각은 어떻습니까?

인민들 (소리) 옳소!

(박수를 치는 인민들 김사용, 청년동맹원에 의해 끌려내려간다)

12. 둑방(밤)

(반란군의 우익인사 처형)

13. 경찰서앞(낮)

자막. '10월 22일 0시 여수지구에 비상계엄령 선포'

자막. '23일 11시 진압군, 순천탈환'

반란군 중사 열중쉬엇, 차렷. 지금부터 승차한다. 승차!

(뒤의 스리쿼터에 올라타는 반란군)

반란군 중사 김하사!

(반란군 중사, 무언가 지시 내리고 경찰서로 들어간다)

14. 경찰서 서장실(낮)

(반란군 중사가 문을 열면 모여있는 간부들이 보인다. 염상진 밖으로 나와 문을 닫는다.)

반란군 중사 순천이 개놈들 손에 넘어 갔답니다.

(반란군 중사 OSS 상진)

상진 뭐요?

중사 (소리) 지휘부가 지리산 쪽으로 후퇴한 모양인데, 우리는 그 쪽으로 합류할 작정이요. 군당은 어떻게 하겠소.

14B. 죽산댁 방안

(짐을 꾸리는 상진 너머로 보이는 덕순, 광조)

죽산댁 (소리) 공산당얼 헐라면 애시당초 장개럴 들지말던지.

죽산댁 (옷 꺼내며) 나만 새기덜 허고 워찌 살라고 혼자 내빼는 것이여 인자 다리뻗고 살라나 혔드니 이년만에 돌아와서는 닷새럴 못채우고 쫓겨가?

상진 어머니, 아우집에 가 계십시오.

호산댁 모르것다. 두자식 틈새서 한시도 맴 편헐일이 읎으니…형제간에 무신 혈짓덜이 읎어 서로 가심에 총부리 겨누넌 짓덜이다냐.

상진 (절 하며) 어머니 갑니다.

호산댁 이눔아 몸 조심혀.

광조 아부지…

(두 아이를 껴안는 상진)

15B. 하판석 방안

하판석 그려 가면 어디로 갈것이다냐?

대치 지도 잘 모르겠구만요.

하판석 인자 떠나면 살어서 니럴 볼는지.

15C. 들몰댁 집

(하판석 방에서 나와 신을 신는 하대치 뒤로 들몰댁, 길남 종남이 보인다. 총,

배낭을 챙겨든다)

하판석 (소리) 칠십평생에 나라가 금허는디 맞서서 이기는 것 못봤다.

(부감, 두명의 빨치산과 떠나는 하대치를 따라 나오다 마당에 주저 앉는 들몰)

15 외서댁 집 방안

외서댁 (놀라) 뭣이라고라, 나넌 워찌 살란 말이여. 워찌(흐느낀다)

(훌쩍이는 외서댁 앞으로 금방이라도 나갈 모습의 강동식)

동식 난덜 자네를 떠나고 잡겄는가.

외서댁 뭣한다고 밖으로 나섰다요, 전에 맹키로 몰르게 숨어서 할 일이제.

동식 윗사람덜 명령인디 난덜 워쩌겄는가. (상일이를 만지고는) 나 가네, 상일이 잘키우소…

외서댁 (나가려는 강동식을 보고 옷을 꺼내며) 상일이 아부지, 여그는 요래도 산속은 겨울일 것인디…

동식 (옷받고 상일을 만진다) 상일이 잘키우소.

(상일이를 안고 우는 외서댁을 보며 방문 닫고 FR.O되는 강동식)

동식 (Off sound) 신령님께 나잠 빌어주소. 살아오라고.

17. 벌교 외곽

자막. '반란군 주력, 지리산 백운산으로 후퇴'

'지방 좌익, 인근 산악지대로 분산후퇴 입산자 벌교 200명 보성 300명 추정'

(골짜기에 모여있는 빨치산)

(어둠 속으로 사라지는 빨치산들)

17A. 경찰서 앞

자막. '10월 23일 13시 벌교수복'

(펄럭이는 태극기)

— 『한국시나리오 선집』 제12권, 집문당

학습 활동

1. 해방전후(1945-1948)의 한국 현대사에 대해 조사해 보고 다음 활동을 해 보자.
   1) 이 작품의 배경이 되는 여순사건에 대해 조사해 보자.
   2) 이 작품에 제시되고 있는 사건과 실제 발생한 역사적 사건과의 차이에 대해 생각해 보자.

2. 이 작품의 원작인 조정래의 대하장편소설 『태백산맥』을 읽어보고 이 작품과의 상관성에 대해 정리해 보자.
   1) 인물과 결말의 차이점에 대해 말해 보자.
   2) 인물과 결말을 다르게 처리한 작가와 감독의 작가의식에 대해 토론해 보자.

3. 위의 작품을 대상으로 하여 실제 일어난 사건의 기록인 〈역사〉와 작가의 상상력의 기록인 〈허구〉의 유사성과 차이에 대해 토론해 보자.

4. 독자

작가, 작품, 세계가 문학의 주요한 요소이지만 독자 또한 필수적인 요소임에는 틀림없다. 아무리 훌륭한 작품이 있다 하더라도 독자가 읽지 않는다면 그 작품의 존재 의미는 없다고 해도 과언이 아니다. 문학이 궁극적으로 작가와 독자의 소통을 전제로 한다면 작가의 창작도 중요하지만 독자의 독서 행위는 무엇보다도 중요한 것이다. 그런 점에서 독서 과정에서의 독자의 인식 과정, 독자가 느끼는 정서적 공감과 삶에 대한 교훈의 양상을 살피는 것도 작품의 의의를 추론하는 데 의미있는 작업이 된다.

특히 이러한 독자에 대한 관심은 1960년대 이후 현대 사회의 상황 변화, 현대 사회의 구조와 개인의 의식 구조의 변화로부터 출발한다. 일원론적 이성 중심의 근대적 기획에 대한 회의가 유포되기 시작하면서 그동안 소외되었던 주변부적인 요소들이 복권되어 가고 있다. 여성, 환경, 식민지가 손상되기 이전의 모습을 되찾아가고 있는 것이 바로 이런 맥락 때문이다. 거기에는 작자 혹은 텍스트의 권위에 의해 배제되거나 소외되었던 독자도 포함되어야 할 것 같다. 특히 1960년대 말의 학생혁명, 각종 매스미디어의 발달, 통신 기술의 발달과 전파, 후기 산업사회의 발전과도 그 맥락을 같이 한다. 그리고 그것은 다양한 문학 연구 방법의 발전, 특히 현상학이나 해석학 혹은 현대 언어학적 시각에 의한 문학 연구에 영향받은 바가 크다.

이처럼 독자의 능동적인 역할을 강조하게 된 이유는 문학작품의 의미가 독서 행위의 실천 속에서만 구체화된다는 것을 전제로 하기 때문이다. 특히 독자들마다 다른 역사 사회적 상황에서 작품의 의미에 대해 각각 다른 해석을 해낸다는 것이 독자에 대한 분석의 중요성이 강조되는 이유이다. 그런 점에서 독자에 대한 강조는 작품의 의미에 대한 해석의 복수성 내지는 다원성을 용인하는 것이기도 하다.

● 작품 해설

천승세 「만선」 — 독자의 공포와 안도감, 비극적 정화감(카타르시스)

문학이 궁극적으로 소통을 전제로 할 때 독자의 역할은 더욱 중요해진다. 아무리 훌륭한 작품이라도 독자가 읽지 않는다면 그 작품의 존재 의미는 찾을 수 없게 된다. 결국 많은 독자가 읽은 작품만이 문학 비평과 분석의 대상이 되고 문학사 서술의 대상이 되는 것이다.

이러한 독자에 대한 관심을 처음으로 보인 사람이 그리스의 철학자 아리스토텔레스이다. 그는 그의 대표적 저서인 『시학(Poetic)』에서 '정화감(카타르시스catharsis)'이란 개념을 제시한다. 그는 비극을 본 관객(독자)이 눈물을 펑펑 흘리고 나서 비극적 정화감을 겪게 된다고 서술한다. 이처럼 관객이 정화감을 겪는 이유는 관객의 동일시와 거리유지라는 두 가지 기제 때문에 가능하다. 예를 들어 관객이 『햄릿』이란 비극을 보면서 주인공 '햄릿'과 동일시하게 될 경우 공포감을 느끼게 되고, '햄릿'과 거리유지를 할 경우 안도감을 느끼게 되고, 두 가지 감정이 교차 반복되면서 눈물을 흘리게 된 후 정화감을 겪게 된다는 것이다.

천승세의 「만선」을 보게 된 관객이나 독자도 유사한 경험을 하게 된다. 「만선」은 남해안의 섬마을을 배경으로 주인공 '곰치'와 그의 가족의 힘겨운 삶을 사실적으로 제시한 비극이다. 주인공 '곰치'는 선주 '임제순'의 횡포에 맞서 만선을 꿈꾸면서 배를 띄워 고기잡이를 나갔다가 아들 '도삼'과 딸의 연인 '연철'을 잃고 만다. 비극은 여기서 그치지 않고 부인인 '구포댁'은 미치게 되고 딸 '슬슬이'마저 늙은 '범쇠'에게 팔려가는 것을 거부하고 목매 자살하고 만다. 거친 바다와 선주의 횡포에 맞서 만선에 대해 강한 집념을 가졌던 '곰치'의 비극적인 삶과 상황에 대해 관객(독자)은 동일시를 통해 감정이입을 하면서 강한 공포를 체험하게 된다. 한편으로 관객은 '곰치'의 상황에 거리두기를 하면서 자신의 평안한 일상에 안도감을 느끼게 되기도 한다. 이러한 공포와 안도감의 교차와 반복후 관객들이나 독자는 눈물을 쏟게 되고 결국은 비극적 정화감에 도달하게 되는 것이다.

● **작품 감상**

「허생전을 읽는 시간」

최시한

7월 11일

허생전 둘째 시간. 흥분과 긴장의 연속이었다. 나는 지금 모든 걸 떠올릴 수 있다. 앞으로도 결코 잊지 못할 것이다.

선생님은 전처럼 인사를 마치자마자 교단을 내려서시며, 아무렇지도 않게 말씀하셨다. 허생이 어떤 사람이냐에 대해 살펴볼 차례지요?

아이들은 모두 선생님의 얼굴만 쳐다보았다. 다시 나타나신 게 무슨 큰 짐이라도 벗은 양 홀가분하고 기뻐서, 나도 책 펴는 걸 잊고 있었다.

"모두들 정신이 딴 데 가 있는 건, 왜냐?"

왜냐 선생 말씀에 몇 아이가 키득키득 웃었다. 선생님도 어색하게 웃으시며 전보다 더 카랑카랑해진 성싶은 음성으로 스스로 답하셨다. 내가 그 까닭을 모를 리가 있느냐. 나는 가르치는 사람이고, 전보다 더 잘 가르칠 수 있기 위해서 하는 일이니까, 이상하게 여기거나 너무 걱정하지 말아라. 앞으로는 무슨 일이 있어도 꼭 수업에 들어올 것이다. 그리고 조금 망설이시다가 덧붙였다. 우리는 각자 자기 마음대로 걷고 있는 것처럼 여기지만, 실은 닦여진 길로 가고 있다. 우리는 때로 그 길이 어디로 향한 것인지 살펴보고, 필요하다면 새 길을 닦아야 한다.

선생님은 책을 펼쳤다. 우리도 따라 펼쳤다. 교실은 갑자기 활기로 가득 찼다.

"자, 먼저 허생전에 나와 있는 사실들을 근거 삼으면서, 허생이 어떤 사람인가를 나름대로 얘기해 봐요."

"배짱이 두두욱한 사람 같습니다."

누군가 걸찍하게 말하자 아이들이 와아 웃었다. 선생님의 얼굴이 한결 펴졌다.

"같습니다라는 표현은 될 수 있으면 쓰지 않는 게 좋아요. 생각을 잘 간추린 뒤에 자신있게 잘라 말하는 습관을 들여야 합니다."

"장사 수완이 아주 좋은 사람입니다."

"아내를 전혀 돌보지 않는 걸 보면, 좀 매정한 데가 있습니다."

"형식에 매이지 않고 과감하게 일을 추진하는 사람입니다."

"외로운 사람입니다. 친구가 없습니다."

"가난한 사람들을 도와주는 의로운 사람입니다. 홍길동하고 비슷합니다."

"돈과 재물을 하찮게 여깁니다."

"아닙니다. 허생은 돈을 굉장히 중요시하는데요?." 아이들이 웅성거렸다.

"또 돈이 문제군요. 아무래도 여러분이 돈에 관해 너무 관심이 많거나, 좀 잘못된 생각을 가지고 있는 듯합니다. 지난 시간에 그 문제는 다소 정리되지 않았나요? 그 문제하고 씨름했던 동철이가 해결해 보는 게 어떨까?"

"네"

동철이가 일어서려다 도로 앉았다.

"허생은 돈을 벌어 가난한 백성들을 위해 썼는데, 거기에는 무능하고 허례허식에 빠진 벼슬아치들과 양반계층을 비판하는 뜻이 담겨 있습니다. 그러니까 허생은, 돈을 중요시했다기보다…….”

“허생은 돈을 목적으로가 아니라 수단으로 중요시했던 거죠.” 선생님은 고쳐서 마저 말씀하셨다. 그리고 이어서,

“그런데 그 문제는, 각도를 달리해 보면 또 얻는 게 있습니다.

허생의 생각이나 마음도 마음이지만, 허생이 그런 방법으로 돈을 벌 수 있었다는 사실 자체를 두고 볼 때, 당시 사회의 경제규모가 얼마나 작았고 통치자들이 백성들 살아가는 형편에 얼마나 무관심했나를 짐작할 수 있죠. 그러고 보면, 아까 누가 얘기한 것처럼 허생의 생각이나 수완은 그 당시로서는 아주 놀랍다고 할 수 있을 겁니다.”

“그런데 선생님!”

경석이가 손을 번쩍 들며 말했다.

“이 작품은 좀 잘못된 데가 있는 것 같습……니다. 허생은 선비인데, 선비가 그렇게 장사를 해도 됩니까?”

아이들이 야아 하고 탄성을 질렀다. 뭐 별것 아니라는 듯이 경석이는 턱을 쳐들며 눈을 게슴츠레하게 떠 보였다.

“아주 좋은 질문입니다.”

선생님은 경석이한테 미소를 보내셨다.

“하지만 작품에 잘못된 데가 있다고 하기 전에, 먼저 작품을 있는 그대로 놓고 이해해 보려고 해야 됩니다. 우리가 다른 사람을 대할 때처럼 말이죠. 그럼 먼저, 같이 확인해 봅시다. 허생은 선비입니까 아닙니까?”

“선빕니다!”

다들 합창하듯이 말했다.

“자기가 선비라는 걸 강하게 내세웁니까 그러지 않습니까?” 그 물음에는 모두 잠잠했다. 그러자 선생님께서는 책을 잘 살펴보라고 시간을 주셨다. 나는 처음부터 확신했다. 그래서 조금 있다가, 돈을 되돌려주려는 변부자에게 허생이 한 말을 소리내어 읽었다.

"재물로 해서 얼굴에 기름이 도는 것은 당신들 일이오…… 그대는 나를 장사치로 보는가?"

선생님은 나한테도 흡족한 미소를 보내셨다. 나는 선생님과 눈을 맞추고 질문을 기다렸다.

"잘 지적했습니다. 그런 말하는 걸 보면, 허생은 자기가 선비 또는 사대부라는 걸 강하게 의식하면서 내세우고 있음을 알 수 있죠. 아까 허생이 홍길동 비슷하다는 말이 있었는데, 그럼 홍길동과 허생의 차이점은 무얼까요?"

"홍길동은 도술을 쓰는데, 허생은 머리를 씁니다. 말하자면 허생은, 지식인입니다."

"잘 찾았군요. 그럼 내친 김에 질문을 하나 더 하겠습니다.

홍길동도 가난한 이들을 돕고 허생도 그러는데, 그 돕는 행동에도 어떤 차이점이 있지 않습니까?"

나는 막막했다. 그것까지는 생각해 보지 않았다. 나는 긴장되어 손을 떨면서 그냥 떠오르는 대로 대답하는 수밖에 없었다.

"홍길동은, 일종의, 투사입니다. 홍길동은 자기 부하들이나 자기가 돕는 이들과 하나가 되어 싸우고, 끝에 가서 승리합니다.

그러나 허생은, 돕기만 할 뿐 어디까지나 선비이고, 그래서 결국 지고…… 맙니다."

허생이 누구한테 졌다고 생각한 적은 없었는데, 아니 허생은 마음만 먹으면 누구든지 이길 수 있는 사람이라 여겨 왔는데, 홍길동하고 비교하다 보니 말이 그렇게 되었다. 선생님은 주먹을 불끈 쥐어 보이며 커다란 소리로 말씀하셨다.

"지금 한 말을 잘 들었겠죠? 참말 멋진 지적입니다! 본인도 얼마쯤은 그 뜻을 알고 말했겠지만, 그 말에는 참으로 깊은 뜻이, 우리가 살아가면서 두고두고 곱씹을 만한 뜻이 담겨 있어요.

우리가 이렇게 소설을 읽고 궁리하는 건 바로 그런 진실을 발견하기 위해 섭니다.

허생은 홍길동같은 영웅처럼 보이지만 사실 영웅답지 못해요.

경석이가 했던 질문으로 돌아가 보면, 허생은 장사해서 돈을 벌고 그걸로 가난한 백성들을 돕지만, 항상 선비로서 그러는 것입니다. 그는 한 번도 선비의 자리, 양반사대부라는 자리를 떠난 적이 없다 그 말입니다. 허생은 장사를 하지만 장사꾼을 경멸하고, 백성을 돕고 북벌책 같은 국가 대사를 논하지만 조정에 뛰어 들어 적극적으로 그것을 실천하려고는 하지 않습니다. 사농공상을 구별하던 당시의 규범, 때가 아니면 초야에 은둔한다는 선비의 처세관에 묶여서 거리를 두고 비판하거나 도와줄 뿐, 하나가 되어 함께 살고 책임지지는 않는 겁니다. 이 점이 바로 허생의 한계요 허생전을 지은 연암 박지원의 한계라고 할 수 있습니다.

당시 사회를 비판은 하고 있지만, 그 사회를 바로잡으려고 적극적으로 노력하지는 않았습니다. 양반계층의 생각, 사대부가 쓰는 말을 버리지 못하고 있어요."

선생님은 질문하기를 잊으신 듯, 그런 뜻의 말씀을 오래 더하셨다. 허생전이 한글이 아니라 한문으로 쓰여진 것도 그런 한계와 관련이 있다고 하셨다. 그러고는, 공책에다 홍길동이 꾸민 율도와 허생이 꾸민 동남쪽 섬이 어떤 점에서 서로 비슷하고 다른지에 관해 적어 보라고 하셨다.

내가 궁리 끝에 두어 가지를 생각해 내고 적으려는데, 갑자기 동철이가 벌떡 일어서며 말했다.

"허생이 졌다는 건, 누구한테 졌다는 말씀입니까? 책에는 허생이 그냥 어딘가로 가 버렸다고 되어 있잖습니까? 선생님께서는 투쟁을 강조하시는데, 어떤 선입견을 가지고 보시는 것 같습니다."

아이들이 수군거렸다. 동철이의 말투에 화가 났고, 걔가 말하고픈 내용이 짐작되어 가슴이 졸아들었다. 선생님은 동철이가 서 있는 걸 그대로 둔 채 천천히 말씀하셨다.

"허생이 졌다는 말은, 허생의 행동 전체를 놓고 독자인 우리가 평가하느라고 쓴 말입니다. 허생은 확고한 이상과 탁월한 능력을 지녔지만 그걸 다 실현하지 못했고, 그러니 불만스런 현실과 그 현실을 지배하는 사람들한테 졌다고 본 겁니다. 도피했다고 할 수도 있겠죠. 하지만 그럴 만한 근거가 있기만 하다면, 얼마든지 달리 말할 수 있어요. 그게 문학입니다. 자, 그럼 나름대로 해석해봐요, 허생은 왜 어디론가로 가 버렸느냐?" 그런 말씀을 하시는 선생님의 목소리가 이상스레 딱딱해져 갔다. 동철이 때문에 화가 나 그러시는가 했더니 그게 아니었다. 선생님께서 힐끔 보신 복도 쪽 거기, 어떤 사람 둘이 서 있었다. 한 사람은 교감 선생님이었다. 수첩에 무얼 적고 있는 다른 사람은 낯이 설었다. 감시를 하는구나. 동철이의 말이 먼 데서 들려 왔다.

"허생이 어디론가 가버렸다는 말은 그다지 중요하지 않다고 생각합니다. 옛날 이야기 중에도 그렇게 끝나는 게 많으니까요.

중요한 것은, 허생이 국가를 안정시키는 큰 일을 실제로 많이 했다는 사실입니다. 선생님께서는 무얼 더 바라시는 것 같은데, 제가 생각하기에는 그거면 충분합니다. 허생은 영웅입니다. 나라에 큰 공을 세운 영웅 말입니다."

"말은, 실체가 아니라 하나의 도구예요. 그게 전달하는 뜻이 그 속에 고정되어 있다기보다, 어떤 입장에서 어떤 의도로 사용하느냐에 따라 그 뜻이 결정되고 변한다는 얘깁니다. 산은 언제나 산이지만, 그걸 가리키는 산이라는 말은 등산가가 쓰는 경우하고 터널기술자가 쓰는 경우에 그 느낌과 뜻이 다른 데가 있단 얘깁니다. 지금 영웅이라는 말을 썼는데, 그런 의미라면 보기에 따라 이완 대장도 영웅일 수 있습니다. 아까 내가 허생이 영웅이 아니라고 했을 때의 영웅은……."

그 때 교실 문이 요란하게 열렸다. 복도에 있던 두 사람이 안으로 들어왔다. 그들이 성큼 교단 위로 올라섰다. 나는 숨도 못 쉴 지경이었다.

선생님은 잠시 묵묵히 서 계시더니 학생들 사이에서 나와 교단으로 올라가셨다. 이제 교단 위에는 세 사람이 서 있었다. 교단이 산처럼 까마득히 높아 보였다. 그 위에서 세 사람 모두가 나만 뚫어져라 내려다보는 것 같았다.

선생님의 떨리는 음성이 들려 왔다.

"오늘은 여기서 중단해야 되겠습니다. 다음 시간이 언제죠?"

"다, 다, 다음 주 워, 월요일입니다."

"박윤수, 고마워요. 오늘이 금요일이니까 사흘 뒤군요. 그 날은, 허생전에 그려졌거나 그려지지는 않았어도 그 작품이 나왔던 당시의 사회 상황에 대해 살피겠습니다. 특히 실학사상과 북벌론이 어떤 것이고 그들이 이 작품에 어떻게 반영되어 있는지를 공부해 오세요."

세 사람이 나갔다. 그들의 발소리가 복도에서 멀어져 갔다.

교실은 쥐 죽은 듯이 조용했다. 느닷없이 윤수가 동철이의 멱살을 쥐며 무어라고 외쳤다. 너무나 더듬어서 짐승의 울음소리 같았다.

—『모두 아름다운 아이들』, 문학과 지성사, 2001.

학습 활동

1. 고소설『허생전』을 읽고 다음 활동을 해보자.
   1) 고소설『허생전』에서 '허생'이 한 일을 정리해 보자.
   2) 소설 속에서 '허생'의 행위에 대한 '나', '동철', '선생님'의 생각에 대해 정리해 보자.

      나:

      동철:

      선생님:

3) 작중 인물의 행위를 두고 독자들의 생각이 다른 이유는 무엇인가 말해 보자.

2. 다음 글을 읽고 참다운 의미의 독서와 독자의 능동적인 독서 행위에 대해 말해 보자.

잉가르덴에 따르면 문학작품은 다층적이고, 순수 지향적이며, 도식화된 구조물이다. 문학 텍스트 속에는 아직 확실히 표현되지 않은, 앞으로 그 의미가 채워져야 할 〈불확정적인 부분〉을 내포하고 있다. 이저는 이러한 불확정적인 부분이 많으면 많을수록 독자가 더욱 강하게 그 작품을 완성하는데 끌려 들어간다고 주장한다. 때문에 텍스트의 불확정적인 부분은 독자의 적극적인 독서 행위를 통해서 점차 제거될 수 있다. 그리고 모든 불확정적인 부분은 작품의 의미층과 일치함으로써 여러 가지 다른 양식으로 채워질 수 있다는 것이 이저의 층이론의 요지이다.

그래서 독자는 텍스트와의 의사소통에 성공하기 위해서 텍스트에 본질적으로 내재되어 있는 빈틈을 능동적으로 채워나가야 한다. 여기에서 독자가 개입하는 텍스트의 빈틈의 폭이 미리 결정되어 있는 것은 아니다. 빈틈은 독자의 수용 정도와 반응에 따라서 유동적인 것이 되며 이것이 바로 미확정성(Unbestimmtheit)이다. 이러한 미확정성을 독자가 임시로 확정하는 것이 해석의 과정이며, 독자는 때로 저자 못지 않게 자신의 작품을 완성하게 된다. 때문에 빈틈은 독자가 탐색하고 만들어 내는 것이라고 할 수 있다. 하지만 한편으로 독자가 적극적으로 그 빈틈을 찾아 메운다기보다는 문학 텍스트가 본질적으로 빈틈을 가짐으로써 독자의 구성적 활동을 그 속으로 유도하고 안내한다고 볼 수 있다. 따라서 독서하고 수용한다는 것은 텍스트의 고정된 의미를 내재화하는 것이 아니라 텍스트와 상호 작용하는 것을 의미한다. 이점에서 텍스트를 다성성과 활성화 가능성을 지닌 유희공간으로 볼 수 있게 되는 것이다.

제2부

문학으로 바라본
존재와 사건

제4장

문학과 가족

가족의 붕괴와 동일성의 상실

모든 소설은 인간의 성장 혹은 성숙의 과정을 내포한다. 성장소설은 변별적으로 인식되는 여러 소설 유형들과 서로 공유하는 성격을 담아내면서 나름의 서사적 유형을 간직한다. 성장소설들의 변별적 자질은 등장인물, 배경, 갈등의 양상, 그리고 결말에서의 주인공의 변화를 들 수 있다. 성장소설의 등장인물은 외적으로는 소년 혹은 청년으로 아직 기성세대에 진입하지 못한 인물, 내적으로는 미숙하거나 반항적인 성격을 소유하는 존재이다. 성장소설의 배경은 과도기적 상황으로서 아직 질서가 잡히지 않은 혼돈의 양상으로 드러난다. 성장소설의 갈등은 아직 성숙하지 않은 인물과 그 인물을 억압하는 기성 사회의 제도나 구조와의 갈등으로 촉발된다. 마지막으로 성장소설은 결말에서 반드시 주인공의 내면의 변화, 정신적이고 육체적인 성숙의 흔적이 드러나야 한다.

한국 현대 성장소설은 한국 근·현대사의 사회·문화적 토대 속에서 주인공의 변화양상이 미숙에서 성숙으로, 불완전에서 완전으로, 결핍에서 충족으로의 과정을 담고 있으며 성인 사회로의 진입을 향한 청소년 성장 주체의 새로운 인식과 실천이 드러나는 소설 유형이라고 할 수 있다.

한국 현대 성장소설에서 부권 부재의 모티프는 서사 구조를 이루는 지배적인 요소이다. 또한 아버지의 부재는 아버지 죽이기와 아버지 찾기가 중첩된 양상으로 드러난다. 그러므로 한국 현대 성장소설들은 서구 서사 문학의 오이디푸스 콤플렉스에서 찾아볼 수 있는 것과 같은 아버지와의 극단적 갈등이 서사 구조의 핵으로 기능하면서 동시에 그러한 갈등을 넘어선 아버지와의 화해를 모색하는 이중적 서사 양상을 보여 주고 있는 것이다.

아버지에 대한 성장 주체의 반감과 결핍감은 어머니에 대한 동정과 충족 욕구로 연결된다. 이는 인간의 모든 의식이 반드시 상징적 질서로서의 '남근'에의 고착만으로 설명되지 않는다는 것을 예증하는 부분이기도 하다. 또한 소설에 자주 드러나는 누이에 대한 애증의 감정은 우리 문학사의 특이한 양상으로 평가할 수 있다. 부권이 부재하고 모성이 부권을 대신하는 사회에서 누이는 그 모성을 대리하는 자로 등장하고 있다.

1. 부권 부재(父權不在)의 모티프

한국 소설사에 있어서 부권 부재의 모티프는 서사 구조를 이루는 지배적인 요소로 기능해 왔다. 이는 고구려 유리왕의 신화에서부터 그 원형을 살필 수 있으며 많은 설화 자료와 고소설들에서 찾아볼 수 있다. 그런데 한국 서사 문학사에서 아버지의 부재는 아버지 죽이기와 아버지 찾기가 중첩된 양상으로 드러난다. 서구의 서사 문학들이 살부 의식(殺父意識)으로부터 연원하는 아버지 죽이기의 모티프를 강하게 표출하는 반면, 한국 서사 문학들은 자기 정체성을 정립하는 데 필요한 자기 동일시의 대상으로서의 아버지에 대한 존경과 부정의 양가 의식이 아버지 찾기와 죽이기의 모티프로 병치되어 제시되고 있다. 그러므로 서구 서사 문학의 오이디푸스 콤플렉스에서 찾아볼 수 있는 것과 같은 아버지와의 극단적 갈등이 서사 구조의 핵으로 기능하면서 동시에 그러한 갈등을 넘어선 아버지와의 화해를 모색하는 이중적 서사 양상을 한국 현대 성장소설들은 보여 주고 있는 것이다.

특히 한국 근대사에 있어서 아버지란 존재는 부재(不在)했다고 할 수 있다. 일제 강점기와 6·25전쟁을 거치는 동안의 아버지들의 모습이란 상황에 매몰되거나 상황으로부터 유리된 존재들이었다. 그 상황이란 이미 아버지들을 정상적인 가부장으로 존재하게 할 수 없는 불가항력의 것이었던 때문이다. 이러한 부권부재의 상황은 인류의 근대화 과정에서의 보편한 양상이면서도 우리에게는 보다 복잡하면서도 특수한 문제이기도 하다. 갑작스러운 근대화와 서구화의 물결, 일제의 강점과 수탈, 독재 권력의 등장 등은 아버지가 아버지로서 제대로 역할을 해낼 수 없는 우리만의 특수한 상황이었던 셈이다.

그래서 우리 소설의 한 특징적인 내적 형식인 '아버지의 부재'라는 형식이 파생되었으며, 그것은 파행적인 역사 전개의 폭력성을 반영하거나(최서해, 김남천의 빈궁소설), 또는 젊은 세대의 삶을 이끌 수 있는 전통의 부재를 뜻하는(「무정」), 또는 이념 부재를 의미하는(「소설가 구보씨의 일일」) 것이었

다.[1]

이와 같은 불가항력의 상황에서 아버지의 부재를 드러내는 소설은 각기 시대적 상황을 달리하면서도 다양한 작품적 성과를 보여 주었다. 김남천의 「무자리」, 「소년행」, 하근찬의 「흰종이 수염」, 김승옥의 「건」, 김원일의 「어둠의 혼」, 「노을」, 최인호의 「술꾼」, 김소진의 「자전거도둑」 등 한국 현대 소설사를 가늠하게 하는 많은 작품들이 아버지의 부재를 모티프로 한 작품들이다.

아버지에 대한 갈등과 애증의 감정이 주요한 서사 요소로 설정되는 소설 유형이 바로 성장소설이다. 한 인간의 성장이야말로 아버지 세대와의 갈등이면서도 결국에는 그 아버지가 지배하는 세계로의 조화로운 편입을 의미한다.

김남천의 「무자리」에서는 부권 부재의 모티프가 핵사건을 유발한다. 부권 부재의 모티프는 김남천의 다른 성장소설 「남매」와 「소년행」에서도 비슷한 양상으로 구조화되어 드러나고 있다. 「남매」와 「소년행」의 아버지는 자신과 가족의 궁핍함으로부터 벗어나기 위해 딸을 기생으로 내보내는 부도덕하고 무기력한 존재로 등장한다. 「무자리」에서의 아버지 또한 딸을 기생으로 내보낸 약물중독자이다. 아버지의 무기력한 모습과 성장 주체의 아버지에 대한 증오의 감정은 일제 강점기의 김남천의 성장소설에서부터 1990년대 김소진의 성장소설에 이르기까지 상투적이라 할 정도로 유사하게 제시되고 있다.

> 아버지라야 실상은 신통찮은 아버지였다. 뻐드러지기라도 했으면 싶

1 김윤식·정호웅, 『한국소설사』, 예하, 1995, pp.439-440.

다고 어머니는 울화가 뻐칠때마다 옹알대고 시악을 퍼붓던 그런 아버지다. (중략) 반반히 떠러진 눈섭 자죽이 물결같이 도두서고 미간에 밭고랑처럼 주름이 잡히고 입설은 탄력없는 꺼풀이 이그러저서 드믄드믄 빠진 어금니까지 드러나 뵈인다. (중략) 반찬가시 같은 노란 수염이 찰깍 붙은 가죽 우에 지저분하다. 상고 머리로 깎었던 머리가 새둥지 모양으로 어수선하다. 어머니의 아우성을 그는 그린 듯이 움직이지 않고 받아 넘기는 것이다. 아편에 짠뜩 취했을 때이다.

— 김남천, 「무자리」

이 작품에서 주인공 '운봉'은 상급학교인 중학교 진학을 강하게 희망하는 소년이다. 폐인에 가까운 아버지를 둔 그가 상급학교에 진학한다는 것을 아무도 믿지 않지만, 그가 그러한 희망을 갖게 된 것은 기생인 누이 '담홍' 때문이다. 그의 누이 '담홍'이 무슨 일이 있어도 그의 진학을 돕겠다고 약속하였던 것이다. 하지만 아버지가 갑작스럽게 돌아가시고 누나가 서울에서 임신한 채 돌아오자 그의 진학의 꿈은 깨어지고 만다. 누이에게 걸었던 진학의 희망이 끝내 좌절되자 '운봉'은 절망하게 된다. 그러나 '운봉'은 이러한 상황에 좌절하지 않고 새로운 길을 찾아 나선다. 이 작품은 소년의 미경험으로 인한 순진무구의 비극의 양상을 보여주면서도, 어른의 세계, 특히 부권 부재의 상황과 부딪혀서 좌절하는 성장 주체가 결국은 소설의 결말 부분에서 좀더 성숙한 경험을 해냄으로써 기성사회로의 진입을 해내려는 양상을 보여준다. 그러므로 김남천의 「무자리」는 부권 부재의 상황에서 '운봉'이라는 소년의 실천적인 정체성 탐색의 과정이 소설의 심층에 구조화되어 있다.

아버지 부재의 전형을 보여주는 50년대의 대표적 성장소설이 바로 하근찬의 「흰종이 수염」이다. 징용에 나갔다가 한 팔을 잃게 된 아버지로 인해 아들이 겪게 되는 심리적 충격과 갈등 그리고 동일성의 상실 양상이 잘 형상화되고 있는 작품이다.

「흰종이 수염」의 서사는 아버지의 귀환으로부터 시작된다. 그러나 기대했던 아버지의 귀환은 오히려 국민학교 2학년생인 동길에게 어두운 절망의 그림자를 드리운다.

> "에!"
>
> 이게 웬 일일가?
>
> 동길이는 두 눈이 휘둥글해지고, 입이 딱 벌어졌다. 그러나 어머니는 동길이의 놀라는 모습을 돌아보지 않고, 후유— 한숨을 쉴 따름이었다. 동길이는 떨리는 손으로 한손 소맷뿌리를 들추어 보았다.
>
> 없다. 분명히 없다.
>
> 동길이는 어머니를 향해 소리쳤다.
>
> "어무이, 아부지 팔 하나 없다."
>
> "……"
>
> "팔 하나 없어. 팔!"
>
> "……"
>
> "잉?"
>
> "……"
>
> 말없이 돌아 보는 어머니의 두 눈에는 눈물이 흥건이 괴어 있었다.
>
> 동길이는 아버지가 슬그머니 무서워지는 것이었다.
>
> — 하근찬, 「흰종이 수염」

이와 같은 절망적 상황에서 아버지는 목수일을 하지 못하게 된 나머지 극장의 선전원으로 나서게 된다. 가족의 생계를 위해 '머리는 알록달록하고 주뼛한 고깔을 쓰고 얼굴에는 밀가루를 뿌린 듯한 분이 덕지덕지 칠해져 있고, 턱에는 수염이 허옇게 나부끼는' 모습도 마다하지 않고 극장 선전원으로 나선 아버지를 목격한 '동길'은 아버지를 새롭게 이해한다. 아버지의 불구로 인해 아버지에 대해 반동일화의 양상을 보이던 '동길'이 이제 아버지에 대한 동일화의 양상을 보여준다. 따라서 '동길'에게 있어서 아버지란 존재는 프로이드의 전언대로 경쟁의 대상이면서도 존경의 대상인 것이다.

> 그 희한한 사람의 시선이 동길이의 시선과 마주쳤다.
> 순간 동길이는 가슴이 철렁 내려앉고 말았다. 뒤통수를 야물게 한 대 얻어맞은 것 같았다. 그리고 눈물이 핑 돌았다. 어처구니가 없었다.
> 그 희한한 사람이 바로 아버지였던 것이다.
> 아버지는 동길이와 눈이 마주치자 약간 멋적은 듯 했다. 그리고는 성난 사람처럼 얼른 시선을 돌려버리는 것이었다. 동길이는 코 끝이 매워 오며 뿌우옇게 눈 앞이 흐려져 갔다.
>
> — 하근찬, 「흰종이 수염」

아버지의 희한한 모습을 보면서 '동길'은 아버지의 실체를 확인하게 되고, 아버지와의 동일화를 이루게 된다. 이러한 서사 진행의 양상을 인물 주체 모형으로 도식화하면 다음과 같다.

1. 아버지(귀환 ⟶ 동길)

↓

2. 동길(실망 ⟶ 아버지)

↓

3. 아버지(극장선전원 ⟶ 동길)

↓

4. 동길(화해 ⟶ 참된 자아)

이처럼 「흰종이 수염」은 동길(아버지의 귀환 ⟶참된 자아)의 서사 모형으로 정리된다. 따라서 '동길'은 반동일화 대상이던 아버지와의 존경 - 갈등 - 화해의 과정을 거치면서 아버지의 삶에 대한 동일화를 체험하고 미숙에서 성숙의 세계로 진입하게 된 것이다.

김원일의 「어둠의 혼」 또한 아버지의 부재라는 모티프를 구성의 핵심으로 삼고 있다. 여기서 아버지의 부재 이유는 바로 좌·우익의 갈등으로 표상되는 세계의 폭력성 때문이다. 아버지로 표상되는 상징계의 폭력성과 비인간성이야말로 어린 소년에게는 절대적인 악으로 인식된다.

이 작품에서 드러나는 절대적인 악에 대한 인식의 바탕에는 상징계의 모순으로 인한 지독한 배고픔이 깔려있다. 아버지의 죽음보다도 더 큰 괴로움이 배고픔이라고 생각할 정도로 현재 '나'에게 있어서의 가장 큰 고통은 배고픔이다. 배고픔과 동일하게 찾아오는 것이 세계에 대한 극심한 공포인데, 상징계의 악을 체험한 당연한 결과이다. 이처럼 이 작품에서는 아버지의 좌익 운동 가담으로 인해 가족이 해체되고 주인공과 동생이 매일 배고픔과 공포에 시달리는 모습이 사실적으로 재현되고 있다.

또한 '나'는 아버지로 인해 가족 공동체가 파괴된 것에 대해 분노하고,

아버지를 '밉다 못해 원수처럼 여기게' 된다. 상징계의 부조리를 체득한 주인공이 아비 죽이기를 통해 새로운 세계의 재편을 시도하는 것이다. 그리고 이와 같은 세계악에 대한 체험은 죽음의 발견을 통해 더욱 강화된다. 아버지가 체포되어 갔던 지서에서 '나'는 이모부와 함께 아버지의 주검을 목격한다.

> 죽은 아버지의 눈은 부릅뜨고 있었다. 턱은 퉁퉁 부어 있고, 입은 커다랗게 벌리고 있었다. 아버지가 저렇게 되다니. 나는 믿을 수가 없었다. 아버지가 아닌 다름 사람인 것만 같았다.
> 나는 몇발을 주춤주춤 물러서다가 그만 털석 주저앉아 버리고 만다. 낡고 검은 국방복의 저고리 단추가 풀어진 사이로 보이는 아버지의 가슴, 나는 어릴 때 그 가슴에 안겨 얼마나 재롱을 떨었던가! 그런데 이제 아버지의 가슴은 그 무서운 보랏빛으로 변하고 말았다.
>
> — 김원일, 「어둠의 혼」

죽음에 대한 체험은 다른 사람의 죽음을 통해서만 가능하다. 그러나 그 체험이 새로운 인식을 가져다 주는 큰 충격임에는 틀림 없다. 죽음에 대한 체험은 가장 대표적인 통과의례의 한 유형인 것이다. 「어둠의 혼」에서 주인공 '나'는 아버지의 죽음을 목격하고 비로소 아버지와의 추억을 떠올리며 화해를 시도한다. 그 결과 '나'는 아버지의 죽음을 통해 '집안을 떠맡은 기둥으로서 힘차게 버티어 나가'야 한다는 인식에 도달하고, 더욱 성숙한 삶에 대한 의지와 용기를 획득하게 된다. 따라서 '나'는 부정하고 싶던 아버지의 죽음을 확인한 후 아버지를 용서하게 되고 새로운 자아의 정체성을 획득하게 된다.

이처럼 김원일의 「어둠의 혼」에서는 이념과 전쟁의 갈등 가운데서 성장해야만 하는 성장 주체가 아버지를 부정하고 반항하지만 결국은 아버지의 죽음을 직접 목격하거나 세계의 어둡고 폭력적인 악을 체험하고 난 뒤, 성숙한 자아의 인식에 도달하면서 아버지와의 화해에 도달하고 이제 어른스러운 책임감을 갖는 새로운 삶에 대한 각성을 이루게 된다.

90년대 김소진의 소설에서도 아버지 부재의 모티프는 소설의 핵심 얼개로서 구조화되어 있다. 특히 아버지에 대한 철저한 부정의 감정은 「자전거 도둑」에서 더욱 극명하게 드러난다. 이 작품은 누군가를 죽음으로 몰아넣었던 기억을 공유하는 '나'의 이야기와 '그녀'의 이야기가 중첩되어 있다. 그리고 그러한 기억 속의 과거의 이야기와 '그녀'와의 만남에 관한 현재의 이야기가 동종 소급제시의 서술 방법에 의해 제시되고 있다. 과거와 현재의 병치, '그녀'와 '나'의 만남의 공유점에는 영화 〈자전거 도둑〉이 존재한다. 평생 씻을 수 없는 내면의 상처를 안고 사는 아들 '부르노'의 삶이 등장하는 영화 〈자전거 도둑〉이야말로 소설 「자전거 도둑」의 원형인 셈이다.

아버지의 유일한 수입원이자 생존 이유였던 구멍가게, 그것에 대한 아버지의 몰두와 유별난 자존심. 구멍가게를 유지하기 위해 아버지와 '나'는 닷새마다 한 번씩 수도상회로 물건을 떼러 가는데, 그러던 어느 날 아버지는 진로 소주 두 병을 훔치다 혹부리 영감에게 들키고 만다. 위기의 상황에서 '나'는 대신 도둑임을 자원하고 희생양이 되어 아버지로부터 지독한 연극과 같은 혹독한 교육을 받게 된다. '나'는 그 순간 '차라리 죽는 한이 있어도 애비라는 존재는 되지 말자.'는 다짐을 한다. 이 상황에서의 '나'는 이 소설에서 병치되어 드러나는 이탈리아 비토리오 데시카 감독의 〈자전거 도둑〉의 소년 주인공 '부르노'와 닮아 있다. '나'는 무너져내리는 아버지의 뒷

모습을 목격해야 하는, 그럼으로써 평생 씻을 수 없는 내면의 상처를 끌어안고 살아갈 영화 속의 부르노와 은유적으로 병치되는 존재이다. 이들은 유년 시절 평생 씻을 수 없는 내면의 상처로 인해 아버지에 대해 이중적인 애증의 감정을 소유한 존재들이다. 이들이 보여주는 아버지에 대한 저항과 거부는 기존 질서를 유지해 가는 상징으로서의 아버지와의 동일성에 대한 저항이고 거부이다.

하지만 이 작품에서 성장 주체의 아버지에 대한 반항과 거부는 극단으로 치닫지 않고 아버지와의 화해로 전이된다. 작품의 결말 부분에서 '혹부리 영감' 가게를 엉망으로 망쳐놓고 하수구 냄새를 풍기며 돌아온 '나'에게 '아버지'는 삼복 이전에 인절미를 먹이지 못해서 '내'가 더위를 먹게 되었다고 걱정한다. 아버지와 아들의 살가운 정이 느껴지는 이 대목에서 그들의 대립이 화해에 도달할 수 있음을 암시하고 있다. 이러한 양상은 김소진의 다른 소설 「원색생물학습도감」에서도 드러난다.

중풍으로 쓰러졌던 무능력한 아버지, 개미부터 각종 애벌레들, 메뚜기, 땅강아지를 서슴없이 먹어치우는 혐오스런 아버지와 춘화를 몰래 팔다 애들에게 집단 폭행을 당하고 돌아온 '나'는 화해에 도달한다.

> 아버지 …… 죽고 싶어요
>
> 아무 말 하지 말라니깐 그러네 응?
>
> 세상이 너무 무서워요. 아버지. 가르쳐주세요.
>
> 나는 내가 아버지한테 무엇을 가르쳐달라고 조르는지 스스로도 알지 못했다. 어쩌면 아버지가 내게 고통 없이 죽는 법을 알려줄지도 모른다는 생각이 들었다.
>
> 사내란 모름지기 한때는 웅크리며 견디는 법을 배워야 한단다. 말하

자면 풍뎅이처럼…… 알간? 그게 필요한 때가 있는 게 인생이야. 그렇게 해서라도 살다 보믄 거저 맹탕으로 걷어치우는 것보담 낫단다. 버리지도 돼도 좋다는 데까지 가봐야 한다이.

그럼 나한테도 그 벌레들을 주세요!

— 김소진, 「원색생물학습도감」

이 작품에서 성장 주체는 이제 아버지를 마음으로 수용한다. 아버지가 먹은 혐오스러웠던 곤충, 벌레들을 자신도 먹겠다는 '나'의 의식의 변화가 아버지와의 화해에 도달하게 한다.

이처럼 김소진의 소설에서 아버지란 존재는 성장과정의 아들들에게 죽이기와 찾기의 대상으로 병치되어 드러나고 있다. 한국 현대 성장소설에서는 아버지에 대한 애증의 양가감정이 결국은 아버지와의 화해에 도달함으로써 아버지 죽이기와 아버지 찾기의 모티프가 병치되어 드러나고 있는 것이다.

한국 현대 성장소설에서 주요한 이야기의 얼개를 이루는 아버지 부재의 양상을 김남천의 「무자리」, 김원일의 「어둠의 혼」, 김소진의 「자전거 도둑」 등에서 살펴 보았다. 「무자리」에서의 아버지는 일제 강점기의 무기력했던 아버지를 표상하는 인물이며, 무능한 약물중독자이면서 딸을 기생으로 내보내는 사람이었으며, 「어둠의 혼」에 등장하는 아버지는 전쟁과 이념의 갈등으로 인해 피해를 입고 불구가 되거나 죽음을 맞이했던 아버지들이었으며, 「자전거 도둑」에서의 아버지는 조그만 구멍가게를 생존의 이유로 삼아 살아가는, 근대화 과정에서 경제적으로 무능력하거나 가족을 외면해온 아버지이다. 그러므로 이들 작품에서의 아버지들은 개인적 혹은 사회적인 이유에 상관없이 모두 가정의 구심점으로 작용하지 못하는 존재들이며, 따라서 성장기의 주체들에게 동일성의 대상이 되지 못하고 반항과 거부의 대상이 되고 있다. 이로 인해 성장 주체들은 부재하거나 부유하는 아버지를 찾기 위한 성장의 어려움을 겪게 되는 것이다.

한편 아버지 부재를 모티프로 한 성장소설들에서 성장의 주체들이 아버지를 거부하려는 반동일화의 양상을 보여주면서도 아버지에 대한 그리움과 동일화의 욕망을 보이는 것은 반어적이다. 「흰종이 수염」의 결말 부분에서 '동길'이 아버지를 이해하고 화해하는 것이나, 「노을」에서 주인공이 빨치산으로 입산하는 아버지와의 동행 이후 아버지를 용서하게 되는 것은 바로 아버지에 대한 그리움의 감정의 표출이다.

역사적 상황으로 인해 아버지의 자리에 설 수 없었던 아버지란 존재들, 그런 아버지들을 이제 수용하게 된 아들들에 대한 김윤식의 지적은 적절하다. 역사성인 아버지를 역사성으로 극복하거나 대결하지 않을 때, 그 아들에게 아비는 형언할 수 없는 그리움의 대상으로 바뀌어진다.[2]

역사적이고 이념적인 상황으로부터 벗어나서 바라본 아버지라는 존재는 '나'의 삶의 원형적 존재인 것이고, 결코 도달할 수 없는 또다른 자아인 것이다. 타자이면서 자아였던 아버지란 존재에 대한 그리움의 감정은 인간 심성의 원형질에 해당될 것이다.

한편으로는 이와 같은 아버지에 대한 아들들의 그리움은 유교문화에 기반한 우리의 전통적 사유로부터 촉발된 아버지에 대한 존경의식의 또다른 표출로도 해석할 수 있을 것이다. 따라서 아버지와 아들의 화해의 양상은 한국 현대 성장소설의 독특한 측면이라고 추론할 수 있다.

이와 같은 한국 현대 성장소설에서 성장 주체들의 이중적이고 과도기

---

2 김윤식, 「부성원리의 형식」, 『김윤식 전집 - 소설사』, 솔, 1996, p.467.

적인 존재로서의 양상은 그들이 동일시할 수 있는 대상의 부재, 즉 부권 부재 때문이며, 이는 곧 당대 사회를 논리적으로 설명하거나 이념적으로 이해하지 못한 채 생존만이 이루어졌던 한국 근·현대사의 이념 부재로부터 파생한 문제이다. 그런 이념의 부재가 바로 한국 현대 성장소설의 형식과 구조의 불완전성을 가져왔으며, 세계관과 미학의 함량 미달로 평가받게 한 요인이 되었던 것이다.

하지만 이념 부재가 바로 우리 근·현대사의 모습이었으며, 그것이 한국 현대 성장소설의 존재적 근거였음은 부인할 수 없다. 따라서 이념의 부재와 상황에 의해 왜곡된 삶의 전경화가 한국 현대 성장소설을 규정하고 개념을 정리하는 요건이 되는 셈이다. 그러므로 한국 현대 성장소설은 서구의 보편한 기준으로는 미숙한 것이지만, 그럼에도 그것은 한국 근·현대 사회의 이념 부재 속에서 고통스러운 성장의 모습을 보여주는 우리만의 독특한 성장소설의 유형적 특질을 갖는다고 할 수 있겠다.

2. 어머니와 누이에 대한 강박관념의 노출

한국 현대 성장소설에 드러나는 부권 부재의 모티프는 앞에서 살펴본 것처럼 성장과정에 있는 주인공의 아버지에 대한 애증의 양가감정으로 표출된다. 이와 같은 아버지에 대한 성장 주체의 반감과 결핍감이 어머니에 대한 동정과 충족 욕구로 연결되는데, 특히 한국 성장소설의 한 축은 바로 성장 주체의 어머니에 대한 애잔함과 공감, 그리고 밀쳐낼 수 없는 강박관념이 차지하고 있다. 이는 인간의 모든 의식이 반드시 상징적 질서로서의 '남근'에의 고착만으로는 설명되지 않는다는 것을 예증하는 부분이기도 하다.

한국 현대 성장소설의 주인공들은 아버지의 부재로 인해 유년의 성장기를 보내면서 동일화의 대상을 제대로 찾지 못하거나 동일화의 대상이던 아버지에 대해 거부하거나 혹은 저항함으로써 자아의 정체성 확립에 어려움을 겪는 존재들이다. 이와 같은 이중적 존재로서의 그들의 양면성은 아버지에 대한 동일화에 실패하고 어머니에 대해서는 동일화가 아닌 비동일화의 양상을 추구하면서 파생한 문제였다. 따라서 한국 현대 성장소설의 주인공들은 부권의 부재와 모권의 애매성 속에서 남녀의 구분이 없는 오이디푸스 단계 이전의 영역, 환언하면 크리스테바가 지적한 코라의 영역을 배회하는 존재들인 것이다. 코라적인 모성성의 영역과 상징계적인 아버지의 영역 사이에서 부유하는 존재들이 바로 한국 현대 성장소설에 등장하는 성장과정의 이중적이고 과도기적인 존재들인 셈이다.

한국 현대 성장소설들 중 특히 김소진의 소설에 등장하는 성장 주체들에게서 아버지와의 갈등과 어머니에 대한 강박을 볼 수 있다. 아버지의 자리까지도 대신 해내야 했던 어머니의 삶, 김소진 소설의 주인공의 현재적 삶을 가능하게 했던 불씨였을 삶이었다. 부재하는 아버지의 상황에서 성장 주체에게 '어머니'란 존재는 '상징적 어머니'였다. 그에게 처음으로 성장의 각성을 가져다 준 존재, 라깡의 용어대로 그에게 상징계를 처음으로 인식하게 해 준 사람은 아버지가 아닌 어머니였다. 하지만 인고와 고난의 삶이란 일찍이 아버지를 대신하는 어머니에게 있어서의 여성성을 포기하게 한 것이 되었는지도 모른다. 그런 어머니의 강인하고 질긴 삶이 김소진 소설의 주인공에게 부정할 수도 그렇다고 강하게 긍정할 수도 없는 하나의 강박관념으로 작용했을 것이다.

주영은 나중에 격렬한 항의를 해왔다. 형은 정말 이상해. 언젠가 동시 상영 극장에서 무슨 추리 영화를 함께 보고 났을 때로 기억하는데, 내게 형의 어머니에 대해서 영화 속의 주인공처럼 살인 충동을 종종 느낀다고 진지하게 털어놓은 적이 있어. 기억날 거예요. 그땐 난 그게 농담인 줄 알았거나 아니면 잘 이해하지 못했거들랑. 근데 요즘 와서 가만히 생각해 보니 형은 지독한 모성 강박관념에 빠져 있는 사람 같아. 흔히 말하는 오이디푸스 콤플렉스 말이야.

— 김소진, 「용두각을 찾아서」

이 작품에서는 하혈을 하면서도 파출부 일을 나가야 했던 어머니에 대한 주인공의 강박관념이 드러난다. 영화 속의 주인공처럼 어머니에게 살인 충동을 느끼는 '나'의 강박관념을 아내인 '주영'은 오이디푸스 콤플렉스로 진단한다. 이러한 강박관념 때문에 김소진 소설의 주인공들은 어머니를 어머니라 부르지 못하고 「쥐잡이」에서는 '철원댁'으로, 「키 작은 쑥부쟁이」에서는 '쑥부쟁이'로 호칭하고 있다. 그같은 강박관념으로 인해 '나'는 용두각을 찾게 되고, 어머니의 힘겨웠던 삶들을 기억해낸다. 그러한 기억의 과정을 서사 연쇄를 통해 살펴보면 다음과 같다.

「용두각을 찾아서」 서사 연쇄

S1. 야근을 한 다음날, 나는 수원역에서 내려 용두각을 찾는다.
S2. 나는 오리떼의 울음 소리를 들으면서 산부인과 수술실에서의 주영의 비명 소리를 떠올린다.
S3. 주영은 언젠가 내가 지독한 모성 강박관념에 빠져 있는 것 같다고 말했다.

S4. 이사람 저사람을 붙들고 물어보다가 허탕인가 돌아설 무렵 간신히 용두각인 방화수류정을 찾는다.

S5. 내가 용두각을 찾은 이유를 생각하다가 어머니의 사향 주머니를 떠올린다.

S6. 그 사향 주머니는 6·25 전쟁 직후 외가가 수원 용두각 아래 살던 무렵, 이모가 어머니에게 주었던 것이다.

S7. 어머니는 어린 시절 화상으로 인해 입가에 흉터가 있다.

S8. 어머니는 여학교를 나와 평창 어느 국민학교의 교사로 부임했던 적이 있음을 우리에게 이야기 했던 적이 있다.

S9. 나는 어린 시절 단 한벌뿐인 광목 팬티를 빨아 너느라 홑치마 바람인 어머니의 치마 속을 훤히 들여다보고 무질서, 공포, 허무, 구토를 느꼈다.

S10. 형이 담배를 피우다 정학을 맞고 돌아온 날, 어머니는 온 가족이 쥐약을 먹고 죽자고 위협한다.

S11. 형과 누나가 망설이고 있는 사이 어머니는 약사발을 먼저 들이키고, 나는 나뒹구는 약사발을 들어 몇 모금인가를 마신다.

S12. 지독한 악몽에서 깨어나 죽지 않았음을 확인한 후 갑자기 머리가 피로 몰려들고 관자놀이가 울끈불끈 뛰는 것을 느낀다.

S13. 용못이 저녁놀로 인해 황금 연못으로 비쳐지는 것을 보면서 나는 어머니라는 단어가 목구멍을 벗어나려는 것을 질기게 잇새로 가둔다.

어머니에 대한 강박관념으로 인해 무작정 찾아나선 곳, 용두각은 바로 어머니의 삶을 환기시키는 곳이자, 나의 피곤한 삶으로부터의 도피처이다. 그리고 그보다도 용두각을 찾은 나의 깊은 무의식에는 어머니에 대한 강박관념으로부터의 탈출에 대한 강한 의지가 깔려 있다. 그 의지가 어머니의 삶을 반추하게 하고 있으며, 강박관념의 근원을 성찰하게 하고 있다. 그러한 강박관념의 근원은 아버지의 무능력과 부재로 인한 어머니의 고단한 삶이었고, 어머니의 홑치마 속을 들여다보고 난 뒤 내가 느껴야 했던 무질서, 공포, 허무였으며, 가짜 쥐약으로 인한 '나'의 의사 죽음이었다. 어린 시절의 의사 죽음, 즉 어머니의 주관하에 이루어진 죽음의 제의에 대한 기억을 통해 '나'는 다시 한 번 살아있음의 의미와 모성의 본질을 깨닫는다. 그리고 '나'는 황금 연못에 비치는 아름다운 저녁놀에 병치되어 드러나는 어머니라는 단어를 다시금 환기하면서 새로운 어머니의 실체를 확인하게 된다.

풍으로 쓰러진 아버지와 자식들을 위해 뼛골이 녹아나도록 살아왔던 어머니에 대한 강박관념이야말로 아버지 이겨내기와 맞먹는 등가의 복합심리를 형성해 내는 근원이었다. 아버지와 어머니에 대한 복합심리가 그를 가정으로부터 탈출하고자 하는 심리의 동인이 되었음은 재론의 여지가 없다. 가족으로부터의 독립이야말로 온전한 성인으로의 통과의례였던 셈이다.

한편 한국 근·현대 소설에 자주 드러나는 누이에 대한 애증의 감정은 우리 문학사의 특이한 양상으로 평가할 수 있다. 이는 우리 역사의 특이성 때문에 파생하는 것으로, 그 근원은 부권 부재로부터 비롯된다. 부권이 부재하고 모성이 부권을 대신하는 사회에서 그 모성을 대리하는 자는 바로 누이이기 때문이다. 그러면서도 누이는 어머니이면서 연인일 수도 있었기에 그 애정만큼의 심리적 거부감 또한 강했으며, 그 거부감은 바로 남동생들의 내면에서 파생하는 윤리의식으로부터 근원하였다. 그런 점에서 남동생들에게 있어서 누이란 존재는 어머니로 대표되는 모성성과 성적 욕망으로 표상되는 연인의 중간에 위치하는 아니마(Anima)적 존재이다. 이러한 모성성과 연인을 대변함으로써 겪게 될 수밖에 없는 누이에 대한 성장 주체의 양가감정은 바로 김남천의 「소년행」과 황순원의 「별」에서 찾아 볼 수 있다.

「소년행」에서 주인공 '봉근'은 그 전편인 「남매」의 주인공 '봉근'과 일치하는 인물이다. 「남매」의 '봉근'이 고향에서 서울로 올라와 7년이 지난 후에 누이를 다시 재회하게 되는 서사 구조로 이루어져 있는 작품이 바로 「소년행」이다. 「남매」에서의 '봉근'은 딸을 기생집에 나가도록 독려하는 무력하고 부도덕한 의붓아버지와 그러한 아버지의 뒤틀린 삶으로 인해 고통스러워하는 어머니, 그리고 가족의 생계를 위해 기생집에 나갈 수밖에 없는 누나인 '계향'과 함께 살아가는 순진한 소년이다. 그러나 「남매」의 결말 부분은 '봉근'의 변화와 새로운 각성의 가능성을 제시한다. 기생의 동생임을 놀리는 선생의 아들을 쫓아가는 '봉근'은 이전의 순진한 '봉근'이 아니다. '두 주먹을 쥔 채 죽기를 한하고 자꼬만 쫓아가'는 '봉근'의 모습에서 새로운 자아로 깨어난 '봉근'을 볼 수 있다. 자아의 각성을 보여준 오학년의 '봉근'이 이제 19살이 된 총각으로 변하여 약방 사환으로 등장하는 소설이 바로 「소년행」이다. 그 서사 전개의 양상을 서사 연쇄로 드러내면 다음과 같다.

「소년행」 서사 연쇄

S1. 봉근은 예쁜 기생이 찾아왔다는 소리에 7년 전에 갈라진 누이 계향을 떠올린다.

S2. 그 기생은 누이가 서울로 올라왔기에 한 번 찾아오라고 전하고는 무심히 가 버린다.

S3. 보고 싶은 정도, 가슴에 엉킨 사랑도 없어지고 슬픔과 분함만이 봉근의 머릿속을 꽉 붙들고 만다.

S4. 한달 전 봉근의 소식을 겨우 들은 누이가 봉근에게 곧 찾아가겠다는

편지를 보내기도 했다.

S5. 봉근은 분함과 슬픔을 떨쳐 버리고 청진동에 거처하는 누이를 찾아 나선다.

S6. 누이가 목욕가고 없는 집에서 봉근은 어제 심부름 왔던 기생 연화에게 한없이 정이 가고 무슨 청신한 것을 발견한다.

S7. 당연히 만날 사람들이 만난 것처럼 누이를 싱겁게 다시 만난 봉근은 능청맞게 피둥피둥하게 살진 누이의 몸에서 징글징글한 염증을 느낀다.

S8. 누이, 연화와 아침을 같이 먹던 봉근은 한때 사회주의 운동을 하다 이제 금광일을 하는 병걸을 만난다.

S9. 봉근은 백화점에서 누이의 지갑과 연화의 콤팩트를 사서 누이집으로 향한다.

S10. 외출하고 돌아온 병걸과 누이는 연화 손에 들린 콤팩트를 보고는 봉근이 난봉이 났다고 놀린다.

S11. 봉근은 콤팩트를 빼앗아 뜰안에 내던지고 대문으로 쏜살같이 걸어 나간다.

S12. 눈물을 씻고 한숨을 내쉰 후 봉근은 배달을 가기 위해 자건거를 타고 앞으로 달려나간다.

「소년행」에서의 '봉근'은 이제 「남매」에서의 '봉근'과는 질적으로 구분되는데, 그것은 세계에 대한 비판적 시각을 유지하고 있기 때문이다. 그는 기생을 계속하고 있는 누나 '계향'과 사회주의를 하다 감옥살이를 치루고 금광을 하는 '병걸'에 대해서 비판적인 거리를 유지한다. 「남매」에서의 순진하기만 하던 소년이 아니라 이제 '봉근'은 세계와 타자들에 대해서 비판하고 수용할 수 있는 스스로의 법, 혹은 기준을 간직한 어른이 되어 가고 있는 것이다. ‘봉근’은 누나를 생각할 때마다 분함과 미움과 슬픔과 쓰라림의 양가감정을 느끼게 되는데, 어느 날 약방에서 누나의 편지를 받게 된다. 그 후 그는 누나에 대한 분함과 쓰라림을 극복하고 누나를 포용할 것을 다짐한다. 그런 다짐을 하고 난 후 ‘봉근’은 누나를 찾게 되고, 누나와 같이 사는 ‘연화’라는 기생을 사모하게 된다. 그는 어느 날 ‘연화’와 누이에게 선물을 사가지고 누이 집에 가게 되고, 그곳에서 ‘병걸’과 ‘누이’에게 ‘난봉이 난’ 것으로 놀림을 받는다.

> “봉근이가 난봉이 난가부.”
> 하고 혼자서 좋아한다. 봉근이는 신으려든 운동화를 벗어버리고 대청우으로 뛰처올라와 연화가 쥐고 섰는 꼼팩트를 빼았어 그대로 뜰안에 내어던졌다. 콤팩트는 돌에 부드처 깨어저서 유리알 자박이 꽃닙같이 마당에 흩어진다.
> “여보, 난봉난 놈을 볼려믄 당신을 보우.”
> 봉근이의 목소리는 열이 오르고 낮은 오히려 핫슥하다.
> “사회주의 하노라구 껏덕대다가 협잡군이 안돼서 내가 난봉이 났소.”
> 말이 끝나는 대로 봉근이는 토방을 뛰어내려 신을 끌고 대문으로 쏜살같이 걸어나간다.
>
> — 김남천, 「소년행」

사회주의를 하다가 사업가로 변신한 ‘병걸’과 그런 사람에게 마음을 주는 누이에 대한 ‘봉근’의 비판적 시각이 잘 드러나고 있다. 비록 어린 나이이지만 이념의 허위의식에 대한 실체를 포착하고 있는 ‘봉근’의 성숙함이 제시되고 있다. 뿐만 아니라 ‘누이’의 소외된 삶에 대한 안타까움과 서운함이 '봉근'의 발화에 중첩되면서 그만큼 '봉근'의 의식이 성장하고 있음을 보여주고 있다. 따라서 「소년행」에서 '봉근'은 누이에 대한 미움에서 애정으로의 감정의 변화와 교차, 누이에 대힌 애증의 복합 심리를 통해 세계의 모순과 불합리, 그리고 자신의 정체성에 대해 새롭게 인식하고 있다.

한편 황순원의 「별」은 그의 소설에서 자주 발견되는 모성 콤플렉스가 심층구조에서 핵심적인 이야기 얼개로 작용하고 있다. 이 작품에는 '동복'이란 아이가 겪어야 하는 누이에 대한 애증의 양가감정뿐만 아니라 누이의 죽음으로 인해 '아이'가 성숙한 세계에 도달하게 되는 양상이 드러나고 있다. 어머니를 일찍 여읜 '아이'가 겪어야 하는 첫번째 고통은 누이와의 갈등이다. '아이'는 아름다웠던 것으로 기억 속에 남아 있는 어머니와 누이가 닮았다는 동네 과수 노파의 충격적인 발화로 인해 누이에게 반항하고 누이를 혐오하게 된다. 누이가 연애 사건을 일으켜서 돌아가신 어머니까지 욕을 먹는 일을 저질렀다고 생각한 그는 누이를 혼내주려는 마음을 실천에 옮기려고 시도한다.

> 아이가 치마를 빼앗아 땅에 길게 폈다. 그리고 아이는 아버지처럼 엄하게, 가루 눠라! 했다. 누이는 곧 순순히 하라는 대로 했다. 그러나 아이는 치마로 누이를 묶어 강물에 집어넣는 차례에 이르러서는 자기의 하는 일이면 누이가 죽는 한이 있더라도 아무 항거 없이 도리어 어머니다운 애정으로 따라 할 것만 같은 생각이 들며, 누이가 돌아간 어머니와 같은 애정을 베풀어서는 안된다고 치마 위에 이미 죽은 듯이 누워있는 누이를 그대로 남겨둔 채 돌아서 그곳을 떠나고 말았다.
>
> — 황순원, 「별」

'아이'는 자신의 명령에 항거 없이 따라하는 누이가 어머니와 같은 애정을 베풀어서는 안 된다는 생각을 하게 된다. 그로 인해 '아이'는 누이를 미워하면서도 한편으로 누이로부터 따뜻한 모성애를 감지하기도 한다. 죽은 어머니에 대한 그리움과 누이에 대한 혐오, 그리고 양자를 제대로 분리하지 못하면서 정체성 형성의 장애를 초래하는 것은 바로 죽음과 삶, 환상과 현실에 대한 명확한 경계를 인식하지 못한 '아이'의 미숙함으로부터 기원하는 것이기도 하다.

그러던 '아이'는 시집간 누이의 죽음을 전해 듣고 비로소 누이가 모성성을 대신하고 있었음을 깨닫게 되고 누이에 대해 부정적이었던 자신의 잘못된 행위들에 대한 자책의 눈물을 흘리게 된다. 누이의 죽음으로 인해 '아이'는 누이를 어머니와 대체되는 존재인 환유적 등가물로 인식하게 된 것이다.

그럼에도 불구하고 '아이'는 작품의 결말 부분에서 누이의 별이 어머니와 같은 아름다운 별이 되어서는 안된다고 생각하게 되는데, 이는 '아이'가 동일한 아니마의 양상으로 인식되던 어머니와 누이를 분리시킴으로써 현실 원리를 정확하게 인식하게 된 것을 의미한다. 비로소 '아이'는 어머니와 누이로부터 온전하게 독립된 존재로 새롭게 자아를 인식하게 된다. 따라서 황순원의 「별」의 서사 모형은 아이(누이의 죽음 ⟶ 성숙한 자아)인 것이다. 그러므로 '아이'는 누이의 죽음이라는 충격적인 사건을 경험하고 나서 독립된 개체로서의 성숙한 자아로 성장하게 되는 성숙의 양상을 보여주고 있다.

이처럼 한국 현대 성장소설에서 찾아볼 수 있는 부권 부재의 모티프는 바로 성장 주체들이 갖는 어머니에 대한 강박관념으로 연결된다. 아버지의 가부장적 권력이 부재하는 가족 속에서 어머니는 아버지의 역할을 대신하게 되고, 그로 인해 어머니는 가족과 자녀에 대한 과도한 책임감 때문에 여성성을 상실하기까지 한다. 따라서 성장소설의 주인공들은 동일화 대상으로서의 남성다운 이상적인 아버지나 여성스러운 이상적인 어머니를 찾지 못하여 성장하는 데에 어려움을 겪게 되는 것이다. 이러한 양상이 서구의 소설에서 보여지는 것과는 다른 변형된 오이디푸스 콤플렉스의 양상으로 드러나기도 한다. 김소진의 「용두각을 찾아서」 또한 어머니에 대한 주인공의 극단적인 강박관념으로 인한 심리적 양상을 보여주고 있다고 하겠다.

또 한편으로는 어머니에 대한 강박관념이 어머니로 대표되는 모성성과 성적 욕망으로 표상되는 연인의 중간에 위치하는 아니마의 이미지를 가진 누이에 대한 양가감정의 형태로 변형되어 한국 현대 성장소설에 드러나고 있다. 김남천의 「소년행」, 황순원의 「별」 등에서 누이에 대한 양가감정이 제시되고 있다. 따라서 한국 현대 성장소설의 성장 주체들은 아버지의 부재와 어머니에 대한 강박관념, 누이에 대한 양가감정으로 인해 가족 내에서 자기동일성의 대상을 찾지 못한 채 진정한 정체성 정립의 어려움을 겪게 되는 것이다.

학습 활동

1. 한국 소설사에 있어서 부권 부재의 모티프는 서사 구조를 이루는 지배적인 요소이다. 그런데 한국 서사 문학들은 서구의 서사 문학들이 살부의식(殺父 意識)으로부터 연원하는 아버지 죽이기의 모티프를 강하게 표출하는 반면 아버지에 대한 존경과 부정의 양가 의식이 아버지 찾기와 죽이기로 나타난다. 특히 한국 근대사에 있어서 아버지란 존재는 부재했다고 할 수 있다. 이러한 상황은 인류의 근대화 과정에서의 보편적이지만 우리에게는 특수한 문제로 작용하는데 그 원인은 무엇일까.

2. 성장소설은 다른 유형의 소설들과 변별될 수 있는 개념적 자질과 서사적 유형을 함축하는 것이어야 한다. 그러한 변별적 자질 중에서 성장소설은 '소설의 결말 부분에서 반드시 주인공의 내면의 변화, 정신적이고 육체적인 성숙의 흔적이 드러나야 한다.'라고 했을 때 김소진의 「자전거 도둑」에서의 주인공은 어떠한 내면의 변화를 겪는가.

3. 「자전거 도둑」에는 아버지에 대한 부정의 감정이 극명하게 드러난다. 이 작품은 누군가를 죽음으로 몰아넣었던 기억을 공유하는 '나'의 이야기와 '그녀'의 이야기가 중첩되어 있다. '그녀'와 '나'의 만남의 공유점에 있는 영화 〈자전거 도둑〉의 역할은 무엇인가.

4. 「자전거 도둑」에서 성장 주체인 주인공의 아버지에 대한 반항과 거부는 극단으로 치닫지 않고 아버지와의 화해로 전이된다. 작품의 결말 부분에서 '혹부리 영감' 가게를 엉망으로 망쳐놓고 하수구 냄새를 풍기며 돌아온 '나'에게 '아버지'는 삼복 이전에 인절미를 먹이지 못해서 '내'가 더위를 먹게 되었다고 걱정한다. 아버지와 아들의 살가운 정이 느껴지는 이 대목에서 그들의 대립이 화해에 도달할 수 있음을 암시하고 있다.
아버지가 나의 성장에 미친 영향을 바탕으로 아버지와 나의 관계를 모색하고 나의 성장과정을 성찰해 보자.

● **더 읽을거리**

김원일, 『마당 깊은 집』

이문열, 「아우와의 만남」

이승우, 「일식에 대하여」

최인훈, 『광장』

한승원, 『아버지와 아들』

최현주, 『한국 현대 성장소설의 세계』

제5장

문학과 악

악과 죽음의 발견과 세계에 대한 환멸

인간의 본성 깊은 곳에는 선과 악이 내재해 있다. 특히 악은 내면에 숨어 있다가 불현듯 고개를 내밀어 우리를 어지럽힌다. 이러한 악은 예술의 본질이기도 하며 많은 작가들은 그들의 작품에서 어떤 식으로든 악의 문제를 집요하게 다룬다. 바타이유는 그의 저서 『문학과 악』에서 악은 인간에게 있어 더할 나위 없는 가치를 지니는 것이며 문학은 바로 그 악의 표현이라고 말했다. 그는 이 악이 도덕의 부재를 뜻하는 것이 아니라 도덕을 넘어서는 도덕을 요구하는 것이라고 말한다.

성장소설에서 악과 죽음은 주인공에게 있어 성장의 계기로 기능한다. 성장소설은 세계에 대해 무지하고 순진한 주인공이 처음 접하는 세계에서 겪는 충격적인 체험을 계기로 세계에 대하여 올바로 인식하게 되는 과정을 그린다. 성장소설에서 주인공의 인식변화는 세계에 대한 새로운 체험을 통해서 이루어진다. 그 체험은 일상에서 겪어보지 못한, 죽음이거나 어둠 속에서 자라나는 악의 요소들과 같이 극단적이거나 충격적이다. 순진하고 무지한 성장소설의 주인공들은 이와 같은 죽음이나 악을 발견하고 체험함으로써 세계나 자아에 대한 새로운 인식, 성숙한 의식에 이르게 되어 성장에 도달하게 된다.

순진무구하던 성장 주체의 세계의 악에 대한 체험은 다른 사람들의 죽음의 발견을 통해 강화된다. 인간은 다른 사람의 죽음을 통해서만 죽음을 새롭게 인식하게 되고 죽음의 체험을 통해 세계와 존재에 대해 새롭게 인식한다. 따라서 죽음에 대한 체험이 가장 대표적인 통과의례의 한 유형이라고 할 수 있다. 다른 사람들의 죽음을 언제 어디서 어떤 방식으로 체험하고 수용하느냐가 성장과정에 있는 주체에게는 매우 중요하다. 죽음을 체험하게 되면서 주인공이 성숙하게 되는 양상은 많은 한국 현대 성장소설들에서 발견된다.

미숙에서 성숙에의 길로 나선 성장 주체가 처음 맞닥뜨린 세계는 일상을 벗어난 환상 체험이거나 일찍 경험해 보지 못했던 낯선 충격들이 대부분이다. 성숙 이전의 유년 시절은 어머니의 자궁과 같은 공간에서의 평화와 안존의 삶이었다. 그러나 유년을 벗어나 죽음과 악이 늪처럼 도사리고 있는 세상으로 처음 튕겨져 나와 홀로 거친 세상을 체험하는 것은 성장의 길에 나선 자들에게 충격이 아닐 수 없다. 충격적인 체험을 큰 어려움 없이 내적으로 수용한 자만이 비로소 성숙의 문턱을 넘게 된다. 충격적인 세계를 받아들일 준비가 되어있지 않는 이들에게 세계란 환멸로만 인식될 뿐이다. 한국 현대 성장소설은 환멸의 시공간으로 이루어진 현실 세계에 대한 인식과 그것의 극복의 과정을 통해서 성장 주체들이 성숙해 가는 양상을 제시하고 있다.

1. 악과 죽음의 발견

미숙에서 성숙으로의 성장소설의 서사 진행 과정은 세계에 대해 무지하고 순진하던 주인공이 처음 접하게 되는 세계에서 겪게 되는 충격적인 체험 때문에 세계에 대하여 올바로 인식하게 되는 과정과 일치한다. 따라서 성장소설에서의 주인공의 인식의 변화는 세계에 대한 새로운 체험을 통해서 이루어지는데, 그 체험이란 일상에서는 쉽게 찾아 볼 수 없는 것이다. 겪어 보지 못한 체험을 통한 각성의 계기는 극단적이거나 충격적인 것이 대부분이다. 일상에서 접할 수 없는 극단이거나 충격은 다름 아닌 죽음이거나 어둠 속에서 자라나는 악의 요소일 것이다. 순진하고 무지한 성장소설의 주인공들은 전혀 의도하지 않았던 부정적인 환경들 가운데에서 죽음이나 악을 발견하고 체험함으로써 세계나 자아에 대한 새로운 인식, 성숙한 의식에 이르게 되어 성장에 도달하게 되는 것이다.

이런 모티프는 1960년대 소설을 그 이전의 소설들과 차별화시키는 데 큰 공헌을 해냈던 김승옥의 대표적인 작품들 가운데 하나인 「건(乾)」에서 보여진다. 이 작품은 처음으로 혼돈스럽고 비윤리적인 세계를 경험한 소년이 겪게 되는 좌절과 정신적 손상에 대한 이야기이다.

이러한 양상을 서사 연쇄를 통해 살펴보면 다음과 같다.

「건(乾)」의 서사 연쇄

S1. 전날 저녁 빨치산들의 습격 때문에 시는 엉망진창이 되어 있고 방위대 본부는 아직도 불길이 오르고 있다.

S2. 방위대 본부는 한때 굉장한 부호의 저택이었던 곳이었지만 전쟁 이후

아이들의 놀이터가 되었던 곳으로 나는 그 컴컴한 지하실에서 가슴 뛰는 놀이를 하였다.

S3. 1학년 때 어느 날, 나는 미영이와 둘이만 지하실에 남게 되었을 때 불쑥 껴안아 버렸는데 지금 미영이네는 피난 가고 없다.

S4. 빨치산들의 습격 때문에 형이 계획한 친구들과의 무전 여행이 취소된다.

S5. 학교 가는 길에 나는 여고에 다니는 윤희 누나를 만나고 누나로부터 벽돌 공장에 빨치산 시체가 있다는 말을 듣는다.

S6. 학교에 간 나는 친구들과 빨갱이 시체를 보러 간다.

S7. 시체를 본 순간 강렬한 색채들 때문에 눈에 눈물이 나도록 쓰리고 어지럼증을 느낀다.

S8. 오전 수업만 마치고 아버지, 형, 형의 친구들과 밥을 먹던 중 반장이 찾아와 빨치산의 시체 치우기를 아버지에게 의뢰한다.

S9. 점심을 먹은 후 아버지는 형과 형의 친구들을 데리고 시체를 치우러 나선다.

S10. 아버지와 형 친구들이 시체를 매장하는 것을 보면서 시체도, 그것을 묻고 있는 사람들도 미워진다.

S11. 형과 형의 친구들과 산을 내려오는 중에 윤희 누나를 만나고 나는 윤희 누나에게 의지하고 싶어진다.

S12. 형의 친구들은 윤희 누나를 보고 나쁜 결의를 하게 되는데 형은 윤희 누나에게 저녁 아홉시까지 미영의 집으로 나오라는 말을 나에게 전하라고 한다.

S13. 윤희 누나 앞에 서서 어지럼증을 느끼지만 형의 전언을 그대로 전하고 누나의 승낙을 받는다.

S14. 돌아오는 길에 황폐한 미영의 빈집에 들르고 방위대 본부로 가기 위

해 담 위에서 골목으로 뛰어내린다.

주인공 '나'는 방위대 본부의 어두컴컴한 지하실에서 하루 종일 가슴 뛰는 놀이들을 했었던, 어쩌면 요나 콤플렉스로 설명될 수 있는 순진한 영혼을 가진 소년이었다. 특히 '나'는 이웃집의 윤희 누나로부터 4B 도화연필을 받고 도둑맞게 됨으로 인해 그 누나를 대할 때마다 죄스런 기분으로 어깨가 움츠러지는 소년이었다. 그러나 어느 가을날, 빨치산의 습격으로 파괴된 시가지와 빨치산의 시체를 목격함으로써 악의 세계를 체험한 후 순진의 세계를 상실한다. 특히 식육조합원이었던 아버지가 빨치산의 시체 처리를 맡게 되면서 '나'는 형과 그 일에 동참하게 되고 시체를 보는 순간 목구멍을 욱하고 치받고 올라오는 울음을 간신히 삼킨다. 시체를 치우고 형과 형의 친구들과 돌아오면서 윤희 누나를 만나게 된 '나'는 누나에게 간절히 위로받고 싶은 마음을 갖는다. 하지만 세계의 속악함과 죽음의 의미 없음을 인식하게 된 '나'는 결국 순수와 모성성을 대신해 주던 윤희 누나를 유인하기 위한 형들의 나쁜 음모에 협조하고 만다.

> 바야흐로 나는 무서운 음모에 가담하고 있었다. 간단한 말을 전해주는 그런 책임이 희박한 행위로써 가담하는 것이 아니었다.
>
> (중략)
>
> 아아, 모든 것이 항상 그렇지 않았더냐. 하나를 따르기 위해서 다른 여러 개 위에 먹칠을 해버리려 할 때 그것이 옳고 그르고를 따지기보다 훨씬 앞서 맛보는 섭섭함, 허기야 그것이 '자라난다'는 것인지도 모른다.
>
> — 김승옥, 「건」

윤희 누나를 음모에 밀어 넣기 위해 누나를 만나러 가면서 '나'의 변명이 내적 독백으로 제시되는 문면이다. '온 세상이 빙글빙글 도는 듯'한 어지러움은 어쩌면 윤희 누나에 대한 애증의 감정이 서로 맞서고 있는 도덕적이고 정신적인 혼돈 때문일 것이다. 그러한 옳고 그름을 분간하지 못하는 도덕적 가치 혼돈의 양상이 인물의 위악적 행위로 변이되어 드러난다. 그래서 '나'는 본래 가지고 있던 윤희 누나에 대한 그리움이나 호감과는 반대로 윤희 누나에게 형의 연락을 전하게 된다. '나'의 위악적 행위로 인해 '나'는 옳고 그르고를 따지기보다는 훨씬 앞선, 어떤 섭섭함과 함께 그것이 '자라난다'는 것일지도 모른다는 모순된 성장의 인식에 도달한다.

「건(乾)」에서처럼 순진한 소년이 거대한 세계의 악과 충격적인 죽음을 체험하고 나서 새로운 정체성을 정립하는 양상은 송기숙의 「파랑새」에서도 볼 수 있다. 「파랑새」는 6·25전쟁의 파괴적 양상을 기억해내는 주인공 '나'의 후일담적 성격을 띤 성장소설로서 전쟁과는 무관하게 느껴지던 평화로왔던 은내골이라는 시골마을이 전쟁으로 인해 모든 것이 파괴되어 폐허가 된 이야기를 담아내고 있다. 이 소설은 주인공인 '내'가 광주에서 피난 온 사촌형과 함께 형의 이모댁이 있는 은내골을 찾게 되면서 시작된다. 소설의 전반부는 소년과 소녀의 순수한 만남과 파랑새로 상징되는 평화로움이 제시된다. 하지만 그런 평화는 '멧돼지'의 갑작스런 출현이 상징하는 바와 같이 전쟁의 거대한 폭력성으로 인해 깨어지고 만다. 혜선이가 보고 싶어 난리 중에도 혼자서 찾은 은내골은 이미 시커멓게 잿더미로 변하고 살아남은 사람은 오직 혜선이 할아버지 혼자뿐이다.

> 그는 아무 말도 하지 않았고 나도 아무 말도 하지 않았다. 나는 타진 집터를 보고 있었고 그도 내 손을 잡은 채 집터만 보고 있었다. 내 손

을 잡은 혜선이 할아버지 손이 떨리고 있었다. 그는 말이 없었지만 그 손은 나에게 수없이 많은 말을 하고 있는 것 같았다.

손을 잡힌 채 서 있던 나는 깜짝 놀라고 말았다. 하늘에 파랑새가 선회를 하고 있었기 때문이었다. 파랑새는 동네를 한 바퀴 크게 선회를 한 다음 진국사 쪽으로 날아가고 있었다.

— 송기숙, 「파랑새」

이 문면은 작품의 대단원 부분인데, 평화롭던 마을 은내골은 폐허가 되고 지상의 속악한 논리와는 상관없는 파랑새만이 하늘을 선회하고 있을 뿐이다. 그러므로 '나'는 죽음과 악으로 대변되는 지상의 파괴적인 논리를 체험한 후 삶에 대한 성숙한 인식을 하게 되고, 그 새로운 인식은 진국사 쪽으로 날아간 파랑새에 투사되는 것으로 「파랑새」는 결말을 맺는다.

「건」과 「파랑새」에서 드러나는 악이 세계와 인간 상황의 속악함으로 인해 선과 명확히 구분될 수 있는 악이라면, 실재 우리 현실에 드러나는 악의 요소들 중 쉽게 선과 구별되지 않는 악이 존재한다. 악의 외양이 선을 내포하고 있을 수도 있고, 선의 외양이 악을 내포하고 있는 경우가 많기 때문이다. 이러한 악의 애매성과 양면성이 잘 드러난 작품이 바로 이문열의 「우리들의 일그러진 영웅」이다.

이 작품에서 '엄석대'로 상징되는 악은 쉽게 발각되지 않는다. 오히려 무능하고 무성의한 교사에 의해 더욱 은폐되고 조장된다. 서울에서 시골 국민학교로 전학 온 '나'는 거대하게 군림하는 반장 '엄석대'의 숨겨진 악을 예리하게 포착해낸다. 여기서 '내'가 경험하게 되는 악이라는 것은 머리통 하나는 더 큰 엄석대에 의해 자행되는 은밀하고도 용의주도한 폭력이다. 엄석대를 고발한 '내'가 오히려 담임 선생과 아이들에게서 비난받고 따돌림받게 된다. 그리고 종국에는 엄석대의 거대한 폭력을 버텨내지 못하고 '나' 또한 엄석대로 표상되는 악의 울타리로 포섭되고 만다. 따라서 '나'의 순수성은 불순하고 비합리적인 폭력에 의해 거세되고 '나' 또한 그러한 새디즘과 메저키즘에 의해 주도되는 폭력의 그물망에 편입되고 만 것이다.

그러나 이 소설에서 표상되는 더 무서운 악은 엄석대나 교사로 표상되는 기성세대의 무능함이 아니다. 오히려 엄석대를 둘러싼 많은 급우들의 비열함이 더 큰 악으로 인식된다. 6학년에 진입하고 담임이 바뀌게 됨으로써 엄석대의 어두운 악의 근원이 밝혀지게 된 후 무너진 엄석대의 권위에 대해 싸늘하게 돌아선 급우들의 태도에 '나'는 경악하게 된다.

> 석대의 나쁜짓을 까발리고 들춰내는 데 가장 열성적이고 공격적인 아이들은 대개 두 부류였다. 하나는 간절히 석대의 총애를 받기 원했으나 이런저런 까닭으로 끝내는 실패한 부류였고, 다른 하나는 그 날 아침까지도 석대 곁에 붙어 그 숱한 나쁜 짓에 그의 손발 노릇을 하던 부류였다. 한 인간이 회개하는 데 꼭 긴 시간이 필요한 것은 아니며, 백정도 칼을 버리면 부처가 될 수 있다고도 하지만, 나는 아무래도 느닷없는 그들의 정의감이 미덥지 않았다. (중략) 특히 그들이 남앞에 나서서 설쳐대면 설쳐댈수록. 내가 굳이 석대를 고발하려 들면 꺼리가 전혀 없는 것은 아니었지만, 그날 끝내 입을 다문 것은 아마도 그런 아이들에 대한 반발로 오기가 생긴 때문이었다. 내 눈에는 그 애들이 석대가 쓰러진 걸 보고서야 덤벼들어 등을 밟아대는 교활하고도 비열한 변절자로밖에 비쳐지지 않았다.
>
> — 이문열, 「우리들의 일그러진 영웅」

엄석대의 새디즘적 폭력에 기죽어 살던 급우들이 이제 무력해진 엄석대를 향해 집단적 폭력을 행사하게 된 것인데, 이는 급우들이 엄석대를 희생양으로 하여 희생 제의를 다시 치뤄내는 것에 다름 아니다. 좋은 폭력을 통해 나쁜 폭력을 제거해냄으로써 더 이상의 모방된 폭력이 발생하지 않게 하려는 제의적 폭력이 급우들에 의해 엄석대에게 가해진 것으로 해석할 수 있다. 따라서 이 작품에서 '나'는 인간의 내면에 존재하는 폭력성을 확인하고 인간의 이중성에 대해 통찰하게 된 것이다. 그래서 엄석대의 나쁜 짓을 고발하는 급우들을 교활하고 비열한 변절자로 인식한 '나'는 자신을 둘러싼 세계의 모든 것에 대해 절망하게 된다. 그러나 한편으로 세계의 악을 물리쳐 줄 영웅이 일그러졌다는 인식, 혹은 부조리한 세계를 이끌고 나갈 영웅은 부재하다는 인식에 도달하게 됨으로써 순진의 눈에서 성숙한 눈으로 세계를 바라볼 수 있게 된 것이다.

이처럼 순진무구하던 성장 주체의 세계의 악에 대한 체험은 다른 사람들의 죽음의 발견을 통해 더욱 강화된다. 인간은 다른 사람의 죽음을 통해서만 죽음을 새롭게 인식하게 되고 죽음의 체험을 통해 세계와 존재에 대해 새롭게 인식한다. 따라서 죽음에 대한 체험이 가장 대표적인 통과의례의 한 유형이라고 할 수 있으며, 다른 사람들의 죽음을 언제 어디서 어떤 방식으로 체험하고 수용하느냐가 성장과정에 있는 주체에게는 매우 중요한 문제이다. 죽음을 체험하게 되면서 주인공이 성숙하게 되는 양상은 많은 한국 현대 성장소설들에서 발견된다.

「어둠의 혼」에서 아버지의 죽음, 「별」의 어머니와 누이의 죽음, 「장마」에서의 외삼촌과 할머니의 죽음 등 가족 구성원의 죽음을 체험한 후 성장소설의 주인공은 동일성 상실에 대한 충격과 그로 인한 새로운 정체성의 탐색을 모색하게 된다. 또한 「소나기」와 「파랑새」에서 최초로 겪어야 했던 소녀들의 죽음으로 주인공들이 큰 충격을 받게 되고, 더 큰 성숙을 경험하게 된다. 그리고 「노을」, 「건」, 「파랑새」에서 체험하게 되는 죽음을 통해 주인공들은 세계의 폭력성과 속악함의 실체를 확인하고 세계에 대한 환멸을 경험함으로써 주체와 세계에 대한 보다 성숙한 성찰에 이르게 된다.

그러므로 성장소설에서의 성장 주체들은 세계에 대한 극단적인 체험을 통해 인식의 변화를 겪게 되는데, 그러한 인식의 변화나 각성의 계기는 일상에서 접할 수 없는 죽음이나 폭력, 혹은 그 저변에서 자라나는 어두운 악의 요소로부터 파생한다. 순진하던 소년이 빨치산의 죽음을 목격하고 그것을 극복하기 위해 더욱 위악적인 행위를 선택하는 김승옥의 「건」, 평화를 상징하던 은내골의 폐허화와 순진하던 혜선을 비롯한 그녀의 가족의 몰살을 목격하고 세계와 이념, 그리고 전쟁의 폭력성을 인식하는 송기숙의 「파랑새」, 용의주도한 폭력과 그 폭력 때문에 제의적 희생을 치뤄야 하는 엄석대를 통해 악의 근원을 파악하는 이문열의 「우리들의 일그러진 영웅」, 이들 작품들에서 성장 주체들은 세계의 폭력성과 악, 죽음에 대해 새롭게 인식하게 되면서 미숙에서 성숙으로 변화하는 각성의 순간에 도달하고 있다.

2. 세계에 대한 환멸

미숙에서 성숙에의 길로 나선 성장 주체가 처음 맞닥뜨린 세계는 일상을 벗어난 환상 체험이거나 일찍 경험해 보지 못했던 낯선 충격들이 대부분이다. 성숙 이전의 유년 시절은 어머니의 자궁과 같은 공간에서의 평화와 안존의 삶이었으나, 유년을 벗어나 죽음과 악이 늪처럼 도사리고 있는 세상으로 처음 튕겨져 나와 홀로 거친 세상의 호흡과 갈등을 체험하는 것은 성장의 길에 나선 자들에게 충격이 아닐 수 없다. 충격적인 체험을 큰 어려움 없이 내적으로 수용한 자만이 비로소 성숙의 문턱을 넘게 된다. 세계에 대한 충격은 곧잘 세계에 대한 환멸로 연결되는데 충격적인 세계를 받아들일 준비가 되어있지 않는 이들에게 세계란 충격적인 환멸로만 인식될 뿐이다.

성장 주체의 세계에 대한 깊은 환멸이 드러난 소설이 윤흥길의 「장마」이다. 「장마」는 우리 역사 속에서 '장마'로 상징되는 끈끈하고 무덥고 고통스런 한 시기, 6·25전쟁 기간 중에 겪게 되는 한 가정의 수난을 소설화한 것이다. 이 작품은 할머니들의 토속적인 믿음과 전통적인 모성애를 바탕으로 어린 주인공이 체험해야 했던 폭력적인 세계에 대한 환멸의 양상을 보여주고 있다. 빨치산에 가담하여 산으로 들어간 삼촌과 국군 장교로 나간 외삼촌, 그 상황에서 할머니와 외할머니가 한 집에서 살아가는 가운데 순진무구했던 '나'는 처음에는 그 대립의 구도를 깨닫지 못한다. 빨치산들의 읍내 경찰서 습격으로 인한 어수선함도 '나'에게는 너무 유치하고 어리석은 어른들의 장난으로 이해된다. 그러던 어느 날 '나'는 어떤 낯선 맥고모자 쓴 남자를 만나 '쪼코렛'을 얻어 먹고 삼촌이 밤에 집을 몰래 다녀갔음을 실토하고 만다.

> 나는 될 수 있는 대로 그 이상한 과자 위에 시선이 머물지 않도록 신경을 많이 썼다. 그러나 나도 모르게 꿀꺽꿀꺽 넘어가는 침은 어쩔 수가 없었다.
> "뭐 조금도 부끄러워 할 것 없다. 착한 아이는 상을 받는 것이 당연하단다. 어떠냐 대답하겠니? 네 대답 한마디면 아저씨는 친구를 만나서 좋고, 너는 이 맛있는 쪼꼬렛을 먹을 수 있어서 좋고……"

무엇 때문에 내가 망설이고 있었는지 알 수 없다. 받아서 좋을 것인가, 아니면 절대로 받아서는 안될 것인가를 결정짓지 못해서였을까. 혹은 그런 도덕적인 문제가 아니라 단순히 그 나이의 시골애답게 모르는 사람에 대한 낯가림 때문에 그랬을까. 아무튼 나는 꽤 오래 시간을 끌었던 것 같다.

— 윤흥길, 「장마」

'나'가 처음으로 불순하기 짝이 없는 선의로 위장된 세계의 악을 접하고, 그것을 체험한 후 세계에 대해 환멸을 느끼게 되는 계기가 되었던 사건에 대한 서술이 이루어지고 있다. 선과 악을 분명하게 분별하지 못한 채 악의 꼬임에 빠진 '나'가 삼촌에 대해서 실언하게 됨으로써 아버지는 일주일간 경찰서에 갇혀 혹독한 고초를 겪다가 나오게 되고, '나'는 장마 기간 동안 금족령이 내려지면서 외부 세계와 격리된다. 그 격리는 세계에 대한 환멸을 확인함과 동시에 바로 '나'를 성숙으로 이끄는 통과의례로 작용한다. 그리고 세계에 대한 환멸은 두 사람의 죽음을 체험하면서 더욱 강화되는데 그것은 바로 외삼촌과 할머니의 죽음이다. 그들의 죽음은 세계의 폭력성으로 인한 결과이며, 또 한편으로는 논리의 세계를 떠난 인간의 숙명적인 죽음이기도 하다.

이같은 성장 주체의 세계에 대한 환멸 체험은 가족 중심적 사고에 기반한 할머니와 외할머니에 의해 파생되지만 그 근원은 6·25라고 하는 민족 내부의 모순 때문에 파생된 것이다. 민족 내부의 모순으로 인해 파생된 삶과 세계에 대한 환멸이 제시되는 소설이 김원일의 「노을」이다.

「노을」은 출판사 편집국장인 40대의 '나'가 삼촌의 죽음을 연락 받으면서 고향에 내려가게 되고, 그로 인해 어린 시절 겪어야 했던 성장의 의미를 되돌아보는 귀향의 형식을 갖춘 작품이다. 귀향의 형식은 역사에 대한 확인과 비판, 그리고 자기반성을, 다른 말로 하면 반성적 탐구의 내용과 그 과정을 효과적으로 담아낸다.[3]

이 작품은 6·25 이전 좌익 빨치산 활동을 배경으로 하는데, 백정이던 아버지가 좌익에 포섭되어 진영읍 지서를 불태우고 짧은 하룻밤 동안 '인민의 영웅'이 되었던 후일담 형식의 소설이다. 그러나 아버지는 원래 가난하고 못 배운 데다가, 노름꾼이고 어머니를 갖은 방법을 통해 괴롭히는 부정적 인물이다. 그럼에도 '나'는 아버지에 대해 '뒈졌으면' 하는 증오감과 함께 아버지를 빨리 구해내야 한다는 이중적 의식을 소유하고 있다. 그런 이중적 의식의 과정에서 '나'는 아버지로 표상되는 상징계의 철저한 악을 체험하고 세계에 대해 환멸하게 된다.

> 무엇을 때려 부수는지 난장판을 벌이고 있는 도수장 안으로 나는 쑥 들어섰다. 밝은 데 있다 갑자기 들어갔기 때문에 눈앞이 캄캄했다. 그런데 나는 우선 아버지의 얼굴을 보기 전에 확 끼얹어오는 이상한 냄새에 코를 벌름했다. 숨을 들이쉴 수 없을 만큼 느끼하고 역겨운 피냄새였다. 그러자 컴컴하던 도수장 안이 조금 밝아지며, 우선 내 눈에 들어찬 것은 추서방의 말처럼 내가 실신하기에 족할 만한 끔찍한 광경이었다. 얼굴을 핏물로 뒤집어써 누군지 알아볼 수도 없는 시체가 거꾸로 매달려 있었다. 여기저기 칼자국이 난 벌거벗은 알몸이 꼭 푸줏간의 갈고리에 매달린 육괴같았다.
>
> (중략)

---

3 김윤식·정호웅, 『한국소설사』, 예하, 1995, p.443.

나는 게걸음 걷듯 물러서다 외마디 비명을 지르며 도수장을 뛰쳐나오고 말았다. 어느 사이 지팡이도 버린 채 상것내로 줄달음쳤다. 허리와 어깨가 아픈 줄도 몰랐다. 열심히 달리는 데도 꼭 제자리 뛰기를 하듯 했다. 핏덩이의 시체가, 아니면 아버지가 내 다리를 붙잡을 듯하여 차마 뒤돌아 볼 수도 없었다.

— 김원일, 「노을」

어른들이 하는 일에 무지하던 '나'는 아버지가 벌여놓은 잔악한 행위를 목격하면서 아버지로 표상되는 기성 세계의 폭력성과 어두운 악을 체험하고 세계에 대해 환멸을 느끼게 된다.

그러나 「장마」와 「노을」은 세계에 대한 환멸을 구성의 주요 원리로 작품 끝까지 끌고 가지 않는다. 오히려 선과 악이 대립하는 세계에 대한 환멸보다는 서로 대립하고 갈등하던 인물들끼리의 용서와 화해에 초점이 맞추어져 있다. 그와 같은 용서와 화해의 계기는 바로 가족이다. 친할머니와 외할머니의 화해로 결말 맺어지는 「장마」나 아버지와 아들의 끈끈한 혈연성을 강조하는 「노을」에서 표층으로 드러나는 이념이나 정치적 갈등을 극복해내는 힘은 가족주의나 혈연의식에서 근원하는 힘이다.

네가 내 아들이 틀림없제, 하듯 아버지가 눈을 크게 뜨고 내 눈을 깊이 들여다보았다. 그 눈길은 어느 누구의 눈길일 수가 없는, 아버지의 정다운 눈길이었다. "니만은 이 애비를 나쁜 사람이라고 생각지 마래이."

아버지의 말에 그만 내 눈에 눈물이 핑글 돌고 말았다. 목이 메었다. 아버지의 그 말이 거짓말이래도 좋았다. 어쩜 그가 그냥 심심풀이로, 이유도 닿지 않는 줄 뻔히 알면서 해보는 희떠운 소릴는지도 몰랐다. 그러나 잠시 후, 아니 내일, 아니 먼 훗날, 그때 내가 그를 욕하게 될지라도 지금은 아버지가 지은 모든 죄를 용서해 주리라, 그럴 수밖에 없다고 나는 마음 먹었다. 당신 말고는 어느 누구도 나에게는 아버지가 될 수 없기 때문이었다.

— 김원일, 「노을」

빨치산이 된 아버지에게서 듣게 된 "니만은 이 애비를 나쁜 사람이라고 생각지 마래이."라는 말로 인해 '나'는 '어느 누구도 아버지를 대신할 수 없을 것'이라 생각한다. 그리고 그러한 생각이 아버지와 화해하는 의식의 바탕을 이루면서 '나'는 아버지로 표상되는 상징계를 이해하게 된다. 그리고 '나'는 이제 부정하고 싶던 '아버지'를 진정한 아버지로 이해하고 수용하게 됨으로써 상징계로 진입하게 된다.

이처럼 세계에 대한 환멸이 주인공의 성장의 계기가 되면서 소설의 발단으로 제시되는 또 하나의 작품이 바로 이문열의 「그해 겨울」이다. 주인공 '나'는 현실이 가져다준 피로와 혼란, 그리고 친구의 죽음으로 인해 까닭 모를 허무와 절망을 느끼게 된다. 결국 '나'는 속악하고 지루한 현실에 환멸을 느끼고 그 무엇인가를 찾아 나서게 된다. 그 무엇인가는 어떻게 살 것인가, 혹은 나는 누구인가라고 하는 자기 정체성에 대한 탐색이다. 이러한 자기 정체성 탐색의 과정을 서사 연쇄를 통해 정리하면 다음과 같다.

「그해 겨울」의 서사 연쇄

S1. 이제는 그 겨울을 이야기할 수 있다.

S2. 대학 생활이 가져온 피로와 혼란, 그리고 가까운 친구의 죽음으로 자극된 허무와 절망의 분위기에서 마침내 삶은 무언가 근원적인 결단을 요구하는 듯하다.

S3. 나는 치사량의 화공약품을 가지고 광부가 될 작정으로 강원도로 향한다.

S4. 막장이 내려 앉아 두 사람이 묻히는 것을 보고 나는 어느 산촌의 술집 방우로 취직한다.

S5. 방우의 일은 주로 아홉 개의 방의 온돌을 따뜻하게 덥혀 놓는 것이다.

S6. 나는 방우 생활을 통해 세계의 부조리를 다시 한번 체험하고 바다를 향해 길을 떠난다.

S7. 바다로 향하는 길은 야당의 시골 당원, 시골 건달, 교회의 장로, 귀향하는 여공, 중등 교원, 소장수 영감 등을 만나는 유쾌한 여행이다.

S8. 어느 날 폐병쟁이 지식인을 만나 참담한 심경을 겪고, 괴로운 상념 속에서 칼갈이 노인을 만난다.

S9. Y면에서 나는 사랑의 상처로 고통받고 있는 집안 누님을 만난다.

S10. 폭설 속의 창수령 위에서 나는 아름다움의 실체를 본 후 어떤 예술적인 것과 관련되는 삶을 살게 되리라는 예감을 갖는다.

S11. 창수령을 넘은 첫 번째 주막에서 또 칼갈이 노인을 만난다.

S12. 새벽녘 무자비한 추위로 인해 죽음의 공포를 느끼고 결국 유서를 쓰게 된다.

S13. 추위와 무리한 행군으로 의식이 사라져갈 무렵 칼갈이 노인의 도움을 받고, 노인의 지나온 행적을 듣는다.

S14. 대진의 바다에 도착한 나는 절망이 존재의 끝이 아니라 진정한 출발이라는 생각을 하고 바위에 기대 운다.

S15. 그 바다에서 오랜 망집을 벗어던지겠다는 칼갈이 노인을 다시 만나고 나 또한 약병과 유서를 바다에 던진다.

S16. 활짝 개인 늦겨울 오후, 중앙선 상행 열차를 탄 나는 화려하게 필 봄을 예감한다.

이 작품의 제목에 제시된 겨울은 주인공이 절망 상태에 놓인 시간을 상징하고 있다. 인간과 세계에 대한 환멸 때문에 '치사량의 화공약품과 유서'를 휴대하고 동해 바다를 향한 여행을 나서게 되지만 얻게 되는 것은 또한 세계에 대한 환멸 뿐이다. 강원도 광산의 막장에서 사람이 죽는 것을 목격하거나 어느 소읍의 술집에서 지루한 방우 생활을 하면서 세상의 부조리함을 '나'는 다시 한번 깨닫는다. 바다를 향한 방황의 길에서 야당의 당원, 도시의 여공, 폐병쟁이 지식인을 만나는 것 또한 삶과 세계에 대한 환멸을 강화시켜 줄 뿐이다. 그러나 끝없는 환멸과 탐색의 여정 중, '나'는 절망의 진정한 의미를 깨닫는다. 그것은 Y읍에서 만난 친척 누나, 대진의 바다로 가면서 만난 칼갈이 노인 때문에 가능하게 된 것이다. 절망적인 삶을 지탱하면서 견뎌가는 두 사람으로 인해 작품의 결말 부분에서 '나'는 "절망은 존재의 끝이 아니라 그 진정한 출발이다."는 인식에 도달함으로써 세계에 대한 환멸로부터 벗어나게 된다. 이와 같은 환멸로부터의 탈출이 성숙에의 징후이며, 새로운 성숙한 삶의 희망에 대한 가늠자로 기능하게 되는 것이다.

한국 현대 성장소설에서 성장 주체들의 각성의 계기는 그들에게 처음 비쳐진 세계에 대한 환멸로부터 출발한다. 충격적인 세계를 받아들일 준비가 되어 있지 않는 이들에게 세계란 충격적인 환멸로만 인식될 뿐이다. 이러한 세계에 대한 환멸과 그것의 극복 과정을 보여주는 성장소설이 바로 윤흥길의 「장마」, 김원일의 「노을」, 이문열의 「그해 겨울」이다. 「장마」와 「그해 겨울」의 성장 주체들은 '장마'와 '겨울'이라는 자연 현상이 함의하는 바와 같이 자신이 살고 있는 세계를 빨리 벗어나야 할 지루하고 고통스러운 환멸의 공간으로 인식하고 있다. 또한 「노을」에서는 이념 갈등으로 인해 죽임과 죽음이 밤낮으로 반복되는 대립의 공간에서 성장 주체가 환멸의 시간을 겪어내고 있다. 이처럼 한국 현대 성장소설은 환멸의 시공간으로 이루어진 현실 세계에 대한 인식과 그것의 극복의 과정을 통해서 성장 주체들이 성숙해 가는 양상을 제시하고 있다.

학습 활동

김승옥의 작품 「건(乾)」은 혼돈스럽고 비윤리적인 세계를 처음 경험한 소년이 겪는 좌절과 정신적 손상을 그리고 있다. 세계에 대해 무지하고 순진하던 주인공은 빨치산의 죽음을 목격하고 난 뒤 윤희 누나를 헤치려는 형들의 음모에 가담함으로써 모순된 성장의 인식에 도달한다. 세계에 대해 무지하고 순진하던 주인공이 처음 접하게 되는 세계에서 겪게 되는 충격적인 체험 때문에 세계에 대하여 올바로 인식하게 되는 과정은 미숙에서 성숙으로의 성장소설의 서사 진행 과정과 일치한다.

1. 이 작품에서 윤희 누나는 "기막히게 심이 굵은 4B 도화연필을 내게" 주고, 전쟁 이전 "지하실의 백회벽에 크레용으로 그림을 그리는" "가슴 뛰는 놀이"를 한 "내 왕궁"처럼 '나'의 유년 세계와 결부되어 있다. 윤희 누나는 '나'가 사랑했던 미적 세계를 상징한다. '나'가 이런 윤희 누나와 결별하는 계기가 되는 사건은 무엇인가.

2. 주인공 '나'는 빨치산의 습격으로 파괴된 시가지와 빨치산의 시체를 목격한다. 이러한 체험으로 '나'는 순진의 세계를 상실한다. 세계의 속악함과 죽음의 의미 없음을 인식하게 된 '나'는 순수와 모성성을 대신해 주던 윤희 누나를 헤치려고 공모하는 형들에게 협조하고 만다. 이 작품의 주인공과 같이 내가 겪은 최초의 악을 떠올려 보자.

3. 친구들과 무전여행을 계획했던 형은 "청년의 꿈은 어디든지 여행할 수 있는 거다. 그렇지만 너 같은 빼빼는 아무리 자라도 이런 일을 못한다. 저 방에 가서 염소 그림이나 그리고 엎드려 있어. 어서 가." 하면서 '나'를 몰아낸다. 그럼에도 불구하고 '나'가 자신이 사랑했던 윤희 누나를 헤치려는 형들에게 협조하는 이유는 무엇인가.

4. 형과 친구들이 윤희 누나를 헤치려고 공모하는 부분에서 윤리적 세계관의 파멸을 목격할 수 있다. '나'는 옳고 그름을 분간하지 못하는 도덕적 가치 혼돈을 일으켜 형들에게 협조하는 위악적 행위를 함으로써 모순된 성장 인식에 도달한다. 내가 최초로 겪은 좌절과 정신적 손상은 나의 삶에 어떤 영향을 끼쳤으며 어떻게 극복되었는가.

● **더 읽을거리**

김훈, 「화장」

전상국, 「우상의 눈물」

염상섭, 「임종」

박상륭, 『죽음의 한 연구』

제6장

문학과 폭력

세계의 폭력성과 폭력의 구조

문학을 통해 사회 역사적 문제를 논할 수 있는가 하는 문제와 그것의 치유의 가치는 아무리 강조해도 부족하지 않다. 우리는 역사와 사회가 일상에서 멀리 떨어져 있는 대상이 아니라는 걸 직시할 수 있어야 한다. 문학작품에서 다루는 공동체, 분쟁, 역사와 관련된 모든 것들은 정치적인 것이며 문학은 그것의 폭력성을 제시하고 치유하는 역할을 한다.

랑시에르는 문학의 정치는 문학이 시간들과 공간들, 말과 소음, 가시적인 것과 비가시적인 것 등의 구획 안에 문학으로서 개입하는 것을 의미한다고 말했다. 문학작품 속에서 역사 폭력의 상흔을 찾아내는 과정과 그것의 치유와 화해로 나아가는 과정은 그 의미를 파악하고 보여주는 좋은 길이 되어준다.

지젝의 폭력 이론은 구조적 폭력에 유의한다. 그가 말하는 구조적 폭력은 눈에 보이지 않지만 폭력을 이해하려고 할 때 반드시 고려해야만 하는 폭력의 일종이다. 구조적 폭력에 대한 고려가 없을 때 폭력에 대한 성찰은 단지 비이성적 폭발로써 가시적으로 드러난 표면적인 현상에만 머물고 마는 우를 범할 수 있다.

지젝은 언어가 응축을 기본으로 하고 특정한 상징적 영역을 만들어 내어 부여하는 것이라는 점에서 언어를 폭력으로 보고 있다. 어떤 사물을 언어로 상징화하는 것은 그 사물을 억압하는 것으로, 상징화하는 과정 자체에 폭력적인 면이 있다는 것이다. 지젝이 말하는 언어를 통해 구현되는 상징적 폭력이란 습관적인 언어 사용을 통해 재생산되는 사회적 지배관계나 선동적인 언어 속에서 나타난다. 뿐만 아니라 보다 근원적인 형태의 폭력이 언어 자체에 들어 있다. 언어는 그것이 가리키는 사물을 단순화하고 사물을 단일한 하나의 속성으로 환원해버린다.[4]

지젝의 이러한 논의는 한승원의 소설에서 집단 내에서의 약자에 대한 언어폭력 즉 낙인찍기, 이름 짓기, 이미지 만들기 등을 통해 확인할 수 있다. 낙인찍기 혹은 특정인을 비인간화하는 것은 주로 언어를 통해 전달된다. 언어는 물리적 폭력을 정당화할 뿐 아니라 정신적 파괴를 유도하는 힘이 될 수도 있다. 집단은 자신들이 가한 폭력을 은폐 혹은 정당화하기 위한 수단으로 폭력적 언어를 만들어 약자들을 고립시키거나 추방시켜 죽음에 이르게 하는 등의 폭력을 행사하고 있다.

---

4 지젝, 위의 책, p.100.

1. 역사에 의한 폭력과 계급 문제의 성찰

한승원은 소설을 통해 다양한 폭력의 양상과 의미를 제시하고 극복 의지를 드러낸다. 한승원은 고통스러운 폭력의 상황을 신화적(초월적, 샤머니즘적) 측면으로 해석하여 이를 승화시키는 모습을 그려낸다.

한승원의 작품에서 폭력은 초기에서 후기에 이르기까지 일관되게 나타난다. 그의 작품에 드러나는 폭력은 표면상으로 개인 간의 충돌로 인해 빚어지는 개별적 폭력의 형태를 띠고 있지만, 사실은 참혹한 역사적 사건을 근원으로 한 구조적 폭력이라는 심층적 의미를 띠고 있다. 이는 단편 「어머니」, 연작 단편 「석유등잔불」, 「안개 바다」, 「꽃과 어둠」에 잘 드러나 있다.

한승원의 작품들은 남도 갯가를 배경으로 식민지로부터 1970년대를 아우르고 있다. 즉 식민지 시기와 한국전쟁, 산업화 시기의 역사를 다룬다. 한승원은 그 속에서 당대 현실의 폭력성과 그에 휘둘리는 민중들의 삶을 포착하여 형상화시키고 있다. 1970년대는 독재정권 하에서 민족주의적 국가주의가 강력하게 표방되던 시기였다. 당시 지배계급에 의해 한국 사회에 팽배했던 주요 지배이데올로기는 대체로 반공주의, 성장주의, 권위주의라는 세 개의 이념적 요소들이었다. 이 세 지배이데올로기는 체제 유지를 위한 조직적인 사고 체제로서 일정한 눈가림이나 왜곡, 은폐를 전제로 했고 전폭적으로 지배자들의 권력 행사에 복무했다는 점에서 성격상 폭력적일 수밖에 없었다.

지젝의 폭력 이론은 구조적 폭력에 유의한다. 그가 말하는 구조적인 폭력은 인지되지 않고 비가시적이라는 점에서 폭력적이다. 또한 가시적으로 드러났을 때조차 폭력으로 인식되지 못한다는 점에서 한층 위험하다. 결과적으로 지젝은 폭력을 성찰함에 있어 폭력이 어떠한 배경과 근원 속에서

발생하는지 따져보는 일이 중요하다고 말한다.[5]

한승원의 소설에서는 희생자가 중요하게 부각된다. 그의 소설에서 끊임없이 변주되는 폭력적 상황들은 역사에 의한 폭력과 관련하여 나타난다. 즉 소설 대부분은 전쟁과 분단, 계급·이념 갈등과 같은 역사적 사건들 속에서 빚어지는 참화들을 담고 있다. 소설에 등장하는 인물들은 역사적 사건에 의하여 서로가 서로를 죽이는 극단적 폭력을 행하고 있다. 이때 등장인물들은 대부분 역사적 사건에 의한 피해자들이다.

한승원의 소설은 특정한 지배집단이 전면에 등장하지 않는 가운데 희생자가 규정된다. 보다 높은 지위와 특권을 소유한 우세한 지배 집단이 부재한 상황에서 구성되는 것이다. 이때 희생자 집단은 그 집단 내에서 특히 더 약자인 또 다른 희생자를 생성한다.

전쟁은 무질서하고 '공통의' 권력 혹은 권위가 부재하는 것처럼 보이지만 그것을 일으킨 주체는 존재한다. 즉 전쟁의 상황에서 그러한 주체는 부재하는 것이 아니라 부재하는 것처럼 보일 뿐이다. 소설에 등장하는 인물들은 전쟁을 일으킨 주체를 인지하지 못한다. 폭력이 누구에 의해 자행되는 것인지, 폭력 주체에 대해서는 대체로 인지하지 못한 채 피해를 입은 당사자들끼리 서로 반목을 거듭한다. 이는 달리 말하면 지배집단이 등장하지 않은 상황 속에서 희생자집단 내에 또 다른 희생자가 생성됨을 의미한다. 설령 폭력의 주체를 인지하는 인물이 있다 해도 침묵함으로써 방관하거나 동조한다. 한승원 소설은 식민지 시기에서 산업화 과정에 이르기까지의 역사적 사건들 속에서 이념과 계급 갈등 등의 문제를 수반한 폭력적인 사건들을 다룬다. 이 과정에서 인물들은 가해자와 피해자가 바뀌기도 하면서

5 지젝, 이현우 외 옮김, 『폭력이란 무엇인가』, 난장이, 2002, pp.24-25.

폭력에 방관하거나 동조한다. 이는 대체적으로 인물들이 약자들로서 어떤 판단을 하기보다는 그저 현실에 적응하며 살아가기 때문이다. 그들은 부당한 현실에 적응하고 타협하는 무지한 민중들이다.

한승원 소설에서 남성들 간의 폭력은 이념과 계급 갈등에서 비롯되어 서로 간에 죽고 죽이는 형태로 나타난다. 한승원의 「한」의 연작 중 「어머니」는 계급 간의 갈등으로 인한 폭력을 다루고 있다. 이 작품은 「홀엄씨」, 「우산도」와 더불어 모계 2대의 한을 다룬 연작으로, 한의 극복과 생명력의 측면에서 주목받아 왔다. 또한 한승원을 한의 작가로 자리매김하는 데 발판이 된 작품이다. 이들 작품에서 남성들의 폭력은 소작쟁의, 좌우 이데올로기 대립, 노동쟁의와 같은 역사적 사건에 의해서 발생한다.

「어머니」에서 남편은 지주의 횡포에 의해 죽고, 막내아들은 마름의 패악질에 맞서 싸운 후 야반도주한다. 남편은 참봉네 아들 최 주사와 막역한 사이이다. 최 주사는 직위가 면서기에 불과하지만 면사무소 안에서 일본 면장의 신임을 가장 두터이 받는 탓에 떵떵거리며 산다. 사건은 최 주사가 면사무소에서 퇴근하고 돌아오는 시간, 농로에서 남편과 마주치면서 발생한다.

> 세상에 이렇게 억울할 수가 있느냐고, 이 나락을 한번 보라고, 이래 가지고 어떻게 석 섬 반 나락을 훑어낼 수 있기나 하겠느냐고, 수확을 두 섬 반이나 석 섬으로만 매기면 살 것 같으니 그렇게 좀 마름한테 말해달라고, 금년에는 자기가 농사를 잘못 지어 이런 것일지도 모르니 너그러이 보아 명년에 한 번 더 부지런히 지을 기회를 달라고, 매긴 것이 너무 과하다고 따지는 것을 고깝게 여겨 숫제 이 논을 돌쇠네로 넘겨주겠다고 으름장을 놓는 것은 너무 하는 일이 아니냐고, 최 주사의 소매를 잡고 울면서 하소연을 한 것이었는데 그게 바

> 로 화근이었다.
>
> —「어머니」

남편은 지주 아들이자 친구인 최주사에게 마름의 횡포에 대해 하소연하며, 부당하게 매긴 소작료를 철회해 줄 것을 요청한다. 또한 소작권을 돌쇠네로 넘기겠다고 한 것에 대해 항변하며 매달린다. 이 과정에서 남편은 나락짐을 짊어진 채로 최 주사와 함께 둑 아래로 굴러 떨어진다. 이때 남편이 짊어진 지게 통발이 최 주사의 다리를 짓누른다. 화가 난 최주사는 구둣발로 남편의 옆구리를 차버린다. 이것이 화근이 되어 남편은 거동을 못한 채 누워 있다가 해를 넘겨 먹피를 쏟으며 죽는다.

> 이 무렵, 마름영감의 손가락질 하나로 아들을 징병이나 징용에 보낸 사람들이 한둘이 아닌데다, 그 자운영밭을 얼씬거리다가 마름네 머슴들한테 머리채를 잡힌 아낙네가 또한 셀 수 없이 많았으며, 마름이나 참봉집에 색깔이를 얻으러 갔다가, 이때껏 가져다 먹은 것만 갚자 해도 이해 묵갈림 농사지은 것을 모두 떨어 바쳐야 할 판이 이미 되어 있었기 때문에, 한 마디로 싹 거절을 당하고 나온 대부분의 마을 사람들은 싯누렇게 뜬 얼굴을 한 채「불이야」하고 외치는 듯한 큰아들 알현의 부르짖음에 따라 골목을 나서고 있었다. 마을 사람들이 허옇게 뒤따르는 것을 안 알현은 곧장 마름집의 대문을 걷어차고 안으로 들어가면서 (중략) (알현은) 그들이 휘둘러 엎어버리는 대로 나가 거꾸러질 수밖에 없었는데, 그걸 본 막동이가 달려들어 그 머슴들을 하나씩 둘러엎고 후려쳐버렸다.
>
> —「어머니」

제시문은 마름영감의 패악질에 큰아들과 막내아들이 맞서 싸우는 것을 그리고 있다. 남편이 죽은 이후 어머니는 마름영감의 밭에서 자운영을 캐다가 머슴에게서 바구니를 짓밟히는 봉변을 당한다. 큰아들과 막내아들은 어머니의 울분을 보고 분노하여 그 집으로 달려간다. 마름영감은 손가락질 하나로 마을 젊은이들을 징병이나 징용에 보내는 등의 횡포를 저지른다. 그의 머슴들 또한 자운영밭을 얼씬거리는 아낙들의 머리채를 잡고 흔드는 등의 패악을 일삼는다. 큰아들과 막내아들은 그들의 횡포에 맞선다. 평소 친일파인 마름영감에게서 피해를 입었음에도 후환을 두려워하여 쉬쉬하던 마을 사람들이 합류한다. 결국 막내아들이 주동이 되어 마름영감의 자운영밭을 짓뭉개버린다. 이들은 마름집으로 몰려가 곳간문을 열어젖히고 쌓여 있는 곡식을 퍼내가기에 이른다. 이 일을 계기로 막내아들은 순사들의 눈을 피해 야반도주한다.

한승원의 소설에서 벌어지는 폭력의 문제는 실제 역사적 상황에 대한 반영이다. 이 작품에서 남성들의 폭력은 소작쟁의에서 비롯된 계급적 갈등에 기반하고 있다. 남편은 지주의 횡포로 죽고 막내아들은 마름의 패악질로 마을을 떠날 수밖에 없었다. 결국 남성들은 계급적 갈등에 의해 서로 간에 폭력을 휘두른다. 식민지 시기 생존의 논리에 따른 지배 욕망과 이에 대한 거부로 서로 충돌하는 것이다. 한승원은 이 작품에서 계급 간의 갈등에서 촉발된 폭력에 의해 망가지는 민중들의 삶을 그리고 있다.

계급과 이념 갈등에서 빚는 폭력은 한승원의 성장소설인 연작 「석유등잔불」, 「안개바다」, 「꽃과 어둠」에서도 드러난다. 여순사건부터 6·25전쟁에 이르기까지의 역사적 배경을 바탕으로 한 이 소설은 일인칭 소년 화자의 시점으로 좌우 이데올로기 대립과 계급 간의 갈등 대립을 다루고 있다.

주인공 식은 형과 아버지를 대신하여 교통호 파기와 토치카 쌓기 울력에 동원된다. 이 과정에서 식은 두 가지 형태의 폭력에 노출된다. 아버지의 부르주아라는 계급적 지위로 인해 당하는 따돌림과 어느 쪽에도 편승하지 못하는 이념으로 인해 좌우의 양간에서 당하는 따돌림이 그것이다. 내부 공동체에 의해 따돌림을 받는 식은 희생자의 위치에서 설명될 수 있는 인물이다. 식은 친구들과 같은 학년임에도 서너 살 어릴 뿐만 아니라 경제적으로 부유하다는 이유로 미움을 받는다. 농사를 많이 짓는 식이네는 마을 사람들로부터 시기를 받으며, 거기다 구장과 총대를 지낸 아버지의 이력으로 인해 친일파 낙인이 찍힌다. 근원적인 자아 정체성의 형성에는 타인의 인정이 필요하며 그 인정이 좌절될 때 인물의 정체성 형성은 타격을 입는다. 찰스 테일러는 사회 속에서 사람들과 함께 살아갈 때의 바람직한 두 가지 모습을 제시한다. 사회적인 차원에서 결정적인 원리는 공정성이다. 이는 각자의 정체성과 관련하여 서로 간의 차이를 인정하면서 각자가 자기 정체성을 계발할 수 있는 균등한 기회를 요구하는 것이다. 다음으로 사적인 차원에서는 사랑의 관계가 정체성을 구현해 내는 결정적인 원리이다.[6] 주인공 식의 혼란은 집단에서 배제됨에 따른 두려움에서 비롯되며, 이는 그에게 폭력으로 작용한다.

아버지의 계급적 지위로 인한 따돌림은 다음의 제시문에서 보인다.

> "'죄가 따로 있다우'라니? 아니, 이놈, 너도 나를 친일파나 쁘르좌지라고 생각하고 있는 모양이다잉? 화아! 요 자식 보소이? 내가 언제 친일을 했다냐? 농사 열 마지기 짓고 산께 쁘르좌지라냐? 일제 때 구장하고 총대 했은께 친일파냐? 물론, 이때까지 머슴을 데리고 살기

---

6 찰스 테일러, 송영배 역, 『불안한 현대사회』, 이학사, 2001, pp.69-70.

는 살어왔다. 그러나 그것은 어디까지나 총대하고 구장하느라 그랬어야. 그래도 나는 머슴한테 새경 한 가마니 띠어묵은 일 없다. 우리 집에서 머슴 살고 나간 사람들 보고 다 물어봐라. 나는 노동자 농민들 피 빨아묵은 일 없다.”

곰방대에 써레기담배를 쑤셔 다지는 아버지의 손이 하늘하늘 떨렸다.

“이놈아, 정신 차려라. 세상 뒤집혔다고 너무 날뛰지 말아라. 내사 반동자로 몰려서 죽거나 말거나 상관 말고 싸게 올라가기나 해라. 가서 끽소리 하지 말고 자빠져 있어.”

—「안개바다」

마을 사람들이 좌·우익으로 나뉘어 좌익이 득세하는 가운데 아버지는 어느 쪽에도 끼지 못하고 숨어 지낸다. 좌익에서 보안서 부서장을 맡고 있는 매형은 적당한 때를 봐서 자수할 수 있도록 할 것이니 잘 숨어 지낼 것을 권유하며 보안서로 쌀 한 말을 보낼 것을 요구한다. 아버지는 발끈하며 마을 사람들이 자신을 ‘쁘르좌지’라고 구설수에 올리고 있는 것에 대해 항변한다.

아버지가 일제 때 구장과 총대를 지낸 이력은 공금을 긁어먹고 부자가 된 것이라는 마을 사람들의 불신으로 이어진다. 이는 결국 아버지가 쁘르좌지 계급과 친일파로 규정되는 빌미가 되며 그것은 식의 따돌림으로 연결된다. 쁘르좌지라는 계급적 지위로 인한 따돌림은 마을 사람들 사이의 이념 대립에서 아버지가 어느 쪽에도 편승하지 못한 것에서 비롯된다. 좌우익 양간에서 따돌림을 당함으로써 식의 고통은 더욱 심화된다. 특히 ‘반동자’라는 말에 식은 정신적 혼란을 겪고 있으며 이는 불안과 두려움으로 이어진다.

> 언젠가 삼수가 “우리 동네는 반동자가 꼭 한 집 있닥 하더라.” 하고 말한 적이 있었다. (중략) “이펜도 저펜도 안 드는 사람이제잉.” 하더니 어디서 누구에게 들어 안 것인지, “세상에서 제일로 무서운 악질은 반동자락 하더라. 반동자락 할 때 ‘반’이란 글자가 반쪽을 나타내는 말 아니냐? 그런께 반동자는 이펜도 저펜도 안 들고, 박쥐같이 쥐펜을 들었다가 새펜을 들었다가 하는 사람이란다. 제일로 먼저 죽여사 쓸 사람이 반동자락 하더라.” 하고 말을 했었다. (중략) 아버지는 왜 이남 편을 들려면 이남 편을 들고, 이북 편을 들려면 이북 편을 들고 할 일이지, 박쥐처럼 반동자가 되어 있는 것일까.
>
> —「석유등잔불」

마을에는 여수와 순천이 반란군의 수중에 들어가 머지않아 그들의 세상이 될 것이라는 소문이 나돈다. 식은 부모의 입장에 따라 아이들의 판세도 바뀌는 상황 속에서 반동자가 되어 있는 아버지로 인해 고통받고 있다. 삼수에 의하면 반동자는 ‘박쥐같이 쥐펜을 들었다 새펜을 들었다 하는 사람’으로 세상에서 제일 무서운 악질이다. 삼수는 제일 먼저 죽여야 할 사람으로 반동자를 지목한다. 이미 식의 아버지를 반동자로 지목하고 하는 말인 탓에 식에게는 위협적인 말로 각인될 수밖에 없다.

식은 아버지가 박쥐처럼 반동자가 되어 있는 것에 대해 고민한다. 식이 알고 있는 반동자는 인민군과 군인의 양쪽 세계에서 다 부정되기에 죽어야할 인물이다.

‘반’이란 글자가 반쪽을 나타내는 말이라는 삼수의 말은 반동이라는 말을 제대로 인식하지 못하고 있음을 보인다. 역사를 이끌어가는 주 세력을 동력이라고 할 때 그것을 무력화시키는 세력은 반동력이다. 한승원이 반동자라는 말을 듣던 6·25전쟁 당시 마을에서 동적인 세력은 공산주의자들 즉 남로당이었다. 따라서 세상을 바꾸려고 하는 이러한 동적인 세력에 대해 프롤레타리아 계급에 반대하는 부르주아 세력은 반동력의 세력이 된다. 제시문에서 식은 '이펜도 저펜도' 들지 못하는 사람이 반동자라는 삼수의 말에 따라 '이남 편도 이북 편'도 들지 못하는 아버지를 원망하고 있다. 따라서 삼수와 식은 반동을 이쪽도 저쪽도 아닌 것으로 잘못 인식하고 있는 것이다. 다른 한편으로 식의 정체성의 혼란과 분열로 해석할 수 있다. 자신의 의지와 무관하게 흘러가는 현실 앞에서 식은 어느 쪽에서나 소외감을 느낀다. 자신의 의지와 상관없는 아버지의 선택으로 인해 공동체에서 배제되는 소외 의식의 표현으로 볼 수 있다.

이 제시문 외에도 '반동자'는 이 연작에서 자주 등장하고 있다.

> 그 바닷물결소리 같은 소문이 이튿날 마을 안을 감돌았다. (중략) 구수홍 씨는 큰동네에서 남로당에 가담한 청년들을 하나씩 둘씩 꾀어 자수를 시킨 악질 반동자라고 했다. 한수와 널펜이는 또 청년들을 이끌고 학교로 가서 교장, 교감을 죽이려고 했다는 것이었다. 교장, 교감은 한수와 널펜이가 경비대에 들어가기 전에 그들을 교실 마룻장 밑에 숨겨주곤 한 마 선생을 밀고하고 그 마 선생의 지시에 따라 남로당 연락병 노릇을 한 6학년의 진멧몰 아이들을 모두 퇴학시켜 가지고 회령 파출소로 넘겨버린 반동자들이기 때문이라는 것이었다.
>
> —「석유등잔불」

> 반동자라는 말이 가지는 의미가 얼마나 무서운 것이며 치욕적인 것인가 하는 것을 잘 알고 있었다. 인민군이 밀려옴으로 해서 생겨날

새 세상을 반대하는 사람이 반동자라고 재욱이가 그러던 것이었다. 또, 반동자들은 일본놈들 세상에는 일본 헌병 앞잡이 노릇을 하였을 뿐만 아니라, 대한민국 세상에는 다시 위대한 영웅들을 잡아내는 순경들의 앞잡이 노릇을 한 우익분자들이기 때문에 그 놈들을 제일 먼저 죽여야 된다고 하던 것이었다. 재욱이는 어디서 누구한테 그런 말을 들어서 그에게 전하는 것인지 몰랐지만, 그는 자기도 모르는 사이에 정말 그래야 할 것이라고 맞장구를 쳤던 것이었다.

—「안개바다」

'반동자'가 어느 편에서 바라보느냐에 따라 그 의미가 다르게 해석되고 있음을 알 수 있다. 앞서의 제시문에서 영철과 삼수, 위 제시문들에서의 마을에 퍼져 있는 소문들에서 반동자는 각기 다르게 사용되고 있다. 영철이의 말에 따르면 반동자는 '이편도 저편도 안 들고 박쥐같이 쥐편을 들었다가 새편을 들었다가 하는 사람'이다. 마을에 퍼져 있는 소문에 따르면 남로당에 가입한 청년들을 자수시킨 구수홍 씨와 마 선생을 밀고한 학교의 교장, 교감이 악질 반동자이다. 또 재욱이가 말하는 반동자는 인민군 하에서의 새 세상을 반대하는 사람들, 대한민국 세상에는 일본 헌병 앞잡이 노릇을 하다가 다시 순경들의 앞잡이 노릇을 하는 우익분자들이다. 또 창길이는 식의 아버지뿐만 아니라 뒤이어 어협총대나 이장을 한 사람들이 모두 부자였으므로 반동자라고 말한다.

반동자라는 말은 여순사건 발발 직후, 인민군 치하의 상황, 경찰 치하의 상황에 따라 그 의미가 변한다. 이런 상황에서 식은 혼란이 가중된다. 식의 집에는 아버지와 매형이 이념을 달리하고 있는 탓에 어떤 상황에서든지 반동자라는 말에서 자유로울 수 없고 따돌림을 피할 수 없기 때문이다.

이와 같이 이 작품에는 한승원의 6·25 전쟁 당시의 체험이 형상화되어 있다. 역사적 사건 속에서 어른들의 계급과 이념의 갈등·대립은 주인공 식에게 폭력으로 인식되고 있다. 이는 다수에 의한 집단적 형태의 폭력으로 설명할 수 있다. 작품 속에서 삼수와 같은 아이들 집단은 '반동'에 반하는 지배집단으로서 특권을 소유한 집단이며, 식은 '반동자' 자식으로서 그에 종속된 희생자이다. 식은 삼수와 아이들 집단에서 수용되지 못하고 배제당함으로써 폭력에 노출되어 있다.

2. 중층적 폭력 구조와 원한적 폭력의 희생자

한승원 소설에서 폭력은 일방적으로 저지르는 물리적 폭력의 차원을 넘어서 어떤 대상을 희생양으로 삼아 권력을 유지하는 것으로 드러난다. 희생양에 있어서는 주체가 가해자도 될 수 있고 피해자도 될 수 있다. 주체가 타자를 희생양으로 삼음으로써 가해자가 될 수도 있고, 다른 주체 즉 타자에 의해서 희생양이 됨으로써 폭력에 의해 희생되는 존재가 될 수도 있는 것이다.

지라르의 무고한 희생자라는 개념은 그의 희생양 이론의 핵심이다. 이는 폭력을 희생자의 관점에서 보는 것을 말한다. 그에 따르면 희생자가 당하는 희생은 그 자신의 죄에 대한 것이 아니라 사회의 필요에 의해서 발생한다. 즉 희생양에게 가해지는 폭력은 공동체의 질서를 회복하기 위한 집단적 해결책이라 할 수 있다. 그 결과 희생양은 공동체 내부에서 생성되는 폭력을 외부로 돌리는 일종의 대체 폭력의 기능을 한다. 공동체는 무슨 대가를 치르고서라도 보호하고 유지해야 하는 자신의 구성원을 해칠지도 모르는 폭력의 방향을 돌려서 비교적 그 사회와 무관한, 즉 희생할 만한 희생물에게로 향하게 만든다.

한승원의 소설에서 희생양적인 존재로는 민중, 여성, 동물 등이 있다. 한승원은 폭력을 가하는 대상과 폭력을 당하는 대상, 희생양을 구분한다. 폭력을 가하는 대상이 자연, 남성, 문명, 역사와 같은 것이라면, 당하는 대상은 여성, 민중 등이다. 특히 희생양이 된 대상들은 집단이 자행하는 폭력에 속수무책으로 노출되어 있다.

이들은 역사적 사건에 의한 폭력과 집단에 의한 폭력이라는 중층적 폭력에 노출된다. 집단적 폭력에서 특히 주목되는 것은 언어에 의한 폭력이다. 역사적 사건 속에서 남성들은 자신들이 행한 폭력을 정당화하고, 살육에 대한 망각을 시도하는 과정에서 소문을 퍼뜨린다. 이는 대상들을 공동체에서 축출시킨다는 점에서 폭력을 재생산하는 것으로 볼 수 있다. 권력을 장악한 다수자로서의 집단은 무고한 자들을 희생양으로 삼아 그들을 배제하고 억압함으로써 고통을 가한다. 한승원 소설에서 폭력은 희생자 집단이 또 다른 희생자들을 형성, 서로에게 폭력을 가한다는 점에서 중층적 폭력 구조를 띤다. 이러한 구조 속에서 희생자들은 서로 원한 관계로 얽혀 또 다른 원한적 폭력의 희생자를 생성한다.

한승원의 작품들 속에서 등장인물들은 역사적 사건에 의해 대부분 서로 뒤얽히면서 복잡한 양상을 띠며, 연쇄적인 과정을 거쳐 무서운 결과를 낳는다. 가장 전형적인 경우가 계급·이념의 상충관계에 의해 상대의 여자를 정복하고, 그 대상도 복수하는 것이다. 작품 「울려고 내가 왔던가」에서 장또바우는 화자 '나'의 아버지 때문에 징용에 끌려갔을 뿐만 아니라 돌아왔을 때, 자신의 아내가 '나'의 아버지의 아이를 밴 것을 알자 임신 중인 아내를 걷어차 죽게 한다. 원수를 갚기 위해 남로당에 입당하고 여순사건을 거쳐 인공치하에 세포위원장이 된 그는 '나'의 어머니를 꼬여내어 정복하는데 그녀는 딸을 낳고 죽는다. 다음 세대인 '나'는 복수하기 위해 장또바우를 찾는다. 이와 같이 역사적 사건으로 인해 촉발된 개인적 원한 관계는 원수 갚기에 의해 끊임없이 폭력을 재생산시킨다. 역사적 사건을 배경으로 원한에 의해 집단에 의한 폭력과 언어에 의한 폭력이 드러나 있는 작품은 「폐촌」이다. 이 작품은 리얼리즘을 전면에 내세우기보다는 설화를 차용한 작품으로 미륵례와 밴강쉬가 등장한다. 일제강점기로부터 시작하여 1970년대에 걸친 역사적 사건이 진행되며, 이념 갈등은 물론 계급 갈등을 수반한 살육의 사건들이 등장한다. 그 속에서 광기에 휩싸여 있는 미륵례 집안과 밴강쉬 집안 그리고 하룻머릿골 사람들의 원한적 폭력이 드러난다.

미륵례 아버지인 비바우영감은 마을에서 유일하게 저인망 어선을 소유한 유지였다. 그는 높은 이자를 받고 돈을 빌려주는 고리대금업을 겸하고 있었다. 비바우영감은 빌려준 돈을 미끼로 마을 사람들의 집이나 배를 뺏는 폭행을 일삼았다. 밴강쉬의 아버지도 비바우영감으로부터 횡포를 당한 사람 중의 하나였다. 비바우영감을 죽이는 일에 가장 앞장 선 사람은 밴강쉬의 형이었다. 그는 경찰이 된 비바우영감의 두 아들의 보복이 두려워 마을을 떠났다. 밴강쉬의 형은 여순사건에서 유격대가 되어 나타난다. 그는 비바우영감의 아내인 미륵례의 어머니와 언니를 살해한 뒤 산으로 떠난다. 얼마 지나지 않아 그는 토벌군에 의해 죽음을 당해 산에서 시신으로 발견된다. 그 후 6·25전쟁이 일어나고 이번에는 밴강쉬의 아버지가 붉은 완장을 차고 나타난다. 밴강쉬는 경찰이자 지주의 아들인 미륵례의 두 오빠를 걱정하며 자수를 권유하지만 결국 그들은 죽고 만다. '수복'이 되어 밴강쉬의 아버지와 이 일에 가담했던 청년들이 몰살당하고 마을은 폐촌이 된다.

역사적 사건이 진행되면서 남성들의 폭력은 그 가해자와 피해자가 끊임없이 뒤바뀐다. 이는 그들이 피해의식을 안고 현실에 적응해 나가는 '약자'들이기 때문이다. 이들은 역사를 끌어가는 주체가 아닌 부당한 현실에 적응하거나 타협하는 수동적인 민중들이다. 이 작품에서 역사적 사건들은 매우 구체적인 역사적 이해관계·권력관계에서 발생된다. 하지만 남성들은 그 사건들을 인지하거나 판단할 수 없다. 이는 작가가 주인공들을 주체가 아닌 타자로 내세우기 때문이다. 결국 눈에 보이지 않는 폭력이 존재하나 이를 제대로 인지하지 못하고, 서로 간에 폭력을 행사함으로써 피해자가 결국에는 가해자가 돼버리는 악순환이 발생한다. 이 작품에서는 지배집단이 전면에 등장하지 않는다. 이러한 상황 속에서 희생자집단 내에 또 다른 희생자가 생성됨으로써 서로 간에 반목하는 폭력이 드러난다.

> 한데 해방이 온 게 탈이었다. 8월 16일 밤, 이때껏 돌돌 뭉쳐진 비바우영감에 대한 이 마을 사람들의 울분이 터지고 만 것이었다. 갯마을에 있는 학교의 일본 교장이 살던 관사에 불을 지른 젊은 패들이 하룻머릿골로 몰려들었다. 그들은 순식간에 당시 쉰다섯 살 난 비바우영감을 모래밭으로 끌어다가 짓밟아 파묻어 버리고, 이어 수선을 하기 위해 모래밭으로 끌어 올려둔 우다시배에 휘발유를 뿌리고 불을 질러 버렸다. 그 젊은 패들 속에서 가장 정신없이 날뛴 것이 다른 사람 아닌 밴강쉬의 형이었던 것이다. 아버지를 닮아 기골이 장대한 형이 불붙은 우다시배 주위를 빙글빙글 돌면서 "잇샤! 잇샤!" 하고 선창하자, 청년들이 그 뒤를 따르며 "잇샤! 잇샤!"를 후창했다.
>
> —「폐촌」

하룻머릿골의 권력자이자 친일파였던 미륵레 아버지는 밴강쉬 아버지를 비롯하여 마을 사람들을 가혹하게 착취한다. 제시문은 미륵례 아버지가 해방이 되면서 마을 청년들에게서 살해당하는 내용을 다루고 있다. 비바우영감으로부터 횡포를 당한 마을 사람들의 집단적 대응을 보여주고 있다. 이 일을 앞장서 주도하는 사람은 밴강쉬의 형이다. 마을 사람들이 돌돌 뭉쳐 울분을 터뜨리는 행위를 보여줌으로써 친일파로서의 비바우영감이 얼마나 권력을 휘둘렀는지 짐작할 수 있게 한다. 그는 일제 강점기 말기에 징용 징병을 피하기 위해 은신해 있는 젊은이들을 순사들에게 손가락질해 주어 주재소의 신임을 독차지한다. 그가 마을에서 저지른 전횡이 어떠했는가는 마을 사람들의 대응에서 드러난다. 마을 사람들은 비바우영감을 짓밟아 파묻고 그의 우다시배에 불을 지른다. 남성들은 이후 여순사건, 6·25전쟁 등과 같은 역사적 사건이 진행되는 동안 끊임없이 반목하며 폭력을 휘두른다.

> 그 이듬 해 가을의 어느 날 저녁, 이 하룻머릿골에 느닷없는 총성이 울리면서 어디서부터 몰려왔는지 젊은이들 한 떼가 군복을 입은 사람 하나를 옹위한 채, 기침고개를 넘어서 "잇샤! 잇샤!" 하며 넓바위 옆 모래밭으로 달려왔다. 경비대에 들어간 밴강쉬의 형이 돌아온 것이다. (중략) 자기를 살인협의자로 끌어가려고 회령 파출소 직원들을 뒷전에서 충동질했었음에 틀림없을 비바우영감의 두 아들에 대하여 사무친 원한이 끓고 있었던 것이다. 그는 결국, "언제 어떻게 죽어질지도 모르는 놈의 세상, 될 대로 되거라." 하며, 비바우영감네 집으로 달려가기가 무섭게 실성한 채 악을 써대는 그 영감의 아내에게 총알을 먹였다. 이어 미륵례의 언니인 야실이의 가슴에도 총알을 쑤셔넣었다.
>
> —「폐촌」

밴강쉬의 형은 여순사건이 일어나자 반란군의 일원으로 마을로 돌아와 미륵례 어머니와 언니를 살해한다. 비바우영감을 죽이는 일에 앞장섰던 밴강쉬의 형은 그의 두 아들이 순경이 되어 마을에 왔을 때 경비대에 지원, 도피했었다. 밴강쉬의 형은 비바우영감의 두 아들이 자신을 살인 혐의자로 끌어가려 한다고 추측한다. 그는 원한이 끓고 있는 상황에서 비바우영감의 아내와 미륵례의 언니에게 총을 겨눈다.

이와 같이 미륵례 가족을 비롯하여 밴강쉬 가족, 마을 사람들은 해방, 여순사건, 6·25전쟁 등 역사적 사건이 일어날 때마다 서로가 서로를 죽이는 극단적 폭력을 휘두른다. 그들은 가시적으로 드러난 서로의 행위에 의해 보복의 형태로 상대에게 폭력을 가한다. 그러나 정작 그러한 폭력을 야기시킨 주체에 대해서는 인식하지 못한다. 마을 사람들을 비롯하여 밴강쉬의 아버지와 형은, 엄밀히 말해서 여순사건이나 6·25전쟁 등 역사적 사건을 일으킨 보이지 않은 폭력 주체에 의한 피해자들이다. 이렇듯 한승원의 소설에는 피해자로서의 남성들이 국가가 자행한 역사적 폭력에 노출되어 있다. 그럼에도 불구하고 그들은 이를 인지하지 못하고 서로에게 폭력을 가한다. 이로써 희생자들끼리 원한에 휩싸여 폭력을 저지르는 악순환이 되풀이되고 있는 것이다.

이들은 미륵례 아버지를 단죄한 것에 그치지 않는다. 그들은 이미 지나간 사건을 끌고 와 끊임없이 미륵례 가족을 대상으로 폭력을 가함으로써 가해자로 탈바꿈한다. 피해자와 가해자가 뒤바뀌면서 서로 살육을 되풀이하는 과정에서 희생자집단 내에서 또 다른 희생자가 생성된다.

특히 밴강쉬와 미륵례는 집단 내에서 생성된 무고한 희생자들이다. 이들이 마을에서 희생자가 된 것은 살펴본 바와 같이 역사적 사건에 의해서이다. 밴강쉬와 미륵례는 실제 가해자가 된 적이 없다. 마을 사람들이 이들을 타자화하면서 동원하는 것은 그들의 비정상적인 성(性)이다. 마을 사람들이 선정적인 언어 사용을 통해 두 사람을 비정상인으로 만들고, 그들을 고립시키거나 추방시키려 한다는 점에서 언어폭력으로 볼 수 있다. 사회적 지배관계에 의해 나타나는 선동적이고 습관적인 언어에 의한 폭력을 가하는 것이다.

지젝은 언어가 응축을 기본으로 하고 특정한 상징적 영역을 만들어내어 부여하는 것이라는 점에서 언어를 폭력으로 보고 있다. 어떤 사물을 언어로 상징화하는 것은 그 사물을 억압하는 것으로, 상징화하는 과정 자체에 폭력적인 면이 있다는 것이다. 지젝이 말하는 언어를 통해 구현되는 상징적 폭력이란 습관적인 언어 사용을 통해 재생산되는 사회적 지배관계나 선동적인 언어 속에서 나타난다. 뿐만 아니라 보다 근원적인 형태의 폭력이 언어 자체에 들어 있다. 언어는 그것이 가리키는 사물을 단순화하고 사물을 단일한 하나의 속성으로 환원해 버린다.[7]

지젝의 이러한 논의는 한승원의 소설에서 집단 내에서의 약자에 대한 언어폭력 즉 낙인찍기, 이름 짓기, 이미지 만들기 등을 통해 확인할 수 있다. 낙인찍기 혹은 특정인을 비인간화하는 것은 주로 언어를 통해 전달된다. 언어는 물리적 폭력을 정당화할 뿐 아니라 정신적 파괴를 유도하는 힘이 될 수도 있다. 집단은 자신들이 가한 폭력을 은폐 혹은 정당화하기 위한 수단으로 폭력적 언어를 만들어 약자들을 고립시키거나 추방시켜 죽음에 이르게 하는 등의 폭력을 행사하고 있다.

한승원의 소설에서 언어에 의한 폭력은 남성이 지닌 원래적 권력에 의해 자신들의 폭력을 정당화한다거나 대상을 비정상적인 상태로 규정한다

---

7 지젝, 앞의 책, p.100.

거나 하는 형태로 드러난다. 먼저 집단 내에서 생성된 무고한 희생자인 밴강쉬는 비정상적인 성욕을 지녔다는 것으로 그들에게 지목된다. 그는 미륵례에게 호감을 가졌지만 집안의 원한 관계로 인해 다가가지 못한다. 그는 육척이 넘는 거구에다 살빛이 거무튀튀하고 검은 눈썹이 귀밑에서 턱과 울대를 거쳐 가슴과 배, 다리와 발끝까지 이어져 있는 '우악스러운 괴물'이다. 밴강쉬는 미륵례와의 결혼이 좌절된 후에 세 차례 결혼했으나, 신부들이 모두 첫날밤에 그를 받아들이지 못하고 도망가는 바람에 평생 홀아비로 산다. 그는 아내들이 도망칠 정도로 체구가 크고 성욕이 강한 인물로 낙인찍힌다. 마을 사람들은 그를 경계하면서 틈만 있으면 여자들을 노리는 치한으로 몰아가다 급기야 쫓아내기에 이른다.

이러한 타자화는 밴강쉬보다 미륵례에게 더욱 가혹한 양상을 띤다. 역사의 질곡 속에서 미륵례는 마을에서 쫓겨났다 돌아온다. 이때부터 마을 사람들은 틈만 나면 그녀를 쫓아낼 궁리를 한다. 마을 사람들은 그녀에 대한 온갖 소문을 증폭시킨다.

한승원의 소설에서 폭력의 주체는 물론이고 그것을 이야기화 하여 전달하는 이들은 남성들이다. 여성 인물들이 지닌 과거는 대부분 역사적 체험과 관련되어 있어 실제 가해자인 남성뿐만 아니라 그것을 목격한 마을 남성들도 기억하고 있다. 따라서 이들은 폭력 주체로서 여성 인물들이 당한 사건을 기억하고 있으며 그 기억으로부터 자유롭지 못하다. 이들은 언어에 의한 폭력을 통해 그녀들을 비인간화시켜 고립시킴으로써 망각과 보복을 시도하는 것이다.

한승원의 소설에서 자주 등장하는 전쟁의 피해자로서 마을에서 쫓겨나 고립된 채 살아가는 여성들 중 한 사람은 미륵례이다. 그녀는 밴강쉬와 마찬가지로 마을 사람들에 의해 무고한 희생자로 전락한다.

미륵례가 이 하룻머리골에 들어서기 며칠 전부터, 가파른 기침고개 너머에 있는 큰몰 사람들 사이에는 말이 많았었다. 미륵례가 하룻머릿골로 들어오더라도 분명히 혈혈단신으로 들어오게 될 것이라는 둥, 마흔 살이 다 되기는 했지만 갓서른 살 정도로밖엔 보이지 않을 만큼 피둥피둥하고 살결이 고울 것이라는 둥, (중략) 이렇게 남정네들은 입술에 맹물같이 흐르는 침을 바르고 음탕한 눈빛들을 한 채 게걸거리곤 하였는데, 그것은 미륵례가 자기의 남편을 잡아먹었다는 사실, 말하자면 미륵례의 '드센 팔자'를 전적으로 수긍을 해버린 나머지 하는 소리들이었다. 미륵례 쪽에서 지나치게 성행위를 요구했기 때문에, 거기 응하다 못한 남편이 급기야 폐병에 걸려 죽게 되었을 것이며, 그 뒤로 미륵례는 개서방을 데리고 살고 있는 것이라는 말이었다.

—「폐촌」

여순사건과 6·25전쟁을 겪는 동안 가족 중 유일하게 살아남은 미륵례는 다른 마을로 시집갔다가 과부가 되어 20년 만에 고향으로 돌아온다. 제시문에서 보이는 것처럼 마을 사람들은 미륵례를 성적인 부분에서 '입살'에 올리고 있다. 미륵례에게 폭력을 가했던 주체는 마을 사람들과 밴강쉬의 형이다. 밴강쉬의 형은 친일파였던 미륵례 아버지로 인해 자신의 아버지가 죽음을 당한 데 앙심을 품고 미륵례의 가족들에게 총을 겨누었다. 미륵례는 당시 생명의 위협을 느껴 마을을 떠났다가 결혼에 실패하고 돌아온다. 미륵례가 마을에 들어서기도 전에 마을 남성들 사이에서는 억측이 난무한다. 그들은 언어를 통해 낙인찍기를 시도한다.

그들은 미륵례에 대한 이미지를 성(性)과 관련하여 고착화시키고 있다. 남성들은 미륵례가 피둥피둥 살결이 고울 것이라고, 음탕한 눈빛들을 한 채 게걸거린다. 그들은 또한 미륵례가 지나치게 성행위를 요구했기 때문에 남편이 폐병에 걸려 죽었을 것이라고 추측한다. 그들은 미륵례에 대해 이런 말들로 이미지화하여 소문을 냄으로써 언어를 통한 폭력을 행사한다. 이들에 의해 결국 미륵례는 개와 관계할 정도로 과도한 성욕을 지닌 여자로 전락된다. 이는 남성 중심의 사회에서 남성의 시선에 포획되어 있는 여성에 대한 인식이라 볼 수 있다. 이들은 습관적이고 선정적인 언어 사용을 통해 미륵례를 성적 과잉의 여성으로 상징화하고 고립시키는 방식으로 폭력을 가한다. 남성들은 급기야 마을에서 미륵례를 쫓아내려 한다.

이와 같이 뱬강쉬와 미륵례는 마을에서 입살에 오르내리며 추방당할 처지에 놓이게 된다. 이는 식민지 시기부터 한국 전쟁기에 이르기까지의 일련의 역사적 사건들 속에서 피해자로서 혹은 가해자로서 폭력의 중심에 있었던 남성들에 의해서이다. 이들이 뱬강쉬와 미륵례에게 가하는 언어에 의한 폭력은, 역사적 사건들 속에서 자신들이 자행했던 폭력의 사실을 은폐하고자 하는 무의식적 발로에서 비롯된 또 다른 폭력 행위로 볼 수 있다.

지라르에 의하면 스캔들은 희랍어로 '스칸달론'으로 걸림돌, 장애물이라는 어원을 가지고 있다. 그는 스캔들 구조가 매개하는 욕망에 대한 분석에서 출발해서 모방 욕망이 인간 사회 전체를 갈등과 경쟁의 관계로 만들고 전염시킨다고 보았다. 폭력의 위기로 가득 찬 사회는 희생양을 표적으로 삼아 모순의 위기를 타개하고자 한다. 이 희생메커니즘에 의해 다수의 폭력은 성스러운 것이 된다.[8]

마을 남성들은 뱬강쉬와 미륵례 두 사람의 성의 과잉 요소를 이유로 '희생양' 표지를 부여하면서 마을에서 축출한다. 그러나 근본적인 이유는

---

8 김모세, 『르네 지라르』, 살림, 2014, p.204.

이 두 인물로 상징되는 폭력과 살육에 대한 망각과 보복이다. 이들 두 인물의 이러한 상징성은 폭력으로 점철된 끔찍한 지난날들을 상징한다. 따라서 집단은 이 두 인물에게 희생양 표지를 부여하여 보복과 동시에 자신들의 과오로부터 놓여나고자 하는 것이다. 마을 사람들이 밴강쉬와 미륵례에 대해 '희생양' 표지를 부여한 것은 성적 과잉이라는 비정상성에 대한 그들이 만들어 낸 말에 의해 가능했다. 여기에 밴강쉬가 아녀자들을 겁탈한다는 소문과 미륵례가 개와 수간을 한다는 근거 없는 말들이 힘을 보탠다. 밴강쉬와 미륵례는 이러한 결점들 외에 혈혈단신으로서 보복의 위험이 전혀 없는 존재들이다. 따라서 마을의 논리로 보면 집단을 위해서 해로운 부분을 도려내서 집단의 평화와 질서를 구축한다는 점에서 밴강쉬와 미륵례는 희생양으로서 손색없는 존재들인 것이다. 마을 사람들은 서로가 서로를 욕망하는 스캔들의 구도 속에서 두 사람의 희생양을 만들어낸다.

「폐촌」에서 밴강쉬와 미륵례는 역사적 사건에서 비롯된 마을 남성들의 지난 과오를 자극하는 기폭제 역할을 한다. 이로 인해 마을 사람들은 집단적 의식의 투사물인 언어적 폭력을 통해 그들의 불안과 원한적 감정을 드러낸다. 이들의 원한적 감정은 특수한 위치에 있는 밴강쉬와 미륵례를 희생양으로 만드는 기제가 된다.

학습 활동

지젝에 의하면 구조적 폭력에 대한 고려가 없을 때 폭력에 대한 성찰은 단지 비이성적 폭발로써 가시적으로 드러난 표면적인 현상에만 머물고 마는 우를 범할 수 있다. 구조적인 폭력은 인지되지 않고 비가시적이라는 점에서 폭력적이다. 또한 가시적으로 드러났을 때조차 폭력으로 인식되지 못한다는 점에서 한층 위험하다. 결과적으로 지젝은 폭력을 성찰함에 있어 폭력이 어떠한 배경과 근원 속에서 발생하는지 따져보는 일이 중요하다고 말한다. 또한 지젝은 언어가 응축을 기본으로 하고 특정한 상징적 영역을 만들어내어 부여하는 것이라는 점에서 언어를 폭력으로 보고 있다. 언어를 통해 구현되는 상징적 폭력이란 습관적인 언어 사용을 통해 재생산되는 사회적 지배관계나 선동적인 언어 속에서 나타난다.

지젝의 이러한 논의는 한승원의 소설에서 역사적 사건에 의한 남성 인물들의 폭력으로 드러난다. 집단 내에서의 약자에 대한 언어폭력 즉 낙인찍기, 이름 짓기, 이미지 만들기 등을 통해 확인할 수 있다. 집단은 자신들이 가한 폭력을 은폐 혹은 정당화하기 위한 수단으로 폭력적 언어를 만들어 약자 들을 고립시키거나 추방시켜 죽음에 이르게 하는 등의 폭력을 행사하고 있다.

1. 「폐촌」의 등장인물들은 역사적 사건에 의한 폭력과 집단에 의한 폭력이라는 중층적 폭력에 노출되어 있다. 집단적 폭력에서 주목되는 것은 언어에 의한 폭력이다. 이 작품에 드러난 역사적 사건들을 나열하고 그러한 사건들에 등장인물들이 서로 어떻게 얽혀드는지 폭력의 양상을 정리해 보자.

2. 지라르는 폭력을 희생자의 관점에서 보고 있는데 그에 따르면 희생자가 당하는 희생은 그 자신의 죄에 대한 것이 아니라 사회의 필요에 의해서 발생한다. 즉 희생양에게 가해지는 폭력은 공동체의 질서를 회복하기 위한 집단적 해결책이라 할 수 있다. 공동체는 무슨 대가를 치르고서라도 보호하고 유지해야 하는 자신의 구성원을 해칠지도 모르는

폭력의 방향을 돌려서 비교적 그 사회와 무관한, 즉 희생할 만한 희생물에게로 향하게 만든다. 「폐촌」에서는 이와 같은 양상이 어떻게 드러나는가.

3. 「폐촌」에 등장하는 남성 인물들의 폭력은 역사적 사건이 진행되면서 가해자와 피해자가 끊임없이 뒤바뀐다. 이 작품에서 역사적 사건들은 매우 구체적인 역사적 이해관계·권력관계에서 발생하지만 남성들은 그 사건들을 인지하거나 판단하지 못한다. 따라서 서로 간에 폭력을 행사함으로써 피해자가 결국에는 가해자가 돼버리는 악순환이 발생한다. 작품에서 그것이 어떤 식으로 드러나는지 이야기해 보자. 우리들도 역사적 존재로서 이러한 구조적인 폭력에 노출되어 있는데 사례를 들어 이야기해 보자.

4. 「폐촌」에 등장하는 인물들을 통해 국가 폭력, 즉 역사에 의한 폭력이 한 개인의 삶에 어떤 영향을 미치고, 그로 인해 그들의 일상이 어떻게 파괴되는지를 살펴본 후 국가 폭력의 근절과 극복 방안에 대해 토의해 보자.

● **더 읽을거리**

박완서, 「빨갱이 바이라스」

임철우, 「붉은 방」

현기영, 「순이삼촌」

한승원, 「해변의 길손」

지젝, 이현우 외 옮김, 『폭력이란 무엇인가』

제7장

문학과 여행

환상과 현실의 경계에서의 나 찾기

소설은 내면성이 지니는 고유한 가치를 알아보려는 모험의 형식이다. 소설의 내용은 자신을 알아보기 위해 길을 나서는 영혼의 이야기이자, 모험을 통해 자신을 시험하고 또 자신을 견디어 내면서 자신의 고유한 본질을 발견하려는 영혼의 이야기이다.[9] 소설이란 장르의 내면성을 가장 잘 표현해 주는 것이 여로형 구조이다.

여행의 과정을 소재로 한 여로형(旅路型) 소설 혹은 기행소설이라 지칭되는 여로형의 구조를 가진 소설들은 대부분 여행의 과정을 통해 실존적 자아의 상황과 내면 정황을 세밀하게 그려낸다. 동시에 여로형 소설들은 전망이 부재하는 현실에 대한 환멸을 보여주고 현실과의 거리두기를 통해

9 G.루카치, 반성완 역, 『소설의 이론』, 심설당, 1985, pp.103-115.

현실을 새롭게 조망하거나 전망 없는 현실에 대한 대안을 제시하려고 한다. 결국 여행은 현실을 타자화하여 자아와 세계의 존재 의미를 반추하고, 현실에 대한 인식을 확장할 수 있는 어떤 새로운 것을 향한 욕망이며, 부정적인 현실의 내적 모순에 대한 전복으로서의 성격을 갖는다.

여행의 과정을 소설의 주요한 모티프로 구조화해온 작가는 윤후명이다. 그가 추구한 소설적 화두는 자아의 정체성, 즉 자아의 자기동일성에 대한 탐색이었다. 그 탐색 과정은 여행의 과정을 매개로 한다. 그의 작품에서 보이는 정체성 탐색의 여로는 끊임없는 현실과 환상의 넘나듦이고, 그것은 난해한 관념과 깊은 낭만성에 바탕하고 있다. 무엇보다 윤후명 소설의 심층에는 우주와 인간의 본질 그리고 그 원형의 아우라에 대한 의문을 파고드는 정신주의가 자리 잡고 있다.

1. 정체성 탐색을 위한 긴 여로

21세기를 맞이한 한국 소설은 이전의 것들에 비해 많은 변화의 양상을 보여주고 있다. 서사성의 약화야말로 최근 소설들의 두드러진 양상 중의 하나이다. 이러한 서사성의 약화는 소설의 주된 소재가 역사나 사회로부터 개인의 내면이나 일상의 삶으로 바뀌어가고 있는 것에서 비롯한다. 보다 본질적으로는 최근의 소설들이 인과적 요소를 갖춘 사건 단위의 연결이 아닌 우연적 요소로 이루어진 우화 혹은 일화의 나열로 구성되고 있기 때문이다. 이는 하나의 대상이나 사건에 대한 인식이 인과적이고 계기적이기보다는 분열적이면서 단절적인 때문이기도 하다.

이같은 양상은 특히 여행의 과정을 소재로 한 여로형(旅路型) 소설 혹은 기행소설이라 지칭되는 소설들, 양귀자의 〈숨은 꽃〉, 정찬의 〈슬픔의 노래〉, 최윤의 〈하나꼬는 없다〉, 윤대녕의 〈피아노와 백합의 사막〉, 〈천지간〉, 김인숙의 〈먼길〉, 이순원의 〈은비령〉, 신경숙의 〈그는 언제 오는가〉 등에서 보다 지배적으로 드러난다. 이러한 여로형의 구조를 가진 소설들은 대부분 여행의 과정을 통해 실존적 자아의 상황과 내면 정황을 세밀하게 그려낸다. 동시에 여로형 소설들은 전망이 부재하는 현실에 대한 환멸을 보여 주고 현실과의 거리두기를 통해 현실을 새롭게 조망하거나 전망 없는 현실에 대한 대안을 제시하려고 한다. 결국 여행은 현실을 타자화하여 자아와 세계의 존재 의미를 반추하고, 현실에 대한 인식을 확장할 수 있는 어떤 새로운 것을 향한 욕망이며, 부정적인 현실의 내적 모순에 대한 전복으로서의 성격을 갖는다.

이러한 여행의 과정을 소설의 주요한 모티프로 구조화해온 작가가 바로 윤후명이다. 그가 줄곧 추구한 소설적 화두는 자아의 정체성, 즉 자아의 자기동일성에 대한 탐색이었다. 그 탐색 과정은 여행의 과정을 매개로 한다. 그의 여로는 협궤열차가 달리는 수인선으로부터 백제의 구드레나루, 빨치산의 근거지였던 지리산과 동포들의 삶과 죽음이 겹쳐지는 연변과 백두산에까지 이르고, 한편으로는 사자가 너울너울 춤추는 돈황으로부터, 언제 시들지도 모르는 양파의 하얀 꽃이 피는 나라인 누란을 거쳐, 중앙아시아의 하얀 만년설의 설산 봉우리에까지 이른다. 이러한 정체성 탐색의 여로는 끊임없는 현실과 환상의 넘나듦이었고, 난해한 관념과 깊은 낭만성에 바탕한 것이었다. 그리고 그의 소설의 심층에는 우주와 인간의 본질, 그리고 그 원형의 아우라에 대한 의문을 파고드는 정신주의가 자리잡고 있다.

윤후명 소설의 문학적 아우라와 진정성은 대체로 몇 가지의 패턴을 보여준다. 첫 번째는 여로형 소설의 양상이 그것이다. 항상 그의 소설 속의 주인공은 길 위에 서 있다. 길이 함의하는 바가 인생이겠지만, 그러한 인생의 행로에서 무엇인가를 끝없이 찾아가는 탐색자가 언제나 그의 모든 소설에 등장한다. 두 번째는 서정적 서사의 양상이다. 그의 소설은 소설이면서 시로써 읽혀진다. 그의 문체의 아름다움 때문이기도 하지만 대상을 내면화하거나 자아화하는 창작 방식 때문에 그의 소설은 서정적 장르의 특질과 상동하다고 할 수 있다. 세 번째는 여성과의 만남을 모티프로 한 환상적 양상이다. 그의 대부분의 소설에서는 여성이 등장하고, 그러한 여성 인물들은 서사적 긴장을 유발시키는 계기점이 되거나 현실과 환상의 경계에 위치하면서 두 공간을 넘나든다.

따라서 이 글에서는 윤후명 소설을 텍스트로 하여 심층적인 서사 문법의 시학을 탐색함과 동시에, 그의 소설이 궁극적으로 지향하는 주제 의식의 구조화 과정을 명료하게 밝혀보고자 한다.

2. 주관적 낭만성에 바탕한 서정적 서사

윤후명의 소설에는 시적 상상력을 바탕으로 한 여러 유형의 이미지가 드러난다. 그러한 이미지는 기성 사회로부터 소외된 주인공의 피폐화된 삶과 은유적 등가를 이루면서 형상화된다. 그 이미지는 작가 자신의 독특한 삶의 체험으로부터 근원하는 상상력의 소산이지만, 한편으로 그것은 상상력의 보편적인 궁극성을 표현하는 원형에 가깝다. 따라서 윤후명 소설에 독특한 방식으로 창조된 이미지는 우리들 모두가 상상한 가운데 가장 이상적으로 그리는 보편적인 가치를 창조하는 것으로 규정할 수 있으며, 그것은 바슐라르적 상상력의 역설을 보여준다.

윤후명의 소설에 주로 등장하는 이미지는 나무와 새의 이미지이다. 나무 이미지는 하강을 통한 현실에의 정착의 의미로 제시된다. 한편 새는 날아오름의 이미지로 일상으로부터의 초월 혹은 일탈을 함의한다. 이처럼 정착과 초월의 이미지로서의 '나무'와 '새'의 이미지는 그의 여러 소설에서 반복 교차되면서 적층의 효과를 구현해낸다.

이러한 이미지의 효과가 극명하게 창출되는 작품이 바로 「별을 사랑하는 마음으로」이다. 이 작품에서 서술자인 '나'는 현실에 적응하지 못하는 알코올중독자로 새로운 삶을 찾고자 '폐쇄병동'에 입원한다. '나'는 오랜 세월 동안 늘 새롭게 살아야 하리라는 명제에 괴로워했으며, 새로운 삶의 계기를 만들기 위해 폐쇄병동에 떠밀리다시피 들어왔다.

새로운 삶을 꿈꾸는 '나'는 미술요법 시간에 '기러기인지 고니'인지 커다랗게 생긴, 하늘을 날아가는 새를 그리는 '그녀'를 발견한다. '그녀'는 한때 북한에 비행기를 몰고 갔었다고 주장하는 과대망상증 환자이다. '그녀'는 그림을 전공했었는데, 샤갈의 그림에서처럼 프랑스와 러시아의 하늘을 날아다니기를 꿈꾸는 여자이다.

그러던 어느 날 '나'는 그녀에게 '나무'를 그려보도록 권유한다. 그것은 어쩌면 '그녀'를 현실에 적응할 수 있게 만들려는 '나'의 무의식의 소산이며, 한편으로는 현실에 뿌리내리지 못한 스스로의 또 다른 다짐이기도 하다. 그러나 그러한 '나'의 충고가 위선이었다는 깨달음과 함께 뿌리내림만이 옳다는 고정관념에 사로잡혀서 지난 세월 쓸데없이 한탄만 하고 있었다는 또 다른 깨달음을 얻게 된다. 즉 뿌리내리지 않고 무지개처럼 하늘에 떠서 존재하는 찬연한 것도 있을 수 있음을 깨닫게 된다.

이제 자작나무는 그 전의 자작나무가 아니었다. 그것은 땅에 뿌리를

> 내리고 한곳에서 죽을 때까지 살아가는 그런 나무가 아니라 하늘에 뿌리를 드리우고 얼마든지 날아다니며 사는 나무였다.
>
> (중략)
>
> 하늘을 날아 다니는 자작나무.
>
> 나는 비로소 내가 새로운 삶으로 태어난다는 의미를 깨달을 수 있을 것 같았다. 그로부터 퇴원할 때까지 나는 새로운 자작나무를 매일 내려다보는 것이 크나큰 낙이기도 했다. 내 인생의 변혁이 바깥으로부터 주어질 리는 만무한 것이었다. 그것은 내 안으로부터 얻어지는 것이었다. 새로운 인생은 하늘로부터 뚝 떨어지는 것이 아니었다. 그것은 지금까지 있던 그대로의 모든 사물을 새로운 눈으로 보는 것에서 비롯되는 것이었다.
>
> —「별을 사랑하는 마음으로」

'나'는 새와 나무의 이미지, 초월과 정착의 이미지가 길항하면서 창조된 이미지로 인해 새로운 삶을 발견하게 된다. 과거 자신의 삶을 절망과 좌절로 몰아간 고정관념들을 깨뜨림으로써 삶의 새로운 계기를 맞이하게 된 것이다. 이는 새의 이미지로 표상되는 이상과 나무의 이미지로 표상되는 현실이 조화롭게 합일됨을 꿈꾸는 것이기도 하다.

이처럼 윤후명은 새와 나무의 이미지를 초월과 정착이라는 대립항으로써 고정시키지 않고 양자의 대립을 통합하여 이상과 현실의 합일에 이르게 하고 있다. 그것은 대립의 세계를 넘어서 통합을 지향하는 우주의 전일적 존재를 지향하는 것이며, 이로 인해 그의 소설 속의 주인공들은 새로운 삶을 탐색해낸다.

이와 같은 이미지를 사용한 소설 쓰기는 윤후명의 소설이 소설이면서 한편의 시적 구성물이 될 수 있음을 의미한다. 그래서 그의 소설은 서정적 서사라 이름할 수 있을 것이다. 이는 그의 소설의 여러 곳에서 시적인 글쓰기의 흔적들, 즉 고도의 시적 상상력과 은유, 상징, 이미지 등의 수사적 기법들을 발견할 수 있기 때문이다.

시적인 소설 쓰기의 양상은 그의 대부분의 소설이 일인칭 서술자에 의해 서술된다는 점에서 확인할 수 있다. 일인칭 소설은 작가 자신이 작품 내부에서 말을 하기 때문에 서정시의 갈래적 특성과 유사하다. 즉 서사시와 극시에서는 시인이 다른 사람들의 발화를 빌려 말하는 것과 다르게 서정시에서는 시인 자신이 말을 하기 때문이다. 따라서 일인칭 소설 쓰기만을 고집하는 윤후명의 소설은 모두 작가 자신의 목소리에 의해 발화되는 서정시에 가까운 양상, 서정소설로서의 면모를 보여 준다. 서정소설은 소설의 필연적인 한계인 허구와 실제와의 괴리를 서정시가 지니는 강력한 이미지 결합을 통해 극복함으로써 두 양식의 통합과 보완을 지향하는데, 그런 점에서 윤후명의 소설은 시적인 소설, 서정적 서사라고 할 수 있다.

이러한 서정적 서사로서의 윤후명 소설의 양상은 경험 주체와 서술 주체가 일치되는 것으로도 확인된다. 이는 작품 속의 주인공 인물과 일인칭 화자가 일치하는 것을 의미하는데, 그로 인해 그의 소설의 대부분은 '나'의 이야기로 시작해서 '나'의 이야기로 끝맺는다. 때문에 그의 소설 전반에 걸쳐서 드러난 주체의 양상이 자기동일성으로서의 정체성으로 드러나게 되는 것이다.

또한 윤후명 소설의 시적 양상은 대상을 자아화하는 면에서도 두드러진다. 세계의 자아화가 시적 장르를 구분 짓는 중요한 함수 요인이라는 점에서 윤후명 소설에 드러난 주인공과 대상 세계와의 연관관계는 밀접하다. 그의 소설의 주인공은 그가 맞닥뜨리는 모든 대상에 자기의 현재적 감정과 심리 상태를 이입하려고 한다.

「별을 사랑하는 마음으로」에서 서술자인 '나'는 날아다니는 것만을 그리는 과대망상증 환자인 '그녀'와 현실에 깊이 뿌리박지 못하는 자신의 처지를 동일시하게 되고, 폐쇄병동에 갇힌 '그녀'가 자신으로 동일시되어 내면화되고 있다. 그로 인해 '나'는 '날아다니는 자작나무'의 의미를 깨닫고 새로운 삶을 발견하게 된다.

서술자인 '나'와 대상과의 동일시와 합일은 「돈황의 사랑」에서도 서술자인 '나'와 '사자'와의 동일시로 드러난다.

> 사자가 걸음을 멈추었다. 무슨 일일까. 그러자 사자가 난데없이 내게 물었다.
>
> "봉산(鳳山)이 예서 머오? 강령(康翎)이 예서 머오"
>
> "기린(麒麟)이 예서 머오?"
>
> 깜짝 놀란 나는 머리를 내젓기만 했다. 그와 함께 사자가 고개를 들고 화등잔 같은 눈을 크게 떴다.
>
> "이기 뉘기요? 북청 아즈바이 앙이오?"
>
> 사자는 말을 마치자마자 어느결에 가죽을 훌훌 벗어 던졌다.
>
> "참말 긴 하루였소. 이리 오래 춤추기도 아마 처음이지비?"
>
> 목구멍에 모래가 잔뜩 엉겨붙은 쉰 목소리였다. 그러나 나는 그 목소리가 누구의 목소리인지 짐작할 수 있었다.
>
> 그것은 내 목소리였다.
>
> —「돈황의 사랑」

소설의 말미에서 서술자인 '나'는 돈황과 누란이라고 하는 곳을 방황하는 사자와 현실에 안주하지 못하는 자신을 동일시하고 있다. 이처럼 관찰 대상이던 사자와 관찰자인 '나'의 거리가 소멸됨으로써 주체와 대상이 동화되고 있다. 이처럼 대상과 주체와의 비판적 거리가 소멸됨으로써 소설의 비판적 기능보다는 시적인 합일에 가까운 소설 쓰기가 이루어지고 있다. 이는 윤후명이 시적 장르의 태도인 세계의 자아화를 통해 소설을 쓰는 것을 의미하는 것이고, 또한 그것은 그의 소설의 궁극적 주제인 정체성 탐색, 즉 자기동일성 탐색이 하나의 서사시학으로 정립되고 있음을 보여주는 것이기도 하다.

3. 현실 부정과 통과의례로서의 끝없는 여로

윤후명 소설의 공간적 배경은 이국적이고 낯설다. 그것들은 우리가 평소 많이 접하지 않았거나 우리의 일상에서 잊혀져 간 공간들이며, 이미 과거의 영화로움과는 상관없이 현재에는 폐허화된 것들이기도 하다. 그러한 공간들이란 바로 고대의 유적 도시 '돈황'과 '누란', '협궤 열차'가 다녔던 수인선, 역사 속의 외로운 섬 '독도', 천년의 역사 속으로 사라져간 백제의 '구드래 나루' 등이다. 이는 작가 윤후명이 역사적 삶의 중심부에서 소외되고 잊혀져간 것들에 대해 깊은 관심을 기울였음을 의미한다. 소외된 것들에 대한 관심은 결국 폐허화된 자신의 현실에 대한 반항이며, 그러한 현실로부터의 탈출에 대한 욕망에서 발원한다. 그리고 그러한 관심은 궁극적으로 자신의 정체성과 새로운 삶에의 탐색을 지향한다.

현실의 삶 이쪽과는 전혀 상관없이 버려져 있거나 분리되어 있는 저쪽의 공간에 대한 탐색은 그의 소설에서 여행의 과정을 통해 전개된다. 그리고 잊혀져 가고 소외된 배경들이 작중인물의 삶과 환유적 대체를 이룸과 동시에 주인공의 여로로 제시된다. 따라서 이러한 여로를 서사의 핵으로 전개되는 이야기는 현실에서 좌절하고 패배한 주인공의 실존적 자아의 상황과 내면 정황을 세밀하게 재현하면서 동시에 전망이 부재하는 현실에 대한 환멸을 제시한다.

「여우 사냥」에서 '나'는 개인이 함몰되는 사회에서 견뎌내기 힘든 공포감과 저항감을 항상 가지고 있었으며, 사회 구성원으로서 완전한 실격자였던 존재이다. 무엇보다 '나'는 사회계약을 거부하고 있었으며, 러시아로 떠나가기 불과 얼마 전 스스로 병원으로 들어가서 새로운 삶을 획책하기도 했다. 러시아로의 떠남은 그 일련의 획책의 마무리 단계로 마련된 것이었다.

따라서 '나'의 러시아로의 여행은 다른 여행들처럼 단지 낯선 이국 정취에 대한 향수나 현실 도피적인 여행이 아니다. 그것은 자신의 현실에 대한 부정과 자학에 가까운 삶의 반성을 동반한다. 그리고 그 여행은 현재와 과거, 그리고 미래의 시간을 넘나든다. 시간을 넘나드는 것은 한편으로는 시간의 흐름을 거역하는 것이기도 하며, 그것은 운명과의 한판 대결을 시도하는 장엄한 것이기도 하다. 그러한 장엄과 비장으로 의도된 여로여야만이 새로운 삶을 찾아낼 수 있을 것이기 때문이다.

그러므로 '그'와의 러시아에서의 만남은 어떠한 혹한에도 생명의 씨앗을 간직하고 있음을 확인했다는 느낌을 간직하게 하는 것이었다. 한때 혁명을 꿈꾸었던 '그'가 사십을 훨씬 넘긴 나이에도 불구하고 새로운 세계를 향할 수 있다는 점에서 '내'게는 이상주의자로 인식된다. 하지만 이미 혁명의 깃발은 내려지고 '그'는 쓸모가 없어져 버린 이념이 생성되었던 곳에 사십의 나이를 넘겨 찾아 왔다. 그러므로 '그'와 '내'가 어떠한 경로를 밟아 무엇을 찾아 헤매어가든, 찾아 헤매는 몸부림만은 서로 닮아 있다.

그와의 만남은 단지 지나가는 길이므로 오랜 친구를 만나본다는 단순한 목적을 넘어서 있다. 그것은 '나'의 또 다른 목적 때문이다. '나'는 지금 별거중인 '그'의 아내와 사랑에 빠져 있으며 어떻게든 '그'와 그 문제를 해결하기 위해 멀고 먼 러시아땅까지 찾아왔던 것이다. 하지만 '나'는 그 목적의 충족을 계속해서 유예시키려고만 한다. 그리고 '나'와 '그'는 여우 사냥에 나서게 되고, 도시를 벗어나 위험한 눈길을 달려 크롭채카의 향내가 풍기는 러시아 서북 평원의 숲에 도달한다. 딱딱한 러시아 빵으로 끼니를 때우고, 불편한 침대에서의 잠자리에도 불구하고 그 어떤 확인을 위해 '나'는 여기까지 달려 왔다는 인식을 하게 된다. 이러한 고행으로서의 여정이 바로 성인의 사회로 입사하기 위한 통과의례로서의 고행과 닮아 있다. 통과의례 과정에서의 고통이 심화되면 심화될수록 새로운 삶의 의지가 획득되면서 진정한 정체성 탐색에 도달할 수 있게 된다.

결국 '나'와 '그'는 '탕—'하는 총소리와 함께 동시에 목표물을 향해 달려나가고, '그'가 필사적으로 달려가고 있는 모습을 보는 그 순간, '나'는 '그'가 새로운 삶을 향해 그렇게 내딛고 있다고 여기면서, 유예되었던 시간이 끝났음을 확신한다.

> 유예되었던 시간은 끝났다고 누군가 소리치는 것을 나는 들었다. 그것은 그의 이상이 참다운 이상으로 현실 속에 구현됨을 꿈꾸는 소리였으며, 나의 현실이 참다운 현실로서 이상 속에 구현됨을 꿈꾸는 소리였다.
> "조심해!"
> 나는 목청껏 소리쳤다. 그림 속의 모든 사물들이 살아서 움직였듯이 모든 무생물과 생물들이 한데 어울려 살아나 소리치는 느낌이었다.

나는 있는 힘을 다해서 그의 뒤를 따라 달려가며 한 뜀 차례마다 '조심해!'를 가슴속으로 외치고 있었다.

— 「여우 사냥」

이상주의자였던 '그'와 현실에 얽매이던 삶을 살았던 '내'가 고행으로서의 여우 사냥을 통해 합일에 도달하고 있다. 이상의 현실화, 현실의 이상화가 그러한 고행으로서의 여로를 겪은 후 획득되고 있다. 신참자가 현실을 부정하고 통과의례의 고행을 겪은 후 세계에 대한 새로운 인식을 획득하는 것과 동일한 양상인 셈이다. 이처럼 윤후명 소설에서 여로에 들어선 주인공의 모습은 고난에 찬 통과의례를 위해 입사의 과정에 들어선 입사자의 모습과 닮아 있다. 그의 소설속의 여로는 입사를 위한 여로, 통과의례로서의 여로인 것이다.

이러한 현실 부정과 통과의례로서의 여로의 양상은 윤후명의 대부분의 소설에서 유사하게 전개된다. 「하얀 배」, 「북회귀선을 넘어서」, 「아으 다롱디리」, 「꿈사냥꾼」 연작 등 그의 대부분의 소설에서 이러한 통과의례로서의 여로가 서사를 추동하는 힘으로 작용한다. 따라서 윤후명 소설에 드러나는 현실 부정과 통과의례로서의 여로는 자기동일성에 대한 끝없는 탐색으로서의 여로였다고 할 수 있다.

4. 현실과 환상의 경계에 선 타자

윤후명 소설의 궁극적 주제는 자기동일성의 탐색이다. 그것은 현실 공간과 그 공간을 넘어선 여로의 공간, 혹은 환상의 공간을 넘나들며, 현재와 과거,

그리고 미래를 넘나든다. 즉 현실 공간 이외의 공간은 모두 현실 공간의 환유적 대체물이며, 현재 이외의 시간 또한 동일한 기능을 수행한다. 따라서 그의 소설 속의 서사의 핵으로 제시되는 여정은 회상과 환상이 맞물리는 가운데 진행된다. 그런데 그의 소설 속에서의 회상은 과거에 일어난 구체적 일들에 대한 사유로부터 시작되며, 환상은 실제의 현재적 사실과는 구별되는 비현실적인 상황에 의해 구성된다. 특히 그의 소설에 드러나는 회상은 과거와 현재의 일상성의 차원이며, 환상은 주로 미래에 대한 관념적 상황의 차원이라고 할 수 있다.

윤후명 소설에서의 회상은 주인공이 과거 경험한 사실의 흔적들로 드러난다. 그 회상의 축은 주로 아버지와 몰락한 연인들과의 이별에 대한 사유들이 씨줄과 날줄처럼 얽혀 있다. 그의 회상의 내용은 과거 어두웠던 시절, 그 시절을 견뎌내고 그 현실에 뿌리박기 위한 몸부림의 과정에 관한 것들이다. 반면 그의 소설에서의 환상은 대체로 미래 일어날 일들에 대한 추측과 기대 가운데서 이루어진다. 현실의 문제를 초극하려는 강한 의지가 소설의 결말부에서 강한 환상으로 치환되기도 한다.

이러한 회상과 환상의 병치는 과거 시간의 폐쇄적 공간과 현재 이후의 여행을 통한 확산적 공간으로 대비되어 드러난다. 즉 회상이 과거의 어둡고 폐쇄된 공간을 배경으로 하는 것이라면, 환상은 여행을 통한 현실로부터의 탈출 공간에서 이루어지고 있으며, 그것은 과거의 폐쇄 공간으로부터 확장된 공간이다. 이처럼 회상은 과거의 사실들에 대한 객관적 반성의 기능을 수행하며, 환상은 현실로부터의 탈출을 통한 현실과의 거리두기이며, 현실에 대한 비판 및 대안의 창출 욕구로부터 기원하는 것이다.

「하얀 배」에서 주인공 '나'는 모국어를 열심히 배우는 조선족의 후예인 문류다를 찾아 먼 이역의 땅 중앙아시아로 향한다. '나'의 여행은 문류다를 찾아서 떠난 여행이기도 하지만 그것은 '나'의 정체성 탐색의 여정이기도 하다. 여기서 '나'는 과거를 회상하게 됨으로써 문류다와의 동일시에 도달하게 되는데, '나'는 유신 시절 실제로 쫓겨다니던 때가 있었던 사람이었다. 그리고 뱃사람과 야간 경비원, 넝마주이, 묘지기를 꿈꾸던 소외의 쓰라린 체험의 흔적과 쫓김의 공포로부터 자유롭지 못했던 사람이 바로 '나'였던 것이다.

이같은 과거에 대한 회상이 민족사의 현장으로부터 소외된 문류다의 어려운 상황을 '나'의 상황으로 동일시하게 되는 계기가 되고 그로 인해 '나'와 문류다의 동일성이 공유된다. 이러한 동일성의 획득이 '나'와 문류다의 만남으로 이어지고, '나'와 문류다가 합일에 도달한 것과 같은 환상으로 대체된다.

> "아, 안녕하십니까."
> 나는 엉겁결에 똑같이 따라 하고 말았다. 그와 함께 나는 그 단순한 인사말이 왜 그렇게 깊은 울림으로 온몸을 떨리게 하는지 형언할 수 없는 감동에 휩싸였다. 개양귀비 꽃밭이 수런거리고, 숲속의 들고양이들이 귀를 쫑긋거리고, 커다란 까마귀들이 전나무 가지를 치고 날았으며, 사막쥐들이 이리 뛰고 저리 뛰고, 돌소금이 하얗게 깔린 사람으로 큰 바람이 이는 광경이 눈에 어른거렸다. 천산에서 빙하가 우르르르 무너지는 소리가 들린다고도 생각되었다.
>
> —「하얀 배」

문류다와의 만남의 감동으로 '나'는 큰 바람이 일고 빙하가 무너지는 것 같은 환상에 빠지게 된다. 이러한 환상을 통해 문류다와 '나'의 만남의 의미가 극대화되고, 그로 인해 소외된 현실적 고난을 극복하려는 의지가 보다 강화되고 있다.

한편 윤후명의 소설에서 회상과 환상의 경계에 선 존재는 대부분 여성 인물들이다. 서사의 전개 과정에서 여성 인물은 항상 현실과 환상의 경계에 위치해 있으면서 회상과 환상, 현실과 환상을 매개하는 요소로 작용한다. 또한 여성 인물들은 서사적 긴장을 유발시키는 계기점이 되기도 하는데, 이러한 여성 인물의 서사적 기능은 윤후명의 대부분의 소설에서 동일하게 드러난다.

「아으 다롱디리」에서도 이러한 여성 인물이 등장한다. '나'는 백제 향로의 비밀을 캐러 백제의 마지막 수도였던 부여에 도착한 후 갑자기 '그녀'를 떠올린다. '그녀'는 한때 내게서 엉터리 특강을 받았던 수강생이다. '나'는 '그녀'와 함께 구드레 나루에서 배에 올라 백제 향로의 비밀을 캐는 것과 동시에 왕조의 슬픈 역사를 되새긴다. 그리고 '그녀'와 지새운 지난 밤의 환상으로 인해 '나'는 향로 속의 향내뿐만 아니라 세상의 모든 향내를 다 맡은 것 같은 환상에 빠진다.

> 향로 속, 비어 있는 공간에 달빛이 비치고, 그 달빛 속에 서 있는 그녀의 벗은 몸은 알몸이었다. 침향·백단향·자단향·목향·육계·안식향·용뇌의 향이 가득히 피어오르는 가운데 그 모습은 달빛을 타고 하늘을 날고 있었다. 모든 꽃들의 향내와 모든 과일들의 향내, 가령 묘지들을 찾아갔던 어느 길모퉁이나 느닷없이 여우를 잡으러 갔던 머언먼 어느 겨울 숲의 향내까지도 다 내게 존재의 깊은 뜻을 되새기며 다시 밀려오고 있었다.
>
> —「아으 다롱디리」

이처럼 '그녀'를 떠올리면서 이 소설이 시작되고 있으며, '그녀'로 인한 환상으로 '나'는 세상이 곧 향로라는 생각에 도달하게 되고, '그녀'가 써준 백제의 옛노래 〈정읍사〉로 작품은 종결된다. 결국 이 소설의 시작과 끝이 '그녀'로 인해 열리면서 닫히고 있다.

그러므로 윤후명의 소설에 유일하게 등장하는 타자인 여성 인물은 소설의 전개를 추동하는 강한 힘으로 기능하고 있다. 이러한 여성 인물들은 '나'의 삶을 규정하고 호출하는 타자로서 기능하기도 하지만, 오히려 그들은 '나'의 또 다른 자아들이다. 윤후명의 소설 속에서의 시공간이 모두 현실적 삶의 환유적 대체물로 기능하는 것처럼 그의 소설 속의 여성 인물들은 주인공의 분신이자 또 다른 자아들인 셈이다.

주인공인 '내'가 강한 지향을 보였던 삶을 여성들은 의연하게 잘 견디면서 살아간다. '내'가 살고자 했던 삶을 대신하는 인물들로서 여성 인물들이 존재하고 있는 것이다. 「아으 다롱디리」에서 세상이 모두 향내 나는 향로라고 하던 '그녀', 「별을 사랑하는 마음으로」에서 날아가는 것만을 그리는 '그녀', 「누란의 사랑」에서 폐허와 같은 사랑도 어떤 섭리의 밀명을 띠고 있음을 깨닫게 한 '그녀'들 모두 '나'의 또다른 자아들이다. 따라서 윤후명 소설 속의 주인공들은 타자이자 또다른 자아로 설정되는 여성 인물들로 인해 자기 동일적 존재로서의 자기 정체성의 탐색에 도달하는 양상을 보여준다.

5. 그의 여로의 종착점은?

윤후명 소설의 여로는 서역의 돈황으로부터 러시아의 시베리아로, 중앙아시아의 하얀 설산으로, 우리의 외로운 섬 독도 그리고 백제의 옛 수도인 부여의 구드레 나루에까지 이르렀다. 우리는 그의 여로를 동행하면서 그의 여로가 결국 자아의 정체성 탐색을 위한 환유적 공간으로 설정되었음을 확인할 수 있었다. 그는 현실의 고달픔으로부터 초월하거나 새롭게 정착하기 위해 새와 나무의 이미지를 사용하였다. 또한 그는 그러한 바탕 위에서 세계를 자아화해내는 시적인 소설 쓰기를 통해 대상과 자아의 동일성을 확인하면서 자아의 정체성을 탐색해내고 있었다.

그리고 윤후명 소설에는 현실과 환상의 경계가 교섭적으로 드러나는데 그것은 시공간의 넘나듦으로부터 파생하는 것이며, 그것은 회상과 환상의 대립과 교차로 형상화된다. 이러한 현실과 환상의 경계점에 여성 인물들이 등장하는데, 여성 인물들은 나의 또다른 자아이면서 나의 정체성을 탐색하는 조력자로서 기능한다.

윤후명은 거대 담론이 지배하는 시대에 미시 담론을 고집스럽게 추구했으며, 미시 담론이 활보하는 거리에서 다시 거대 담론을 만나려 하고 있다. 그는 자기만의 내면에 침잠한 언어에서 세계와 공감할 수 있는 열린 언어로의 지향이라고 하는 작가적 관심의 섬세한 전이 과정 중에 있다. 또한 윤후명은 그의 소설을 통해 매번 새로운 화두를 던져 주고 있으며, 우리는 그의 화두를 붙잡고 '나'의 삶의 정체성을 다시 한번 돌아보게 되는 계기, 정체성 탐색의 여정을 갖게 된다. 이러한 고난에 찬 여로를 통한 서정적 서사로서의 윤후명의 소설들은 새로운 천년을 견디기 위한 새로운 정체성의 탐색이라는 화두를 웅숭깊은 울림으로 제시하고 있다.

결국 윤후명 소설의 의의는 주체 정립의 노력과 문학적 진정성의 회복이라고 할 수 있다. 90년대 포스트모더니즘의 강세로 인한 주체 소멸의 논의는 현 단계 문학 논의의 주축으로 자리하고 있다. 그러나 한국 문학사의 전개에 있어서 진정한 주체의 정립이 있었느냐 하는 것은 또 하나의 논란의 요소이다. 따라서 해체되어야 하는 주체마저도 정립되어 있지 않은 단계에서 주체의 소멸을 논하는 것은 어색한 일임에 틀림없다. 현 단계 한국 문학의 과제는 주체 소멸이 아니라 주체의 정립, 진정한 정체성 탐색의 시도인 것이다. 이 점이 윤후명이 일관되게 추구해온 소설 세계와 만나는 접점이 된다.

그리고 또 다른 문제, 90년대 이후 영상문화의 폭발적인 성장과 주체 상실로 인한 문학의 위기의 해법은 문학적 진정성의 회복을 통해 가능하리라고 믿는다. 베껴 쓰기니 혼성모방이니 하면서 문학의 창조적 기능을 두루뭉실하게 마멸시켜 가고 있는 이 시점에서 윤후명 소설의 독창성과 문학에 대한 진정성은 더욱 반사적으로 빛을 발하고 있다. 이러한 문학적 진정성이 미학과 역사 현실 사이에서 제대로의 위상을 확보할 수 있을 때 문학의 위기라는 말은 사라지게 될 것이다.

학습 활동

여로형 소설들은 여행의 과정을 통해 실존적 자아의 상황과 내면 정황을 세밀하게 그려낸다. 이를 통해 전망이 부재하는 현실에 대한 환멸을 보여주고 거리두기를 통해 현실을 새롭게 조망하거나 대안을 제시한다.

윤후명은 이러한 여행의 과정을 소설의 주요한 모티프로 구조화해온 작가이다. 그가 여행의 과정을 매개로 추구한 소설적 화두는 자아의 자기동일성에 대한 탐색이었다. 그의 소설 속의 서사의 핵으로 제시되는 여정은 회상과 환상이 맞물리는 가운데 진행된다. 회상은 과거의 사실들에 대한 객관적 반성의 기능을 수행하며, 환상은 현실로부터의 탈출을 통한 현실과의 거리두기이며, 현실에 대한 비판 및 대안의 창출 욕구로부터 기원하는 것이다.

1. 「하얀 배」에서 '나'의 과거의 삶과 문류다가 처한 상황을 정리해 보자.

2. '나'의 과거에 대한 회상은 민족사의 현장으로부터 소외된 문류다의 어려운 상황과 동일시됨으로써 두 사람의 동일성이 공유된다. 이러한 동일성의 획득은'나'와 문류다의 만남으로 이어지고, '나'와 문류다가 합일에 도달한 것과 같은 환상으로 대체된다. 그 부분을 찾아보자.

3. 여로형 소설은 내면성이 지니는 고유한 가치를 알아보려는 모험의 형식이다. 그리고 모험을 통해 자신을 시험하고 또 견디어 내면서 자신의 고유한 본질을 발견하려는 영혼의 이야기이다. 「하얀 배」에서 '나'가 이동하는 여로를 통해 자신을 찾아가는 과정을 추적해 보자.

4. 여로형 소설 「하얀 배」를 읽고 내 삶의 정체성 찾기를 위한 여행을 떠나본 경험이 있는지 떠올려 보자. 그러한 경험이 없다면 지금까지의 내 삶의 궤적을 추적하여 현실을 조망, 대안을 제시해 보자.

● **더 읽을거리**

이청준, 「등산기」

홍성원, 「무전여행」, 『주말여행』

최일남, 「서울사람들」

서정인, 「철쭉제」

황석영, 「삼포 가는 길」

제8장

문학과 환상성

환상성의 한 극단

토도로프는 환상에 대한 논의에서 자연의 법칙밖에 모르는 사람이 초자연적 양상을 가진 사건에 직면해서 체험하는 망설임을 환상의 제1조건으로 정의한다. 나머지 환상의 조건들로는 작중 인물의 망설임과 독자의 특정한 태도를 든다. 그는 환상 장르가 경이와 괴기의 중간 단계라고 설정한다.

한국 현대 환상소설은 자동화된 현실 인식을 문제시하고 현실에 부재하고 억압된 것을 표출함으로써 인간과 세계에 대한 인식의 확장을 추구한다. 또한 중심부와 주변부의 경계와 차이를 해체하고, 주체와 타자, 인간과 자연, 의식과 무의식, 주류와 비주류, 다수의 입장과 소수의 입장을 존중하며 소통하는 세상, 차이와 구분이 없는 합일된 세상을 지향하는데 이것이 한국 현대 환상소설의 의의라 볼 수 있다.

후기 산업사회를 살아가는 사람들은 삶과 죽음, 실재 세계와 가상 세계라는 경계의 무너짐을 경험한다. 그들은 이러한 경험 속에서 정체성뿐만 아니라 세계에 대한 인식의 기준과 틀을 상실하는 위기에 이른다. 이러한 정체성과 가치 상실의 시대에 유포되는 허무주의는 의미 없음과 의지의 상실, 이성의 권위에 의해 자행된 제도적 폭력에 대한 대항 의지라는 양가의 가치를 지향한다.

이러한 허무주의는 윤대녕의 소설에서 원형적인 자기장을 형성한다. 허무에 대한 이미지화, 혹은 지향들은 그의 소설을 '미적 신비주의', '현실 전복적 가역반응', '이미지의 황홀경에 대한 편집'으로 이해되는 단초를 제공한다. 하지만 윤대녕의 소설에 나타나는 허무주의는 작가가 허무의 극단을 통하여 무(無)에 대한 의지, 즉 영원회귀를 지향하는 것으로 해석할 수 있다.

윤대녕의 장편소설 『사슴벌레 여자』에는 이러한 영원회귀의 지향이 환상성을 전경화하는 글쓰기로 드러나고 있다. 낯선 세계로의 끌림이나 예기치 못했던 일에 대한 불안감을 내밀한 문체로 형상화해 온 윤대녕의 소설은 일상이나 현실 세계를 뛰어넘는 환상적인 이야기들로 구조화되어 있다.

1990년대 이후 환상성에 기초한 많은 유형의 소설들이 절망적인 비현실의 세계나 지극히 예외적인 사건을 제시함으로써 현실에 대한 환멸과 수동적인 허무주의를 유포시킨다는 점에서 문학적 쇄신을 위해서는 환상성과 허무주의에 대한 진단과 대안의 제시가 새롭게 이루어져야 한다. 그 점에서 윤대녕의 『사슴벌레 여자』는 환상성을 내재한 문학들이, 그리고 허무주의를 조장하고 유포하는 문학들이 새롭게 나아가야 할 방향을 환기해 주고 있다. 윤대녕의 소설이 가지고 있는 허무와 환상은 적극적인 현실 부정을 통한 새로운 재현, 즉 역설적 재현으로서 의의를 갖고 있다. 따라서 그의 소설은 새로운 시대의 진정성을 선취하는 글쓰기의 전범이 될 수 있다.

1. 허무의 불온한 징후를 넘어서

후기 산업사회에 도달한 현대인들은 깊은 상실의 심연에서 배회하고 있다. 삶과 죽음, 실재 세계와 가상 세계의 경계가 허물어져 가면서 자신의 정체성뿐만 아니라 세계에 대한 인식의 기준과 틀을 상실하게 된 것이다. 이러한 정체성과 가치 상실의 시대에는 허무주의가 유포되기 마련이다. 허무주의는 양가의 가치를 지향한다. 어느 한편에서는 의미없음과 의지의 상실로 이해되지만, 또다른 한편에서는 이성의 권위에 의해 자행된 제도적 폭력에 대한 대항 의지로 인식되기도 한다.

이 시대의 지배적인 인식소로 기능하는 허무주의가 윤대녕의 소설에서는 원형적인 자기장을 형성한다. '시원으로의 회귀', '신생의 현현', '후기 자본주의 시대의 목가'라는 평가를 받은 바 있는 그의 소설들은 대상에 과도한 의미를 부여하거나 강요하지 않으면서, 오히려 의미를 갖고 있는 것들의 의미를 무화(無化)시켜 나가려고 한다. 그러한 허무에 대한 이미지화, 혹은 지향들이 종종 그의 소설을 '미적 신비주의', '현실 전복적 가역반응', '이미지의 황홀경에 대한 편집'으로 이해되는 단초를 제공하기도 한다. 하지만 그의 소설에 드러나는 불현듯 만났다가 사라지는 사랑이나 존재 저편의 비가시적인 아득한 삶에 대한 그리움은 그가 허무의 극단을 통하여 무(無)에 대한 의지, 즉 영원회귀를 지향하는 것으로 해석해 볼 수 있다.

그러한 영원회귀의 지향이 그의 장편소설 『사슴벌레 여자』에서 환상성을 전경화하는 글쓰기로 드러나고 있다. 낯선 세계로의 끌림이나 예기치 못했던 일에 대한 불안감을 내밀한 문체로 형상화해 온 윤대녕의 소설에서 환상적 요소를 찾기란 어려운 일이 아니다. 『은어낚시통신』에서 비밀 조직인 은어낚시 구성원들이 갖는 지하에서의 비밀스럽고 몽환적인 회합, 『남쪽 계단을 보라』에서 회전문을 통해 현실과 비현실의 경계가 불분명하게 되는 모호함의 상황, 『천지간』에서 죽음의 이미지로 화한 여인과의 만남을 통해 포착되는 삶과 죽음의 교섭에 대한 몽상 등 그의 소설은 일상이나 현실 세계를 뛰어넘는 환상적인 이야기들로 구조화되어 있는 것이다.

특히 그의 소설은 요사이 인터넷의 확산과 매체의 다양화로 인해 등장한 판타지 소설의 성행과 그 궤를 같이 한다는 점에 주의를 필요로 한다. 1990년대 이후 환상성에 기초한 많은 유형의 소설들이 창작되는 것은 간과할 수 없는 문학적 변화인 것이다. 그러한 변화의 전위에 윤후명의 『가장 멀리 있는 나』, 『아으 다롱디리』, 이제하의 『독충』, 배수아의 『철수』, 『검은 늑대들의 무리』, 김영하의 『나는 나를 파괴할 권리가 있다』, 『흡혈귀』, 『고압선』, 『피뢰침』 등이 위치한다. 그런데 문제는 그러한 유형의 소설들이 절망적인 비현실의 세계나 지극히 예외적인 사건을 제시함으로써 현실에 대한 환멸과 수동적인 허무주의를 유포시킨다는 점이다.

그러므로 현 시기의 문학적 쇄신을 위해서는 환상성과 허무주의에 대한 진단과 대안의 제시가 새롭게 이루어져야 한다. 그 점에서 윤대녕의 『사슴벌레 여자』는 이러한 환상성을 내재한 문학들이, 그리고 허무주의를 조장하고 유포하는 문학들이 새롭게 나아가야 할 방향을 환기해주고 있다. 따라서 이 글은 윤대녕 소설이 가지고 있는 허무와 환상이 결국은 적극적인 현실 부정을 통한 새로운 재현, 즉 역설적 재현으로서 의의를 갖고 있으며, 새로운 시대의 진정성을 선취하는 글쓰기의 전범이 될 수 있음을 밝히는데 우선하고자 한다.

2. 근원을 향한 탈주와 미로에서의 방황

윤대녕의 소설 문법은 반복되는 패턴을 갖는다. 여로형의 플롯을 통한 '나 찾기'가 그것이고, '나'와 '그녀'와의 어긋난 만남이 또 그것이다. 그런 이유로 그의 소설들은 대부분 닮음꼴이다. 그래서 자칫하면 그의 소설은 우리의 자동화된 일상들처럼 진부한 느낌을 불러온다. 하지만 그의 소설 심층에는 깊은 영혼의 자기장이 형성되어 있다. 인간의 근원을 이루는 물이나 불에서 촉발되는 흡입적 상상력, 밀어내려 할수록 더욱 흡인되어 갈 수밖에 없는 악마의 속삭임과 같은 고혹적인 매력이 그의 소설에는 넘쳐흐른다.

그 고혹스러움의 근원, 그것은 바로 그의 소설이 삭막한 일상과 현실로부터의 탈주 욕망을 불러일으키기 때문이다. 모래 바람이 흘러 다니고, 삶을 거역하다 파멸된 것들과 상처받아 불구가 된 것들이 낮은 장송곡으로 불려지는 후기 자본주의 삶으로부터의 일탈은 누구나 꿈꾸는 바이다. 그런 일탈에의 질주를 간절하게 염원하고 호소하는 주인공들의 초상들에서 부인할 수 없는 우리들의 자화상을 확인하면서 우리는 그의 소설에 깊이깊이 자맥질해 들어간다.

『사슴벌레 여자』 또한 그러한 탈주의 자화상을 보여주는 작품이다. 여기서는 그간 그의 다른 소설에서 보여지던 일상으로부터의 탈주가 보다 극단화된 양상으로 전개된다. 주인공의 기억 상실이 바로 그것이다. 이러한 기억 상실은 그의 장편소설 『옛날 영화를 보러 갔다』에서 주인공이 유년시절의 충격 때문에 기억 상실을 경험하는 것과 유사하지만 그것은 일상을 계속할 수 없을 정도의 것은 아니었다. 또한 그동안 그의 소설에서는 주인공 주변 인물들의 갑작스런 실종이 주요한 모티프로 작용해 왔는데, 이 작품에서는 바로 주인공 스스로의 실종이 문제가 되고 있다. 스스로의 실종, 스스로의 죽임을 통해 '그'는 새로운 시작으로서의 다시 태어나기를 시도하고 있는 것이다.

크리스마스 이브, 주인공인 '그'가 지하철 2호선 시청역 벤치에서 깨어나는 것으로부터 서사는 시작한다. '그'가 그곳에서 자신이 납득할 수 없는 상황에 처해 있음을, 즉 자신이 누군지 모르는 상태라는 것을 깨닫는 것으로 서사의 발단은 추동된다. 이러한 해리성 기억 상실은 과거의 기억, 자아 각성, 즉각적 감정, 몸의 움직임의 부분적 또는 완전한 통합상실을 말한다. 이와 같은 기억 상실은 주체의 상실로 이어지며, 이는 모든 형태의 기표와 기의를 무의미화함으로써 동일적 정체성으로부터의 이탈을 의미하는 것이다. 이는 근대적 기획의 산물인 주체 정립의 허구성, 혹은 폭력성에 대한 작가의 탈영토화의 의지로부터 산출된 것이라 할 수 있다.

거리는 번요한 빛으로 꿈틀거리고, 트리가 휘황하게 빛나면서 캐롤이 울려퍼지는 크리스마스 이브에 '그'는 기억 상실에 빠져 내버려진 존재가 되고 만 것이다. 시간의 아득한 저편이나 도시로부터 아주 멀어진 한적한 곳이 아니라 21세기 첨단의 물질문명이 꿈틀대는 도시의 중심에서 그는 자신의 정체성을 상실하고 만 셈이다. 특히 크리스마스 이브의 밤, 서울이라는 시공소는 후기 자본주의의 환멸을 함의하는 상징의 총화로 기능한다. 모든 욕망과 쾌락이 극대화된 시공소에서 그는 기억을 잃어버린 채 부유한다.

더구나 서하숙이란 여자를 만나면서 그의 탈주는 더욱 분열적 양상을 드러내게 된다. 그는 서하숙을 편의점이라는 공간에서 만나게 되는데, 그곳은 우리가 일상에서 쉽게 접할 수 있고, 누구나 쉽고 빠르게 먹고 마실 수 있는 공간으로 현대 사회의 허무한 속도를 극명하게 드러내준다. 하여 그곳은 빨라지는 속도로 인하여 우리를 깊은 망각의 늪으로 빠져들게 하는 이 시대의 블랙홀과 같은 곳이기도 하다. 또한 편의점은 정주하지 못하고 부유하는 유목민적인 삶을 사는 현대인들이 스치듯 거쳐가는 공간이기도 하다. 안주하지 못한 영혼들, 정처없이 배회하는 유목민적 사유에 길들여져 있는 '그'와 '서하숙'의 만남이 그래서 편의점에서 이루어지게 되는 것이다.

'서하숙'과의 만남 이후 둘은 동거 아닌 동거를 시작하게 되고, '그'는 서하숙의 권고와 안내로 사이버 무인호텔에서 '이명구'라는 사람의 기억을 이식받게 된다. 과연 누군가의 기억을 다른 사람에게 이식하는 것이 가능할까? 여기서부터 이 작품은 환상의 세계와 결합하게 된다. 그러한 자연적 인간과 기계적 기억 이식의 결합은 실재 세계와 자연의 원리로서는 결코 설명될 수 없으며 오히려 초자연적 원리 혹은 사이버 세계의 원리에 의해서만 설명 가능해진다. 그는 이제 동일적 정체성을 상실한 채 누군가의 명령과 의도대로만 살아가야 하는 사이버 공간에서나 존재하는 사이보그로서의 삶을 시작하게 된다. '그'는 인간과 기계의 결합, 육체·정신·영혼에까지 기술이 침투하는 사이보그 시대의 표상으로 제시된다. 그런 점에서 '그'는 자신의 부재만을 드러내는 들뢰즈적 의미로서의 신체없는 기관, 혹은 자신의 시뮬라크로서만 존재하게 된다.

그러나 그러한 기억 이식으로 인해 '그'는 '그'로서의 삶을 포기하고 '이명구'의 기억대로, '이명구'의 삶만을 살아가거나, 사이보그로서의 삶을 선택한 것은 아니다. 그가 선택한 기억 이식은 '나찾기'의 절실한 방법 중의 하나였을 뿐이다. '그'는 '이명구'의 기억을 이식한 이후에도 '이명구'의 기억에 의존해서 살지 않고 자신의 본래의 기억과 정체성 탐색을 포기하지 않는다. 더구나 '이명구'의 기억 이식 후 만난 '차수정'의 자살을 목격한 이후 그는 '이명구'의 기억을 지워내고 원래의 자신의 정체성을 다시 찾아 나서게 된다. 그런 점에서 이 작품은 윤대녕의 다른 소설들과 마찬가지로 정체성 찾기의 탐색담이라 할 수 있을 터이다.

그런데 그 탐색의 대상은 물리적이거나 현시적으로 포착되지 않은 채 아련한 징후로만 파악된다. 아득한 시원이나 우주 저편 혹은 미세한 틈새들 사이에 흔적으로만 존재하는 것이 바로 윤대녕 소설의 탐색 대상들인 것처럼 이 작품 또한 탐색 대상은 결코 쉽게 가시화되지 않을 뿐만 아니라 결말에서도 그 결과는 충족되지 않는다. 그는 결말에서도 자신의 온전한 기억을 회복해내지 못한다. 그 때문에 이 작품에서는 찾는 대상보다 찾는 과정이 보다 전경화된다. 그러므로 플롯은 입구만 존재한 채 출구는 찾을 수 없는 미로나 미궁을 닮아 있다. 이러한 미로나 미궁 속에서 좌절하지 않고 주인공들이 끝까지 탐색하는 것은 바로 '나' 자신이며, '나'의 이상화된 타자를 통한 나찾기인 것이고, 그것은 결국 우리 현대인들의 힘겨운 정체성 탐색의 몸짓에 다름 아니다.

3. 비어 있는 사랑, 부유하는 죽음

힘겨운 일상으로부터 탈주하려는 현대인들의 심리에는 궁극적으로 상실과 결핍의 관념이 내장되어 있으며, 그것들이 탈주를 꿈꾸거나 충족될 수 없는 욕망을 욕망하게 한다. 그러나 비어있는 욕망의 언저리에는 언제나 죽음의 징후가 포착된다. 이는 윤대녕의 소설들에서 두드러지게 드러나는 징후이기도 하다. 그의 소설들에서 주인공들의 욕망의 근원에는 존재에 대한 상실감과 결핍감이 존재한다. 그러한 결핍으로 인해 파생한 욕망들 때문에 주인공들은 자신의 분신이나 타자를 찾아 나서게 되지만 그 욕망은 결코 충족되지 않는다. 충족되지 않는 욕망이 더욱 강화되면서 주인공들은 어느덧 죽음에 가까이 다가서게 된다.

『사슴벌레 여자』에서도 주인공들의 만남은 항상 미끄러지거나 엇갈릴 뿐이다. 더구나 그들의 사랑 가운데 욕망은 존재하지만 애정은 존재하지 않는다. 이 작품에서는 몇 개의 남녀간의 만남이 겹쳐진다. '그'와 '서하숙'의 만남이 그 하나이고, '이명구'와 '차수정'의 사랑이 또 다른 하나이다. 그리고 '이명구'의 기억을 이식받은 '그'와 '차수정'의 만남이 있다.

그러나 위의 세 만남과 사랑에는 어떤 애정도 깃들지 못한다. 어쩌면 불구의 사랑으로 명명될 수 있을지 모른다. 애정을 찾을 수 없는 사랑이기에 사랑의 진실은 징후로만 파악될 뿐이다. 특히 이러한 징후로서의 사랑의 매개가 애정이 아니라 운명적인 우연이란 점은 이 소설이 빚어내는 독특한 분위기를 조성하는 데 기여한다. 우연이지만, 운명으로 인식되는 연인들의 만남 때문에 그 사랑의 절실함은 더욱 간절하게 다가온다.

결국 이 작품에는 두 명의 여인이 등장하는데, '그'가 편의점에서 만난 '서하숙', 기억을 이식받은 후 만나게 된 '차수정'이 그들이다. 그들은 부재이면서 결핍이고, 그러면서 주인공의 이상화된 타자이면서 분신이다.

서하숙은 컴퓨터와 텔레비전과 휴대폰을 가족보다 소중하게 생각하는 물신화된 현대문명의 숭배자이다. 그래서일까. 그녀는 고독하기만 하다. "눈이나 비가 내리는 밤이면 자주 귀가 들리지 않고 눈앞이 보이지 않는 단단한 고독"에 휩싸인 존재인 그녀는 기억을 상실한 채 홀로 견뎌야만 하는 '그'의 또다른 초상이다.

단일한 의식이나 삶의 흐름을 영위하지 못한 채 매번 상이한 모습으로 살아가는 그녀. 이러한 유목민같은 삶을 살아가는 이유는 그녀 또한 어깨에 사슴벌레 문신을 한 기억 이식자, 사이보그이기 때문이다. 그녀는 자신의 하루 동안의 잃어버린 기억과 새로 이식된 기억 사이에서 방황하며 힘든 하루 하루를 살아간다. 때문에 그녀에게는 어제도 내일도 존재하지 않은 채 오직 오늘, 존재의 순간만 남아 있을 뿐이다. 그래서 그녀는 사회의 모든 영역으로부터 연결고리를 상실한 은둔자로서 사슴벌레처럼 살아가야 하는 것인지도 모른다. 아주 우아하고 고결한 사슴으로서의 삶과 미천하고 하찮은 벌레로서의 이중적인 삶, 사슴이면서 벌레로서 살아야 하는 여자가 '서하숙'인 것이다. 그러기에 그녀는 "어딘가 모르게 수상쩍은 여자, 이물감 속에 깊이 감춰진 기묘한 빛깔의 슬픔과 사람에 대한 맹목적인 집착"을 보이는 부조리의 정점에 존재한다.

한편 이 작품에서는 강렬한 사랑에의 욕망 저변에 죽음의 이미지가 강하게 투사되고 있다. '이명구'와 '차수정'의 죽음이 그렇고, 어쩌면 '그'를 기억상실로 몰고 갔을지도 모르는 '그'의 첫사랑의 죽음이 또한 그렇다. 특히 자살로 삶을 마치는 '차수정'의 죽음의 이미지 내부에는 치명적인 사랑의 상처가 존재한다. 그녀는 '이명구'와 약혼한 사이면서 그와의 관계에서 권태를 느끼고 다른 남자와 일탈을 벌이게 된다. 그런데 그 일탈의 장면을 '이명구'가 목격하게 되고, '이명구'는 그로부터 일주일 후 사이버 무인호텔에 자신의 기억 이식을 의뢰한 채로 자살하고 만다. 이처럼 죽음의 이미지의 정점에 '차수정'의 삶이 있다. 하여 그들의 사랑은 항상 어두운 절망의 징후를 보여주고 있으며, 결국 그녀는 작품의 결말 부분에서 죽음을 선택할 수밖에 없었던 셈이다.

그러므로 사랑없는 사람과 사람이 만나 사랑없는 사랑을 하는 것은 당연한 귀결일 터이다. 사랑없는 사랑은 항상 죽음의 그림자를 드리운다. 충족과 완결이 없는 결핍과 미완의 사랑, 그러한 사랑이기에 더욱 매혹적인지도 모른다. 그런 매혹의 뒤편에 죽음의 충동이 도사리고 있으므로 그 사랑은 매혹을 넘어 고혹적인 것이 되기도 한다. 이 작품에서 부유하는 죽음, 그것은 주인공의 실존적 자아의 죽임이다. 죽음을 통해 새로운 태어남을 갈구하는 자아의 강한 열망이 자신의 이상화된 타자, 존재의 근원이자 근거로서만 존재하는 여성들에게 투사되고 있는 것이고, 그로 인해 그들과의 사랑은 죽음으로 귀결되는 것이다.

그런 점에서 『사슴벌레 여자』에서 볼 수 있는 허무한 사랑은 사랑없는 사랑을 지향하는 것이 된다. 그리고 그들의 진실 없음에 대한 지향은 어느 것에도 지향점을 두지 않는 차라리 깊은 여백, 무(無)를 지향하는 것이 될지도 모른다. 비움으로서 채워지는 것에 대한 지향이 『사슴벌레 여자』에서 구현되는 능동적 허무주의의 실체일 것이다.

4. 차안과 피안의 경계에서의 환상성

윤대녕의 소설에는 항상 두 개의 세계가 존재한다. 이편과 저편의 세계, 결코 쉽게 넘어서기 어려운 두 세계 사이에서 방황하는 존재가 바로 그의 소설의 주인공들이다. 『사슴벌레 여자』에서도 두 개의 세계가 병치된다. 기억 상실 이전의 세계와 그 이후의 세계, 기억을 상실한 '그'의 세계와 '이명구'의 기억으로 살아가는 세계, 유기체적·자연적 존재로서의 세계와 사이보그·기계적 존재로서의 세계, 이것들의 병치는 실재와 비실재, 현실과 환상이 병치되는 세계이기도 하다. 쉽게 넘어설 것만 같은 경계이지만 그것을 넘나들지 못함으로 인해 고민하고 방황하는 여정이 바로 이 소설의 스토리 라인이다. 그래서 '그'는 두 개의 자아를 가지고 방황하는 야누스를 닮아 있으면서 항상 에로스와 타나토스의 충동으로부터 자유롭지 못한 존재이다.

그러나 그의 소설에서 이편과 저편의 간극은 작은 결락이나 틈새가 아니다. 하늘과 땅, 천지간의 아득한 차이이다. 그 경계를 넘어서기 위해 주인공들은 지독한 사랑의 상처나 심지어는 죽음까지도 각오해야 한다. 그러므로 그 지독한 경계를 넘어서려는, 커다란 여백의 간극을 좁히려는 주인공들의 의지가 윤대녕 소설의 힘이 되고 끓어넘치는 생명력의 동력이 된다.

그 여백이 부유하는 주인공들의 내면이나 일상, 혹은 사랑까지도 비어 있게 만든다. 그래서 '그'와 '서하숙'은 온전한 정체성을 갖지 못한 채 공허한 삶을 살아야 하고, 애정없는 사랑으로 일상을 지탱해 나갈 수밖에 없다.

그러한 공간의 커다란 여백과 더불어 시간의 역전에 대한 강한 의지가 아이러니를 구현해낸다. 시간을 반대로 되돌리기는 곧 인간의 역사적·이성적 삶에 대한 회의이고 저항으로서의 의미를 갖는다. 아득한 시원으로의 회귀나 지나간 첫사랑에 대한 추억, 혹은 잃어버린 기억을 회복하려는 몸짓들 모두가 시간 되돌리기이다. 이는 불연속적 자아, 분열되려는 파편화된 자아가 동일적 정체성으로서의 자아를 회복하려는 안타까운 몸부림인 것이다. 이 작품에서도 '그'는 과거로부터 근원하는 선조적인 자신의 기억을 되찾아 정체성을 확보하려 하지만 그것은 온전히 이루어질 수 없다. 그러므로 주인공의 온전한 정체성 탐색은 이 시대의 정체성이 육체나 정신, 혹은 영혼에까지 기술이 침투하고 포섭한다는 것을 인정할 수 있을 때 가능하게 될 지도 모를 일이다.

한편 토도로프는 그의 『환상문학입문』에서 텍스트에 대해 독자가 자연적 또는 초자연적 설명 사이에 주저하게 될 때에야 환상문학이 성립된다고 하였다. 그리고 그것이 초자연적인 방식으로 설명이 가능할 때 경이문학이라고 하였다. 이런 점에서 볼 때 『사슴벌레 여자』는 '환상적 경이'로 규정할 수 있다. 즉 주인공이 '이명구'의 기억을 이식받는 과정은 어떤 자연의 방식으로도 설명될 수 없기 때문이다. 결국 작품의 끝까지 '이명구'가 겪게 되는 기억 상실과 기억 이식의 체험은 자연적인 방식으로는 설명이 불가능하다. 그것은 그의 사이보그로서의 삶이 허구나 환상이 아닌 실재임을 인정하게 되는 가운데 가능하게 된다.

> "기억은 일종의 환상 같은 겁니다. 그러나 역시 사람이란 기억에 의지해 살게 돼 있죠. 기억을 이식받고 나면 수뢰인께서는 지금보다 훨씬 자유로운 삶을 살게 될 겁니다. 무엇보다 그동안 마음에 쌓아두고 있던 자신에 대한 책임이나 고통으로부터 해방되기 때문입니다."

사이버 무인호텔에서 '그'에게 '이명구'의 기억을 이식한 M이 '그'에게 발화한 내용이다. 다른 사람의 기억을 이식받음으로써 훨씬 자유로운 삶을 살게 되리라는 말은 나름의 개연성을 갖기도 하지만 실재 세계에서 과연 기억 이식이 가능하느냐가 문제이다. 현실 세계의 원리로서는 그것을 설명할 수 없기에 이 작품은 환상의 지평에 편입될 수밖에 없게 된 것이다. 그리고 M이라는 존재 또한 문제적이다. 구체적인 이름으로 명명되지 못한 채 M으로만 모두 지칭되는 그들, 사이버 무인호텔에서만 존재할 것 같은 M들은 실재의 현실 공간에 출현하기도 한다. 그들은 모두 비슷한 복장과 이미지로 변별이 불가능해 보이지만 남산의 '만리장성'이란 중국집에서 난자완스에 이과두주를 마시기도 하고, 그곳에서 서하숙을 강간하기도 한다. 실재와 비실재, 이편과 저편의 공간 모두에 존재하는 M들의 정체는 초자연적인 방식으로만 설명될 수 있다. 그러기에 이 작품을 '환상적 경이'로

범주화할 수 있을 것이다.

그래서 이 작품에서는 말할 수 없는 것을 말하거나 말해서는 안 되는 것이 너무나도 쉽게 말해지는 것을 보게 된다. 그로 인해 현실 정합성이나 내적 리얼리티를 결여하고 있다는 생각을 하게 하는 측면도 있다. 그러나 무엇보다도 『사슴벌레 여자』의 환상성은 창조된 세계의 비현실성보다는 그것이 현실 세계를 유비(類比)하면서 그럴 듯하다는 믿음을 우리에게 제공해주기 때문에 나름의 의미를 확보한다. 즉 작품에서 보여주는 환상보다 그 환상을 통해 현실의 반어적 상황을 깨달아 가도록 하는 것이 이 작품의 숨겨진 의도일 수 있다. 이 작품에 형상화된 환상성은 리얼리티에 대한 강박으로부터 벗어나고자 하는 윤대녕의 의식의 한 축을 설명하고 있기도 하다.

때문에 그는 낯설음에 대한 상상력의 지평을 확장하면서 불가능해 보이는 두 개의 세계를 통일시켜 나가려고 시도한다. 일상 속에서 불가능하다고 생각해 왔던 것들을 가능한 것인 양 믿어보게 함으로써 현실 속의 불가능을 가능의 세계로 끌어들이고 있다. 그러한 환상의 지평으로 인해 현실의 경계와 영역이 확장되어가고 있는 것이다.

따라서 이 작품에서 환상의 의미는 현실로부터의 도피나 퇴행으로서의 의미보다 기존의 지배 이념이나 제도에 대한 전복으로서의 의미에 무게 중심이 놓인다고 할 것이다. 문학의 진정성이 제도화된 인식과 언어 활용의 전복으로부터 출발하는 것이라면 이 작품은 그러한 문학적 진정성을 담보하고 있는 셈이다. 그 점에서 이 작품은 인터넷 매체나 사이버 공간의 현실화라는 환상적 요소가 개입되고 있으면서도 실존의 현실적 인식에 초점이 놓여 있다고 할 수 있다.

> 그렇지만 내게도 기억이 없는 며칠이 있었다. 그때 내게 무슨 일이 있었는지 나 역시 알아야만 할 필요가 있었다. 그렇지 않다면 다시 환상으로 변한 기억들을 끌어안고 나도 그 누구도 아닌 제 3의 존재로 살아가야 할지도 모를 일이었다. 어쨌든 내게는 현실이 필요한 것이다.

이처럼 '그'는 작품의 결말에서 위와 같은 인식에 도달함으로써 기억을 상실했지만 그 상실의 상황을 현실로 받아들이려는 능동적인 현실 대응 능력을 보여준다. 그러므로 주인공은 가상의 현실성과 현실의 환상성을 동시에 인식해내는 역설에 도달하면서 실재의 삶 자체로서의 현실의 중요성을 새롭게 깨닫고 있는 것이다.

또한 작가는 무의미를 견디는 허무나 삶의 단순한 수동적 태도로서가 아니라 삶의 새로운 가치를 추구하는 능동적 허무를 지향하고 있다. 특히 그는 이 작품에서 후기 자본주의의 물신화의 양상을 강하게 비판한다. 추상적인 재화나 인간의 노동까지도 상품화하는 물신화의 상황, 존재하는 모든 대상이 판매의 대상일 수 있다는 이 시대의 물질에 대한 망상이 인간의 기억까지도 판매하게 될지도 모른다는 상상으로 발전하여 이 작품에 제시되고 있다. 그런 점에서 이 작품은 사이버 공간에서의 기억 이식이라는 환상의 창조를 통해 후기 자본주의 시대의 물신화된 상황의 절망성을 비판해내고 있는 것이다. 결국 작가는 『사슴벌레 여자』라는 작품에서 환상성이라는 세계 인식 방법을 토대로 현실의 역설적 재현 형식을 새롭게 창조해내고 있다.

5. 허무와 환상을 넘어선 영원 회귀의 문학

물질문명이 발전하고 새로운 사이버 매체가 등장하면서 세계는 가시적인 인식의 대상 영역을 넘어서 버렸다. 아니 이미 예전부터 인간의 인지 능력을 넘어서 세계는 존재해 왔는지도 모른다. 그러한 비가시적이고 초월적인 세계의 존재 그리고 물질문명의 발전으로 인해 파생한 정신적 가치의 부재 때문에 세계를 조망하고 구획할 수 있는 인지적 근거를 현대인들은 상실하고 말았다. 실재가 아닌 이미지의 세계로서의 가상 공간이 이제 현실보다 더욱 실감나는 공간으로 창조되면서 우리 문학 또한 사실적 재현에 대한 회의가 시작되고 있다.

그로 인해 최근 리얼리즘·모더니즘 논쟁이 촉발되고 있으며 양자의 회통(會通)이 창작 방법에 대한 주요한 화두로 제시되고 있는 것이다. 만일 리얼리즘의 재현 능력의 한계에 일정 부분 동의한다면 그러한 빈 부분을 메울 수 있는 환상적 요소의 도입은 필요할 수밖에 없다. 이성적 합리로 설명할 수 없는 추상적이면서 초자연적인 요소들이 분명 우리의 일상을 구성하는 요소들이라면 그 필요는 더욱 배가된다.

윤대녕의 『사슴벌레 여자』는 일상에 매몰된 채 사이보그처럼 살아가는 현대인들의 정체성 상실을 이야기하고 있다. 선조적이면서 계기적인 순서에 의해 기억되는 동일적 정체성을 상실한 현대인들의 초상을 실재와 비실재의 경계 위에서 환상적인 방식으로 형상화하고 있는 것이다.

그런데 이 작품에서 주인공들의 탈주와 방황과 죽음은 우리에게 극단적 허무주의의 재현으로 비쳐지기도 한다. 특히 후기 자본주의 시대의 탈중심화된 논리들이 우리의 삶을 압도하는 상황에서 이 소설은 수동적 허무의 궤적으로 비치기도 한다. 하지만 무의미 가운데 파생되는 허무주의라는 것이 부정적인 의미만을 갖는 것은 아니다. 그것은 오히려 역설적 의미를 창조해내는데, 바로 부정의 부정을 통한 긍정으로서의 의미이다. 그 때문에 기존의 지배 이데올로기에 대한 허무주의의 표현이 바로 하나의 대항 담론으로 기능할 수 있게 되는 것이다. 기성 사회가 배치하고 규율화하는 제도들에 대한 허무주의는 어쩌면 일상과 제도에 대한 전복을 의미하는 것이기 때문이다.

그런 의미에서 윤대녕 소설에 있어서의 허무와 환상은 시대의 호흡과 지형을 역설적인 방식으로 재현하는 것이면서 동시에 문학적 응전력을 상실해가는 문학의 쇄신의 가능성을 보여주고 있다. 이 작품은 기억과 망각, 현실과 가상이 중첩되는 상황 속에서 인간의 끝과 비인간의 시작, 자연적 인간과 기계적 인간의 결합 가능성을 조심스럽게 예단해내고 있는 셈이다. 그러므로 윤대녕 소설은 문학적 응전력의 확보와 쇄신의 가능성을 모색하는 우리 소설의 새로운 지평을 확장하는 데 기여하고 있다고 평가하는 것이 온당할 듯 싶다.

하지만 그러한 환상이 현실에 대한 환멸만을 제시하거나 현실을 즉자화한다면 그것은 또다른 허무주의를 파생할 것임은 자명하다. 그러므로 즉자화된 환상성과 허무주의를 극복하고, 현실 재현과 환상적 상상력을 새롭게 결합시키면서 현실의 지평과 영역을 더욱 확장하는 데 기여하는 문학적 작업이야말로 윤대녕 문학과 현시기 문학이 궁극적으로 추구해야 할 우선적 과제일 것이다.

학습 활동

윤대녕의 소설은 현실 세계를 뛰어넘는 환상적인 이야기들로 구조화되어 있다. 특히 그의 소설은 인터넷의 확산과 매체의 다양화로 등장한 판타지 소설의 성행과 관련하여 주의를 필요로 한다. 1990년대 이후 환상성에 기초하여 창작된 수많은 소설들은 절망적인 비현실의 세계나 지극히 예외적인 사건을 제시함으로써 현실에 대한 환멸과 수동적인 허무주의를 유포시켰다. 따라서 이에 대한 진단과 대안의 제시가 새롭게 이루어져야 한다. 그 점에서 윤대녕의 『사슴벌레 여자』는 새롭게 나아가야 할 방향을 환기해주고 있다.

『사슴벌레 여자』는 삭막한 일상과 현실로부터의 탈주의 자화상을 보여주는 작품이다. 이 작품에서 주인공은 스스로의 실종, 스스로의 죽임을 통해 새로운 시작으로서의 다시 태어나기를 시도하고 있다. '그'는 트리가 휘황하게 빛나면서 캐롤이 울려퍼지는 크리스마스 이브에 기억 상실에 빠진다. 도시로부터 멀리 떨어진 한적한 곳이 아니라 21세기 첨단의 물질문명이 꿈틀대는 대도시 서울의 중심에서 그는 자신의 정체성을 상실하고 만다. 그리고 '그'는 편의점에서 서하숙을 만나 동거를 시작한다. '그'는 서하숙의 권고로 사이버 무인호텔에서 '이명구'라는 사람의 기억을 이식받아 사이보그로서의 삶을 시작하게 된다.

1. '그'는 크리스마스 이브에 서울에서 기억을 잃는다. 또한 '그'는 편의점에서 서하숙을 만나게 된다. 편의점과 '서울'이라는 공간이 의미하는 바는 무엇인가.

2. 이 작품은 윤대녕의 다른 소설들처럼 현실 세계를 뛰어넘는 환상적인 이야기로 구조화되어 있다. 이 작품에서 환상의 세계와 결합하게 되는 이야기 요소는 무엇인가.

3. 이 작품은 윤대녕의 다른 소설들과 마찬가지로 정체성 찾기의 탐색담이라고 할 수 있다. 이를 뒷받침 하는 이유를 제시해 보자.

4. 이 작품에서 '그'는 기억상실 후 '이명구'의 기억을 이식받지만 그 기억에 의존해서 살지 않고 새로운 시작으로서의 다시 태어나기를 시도하고 있다. 우리 삶에 있어서 '기억'이 갖는 의미를 생각해 보자.

● 더 읽을거리

구병모, 『위저드 베이커리』

김영하, 『피뢰침』

박민규, 『그렇습니까? 기린입니다』

이평재, 『푸른고리문어와의 섹스』

전성태, 『존재의 숲』

제9장

문학과 철학

깨달음의 바다, 혹은 평심의 궁극

'인간이란 어떤 존재인가', '인간을 의미 있게 만드는 것은 무엇인가'라는 물음은 고대 그리스 철학에서부터 계속되어 온 것으로 휴머니즘의 근원이라 할 수 있다. 즉, 휴머니즘은 인간다움을 지향하는 모든 철학적 사유와 의식의 뿌리로서 사회주의의 이념적 원형뿐만 아니라 자본주의의 이데올로기로도 기능해 왔다. 그러나 이는 결국 인종과 민족, 성(性) 그리고 분배 방식의 문제를 배제한 관념으로 철저히 가진 자의 잣대가 되었다는 점에서 비판받는다.

휴머니즘 시대에 인간은 이분법적 구분을 바탕으로 인간이 아닌 것, 혹은 비(非)인간과의 대비를 통해 정의되었다. 인간은 이성을 토대로 행동하는 자율적인 주체로서 세계의 중심이자 만물의 척도였다. 그로 인해 인간에 대비되는 것들은 주체의 자리에서 배제된 채, 인간의 욕구와 필요에 따라 이용 가능한 수동적인 객체에 불과한 존재로 취급되었다. 실제로 우리는 이미 지난 20세기에 인간적이라는 이름으로 자행된 환경파괴, 이성에 대한 맹종, 여성에 대한 억압, 제3세계 민족과 국가들의 식민지화로 인한 비인간적인 양상들을 체험한 바 있다. 휴머니즘에 내포한 허위성으로 인해 인간은 진정 인간다운 세상을 만드는 데 실패하고 오히려 기득권층의 지배 이데올로기를 강고하게 만든 것이다.

반(反)휴머니즘 혹은 탈(脫)휴머니즘은 이러한 근대적 휴머니즘의 허구성을 반성하고 인간 중심적 이념에서 벗어나 새로운 이해의 패러다임을 만들고자 한다. 이때 새로운 패러다임이 지향하는 가치는 기존의 위계적 관점 해체, 차별과 배제의 극복에 따른 인간과 인간, 인간과 비인간 사이의 조화로운 공존이다. 이러한 점에서 포스트모더니즘을 비롯하여, 페미니즘, 탈식민주의 등 차별에 대한 최근의 다양한 담론들은 탈휴머니즘의 연장선에 있다고 하겠다.

한국 문학에서 휴머니즘의 모순을 폭로하고 이를 부정하는 노력과 더불어 탈휴머니즘을 추구하려는 시도는 50년대부터 계속되었다. 그중에서도 휴머니즘에 대한 통렬한 거부와 탈휴머니즘으로 일관해 온 작가가 바로 박상륭이다. 그는 인간의 삶보다는 인간의 죽음의 문제를 탐색하고 인간중심의 세계 인식과 운영에 대해 통렬히 비판했다. 아울러 우주와 자연의 법칙에 순응하고 적응해야 하는 인간을 구도적 자세로 탐구해 왔다. 그의 작품 속에 등장하는 인물들과 아이러니와 역설로 점철된 담론 방식은 그의 구도적 사유를 여실히 보여준다. 특히 신성한 시·공간의 설정, 인과적인 플롯의 해체, 근원을 알 수 없는 낯선 언어의 사용은 그가 추구하고자 하는 새로운 정서, 사유, 세계를 그려내는 데 특징적인 역할을 한다. 언어와 이성을 비언어적이고 비이성적으로 활용함으로써 인간과 세계에 대한 인식과 운영이 파탄에 이르렀다는 통찰을 드러내는 것이다.

오늘날, 철학적이고 종교적인 것에 대한 무관심과 상상력의 빈곤 그리고 비어 있는 실재에 대한 끝없는 욕망의 추구 등으로 귀결되는 한국 소설의 메마른 지평에서 그의 작품이 가지는 의미와 가치는 매우 깊다. 그러므로 그의 작품 속 '낯섦'에서 느껴지는 불편함에 대해 한 번쯤은 고뇌해 볼 필요가 있을 것이다.

1. 휴머니즘을 넘어서

20세기 문학의 궁극적 주제는 휴머니즘이었다. 휴머니즘의 전통은 이미 소크라테스로부터 비롯된 그리스 철학으로부터 근원하는 것인데, 그것은 인간다움을 지향하는 모든 철학적 사유와 의식의 뿌리로, 심지어는 사회주의의 이념적 원형으로, 그리고 마지막 남은 자본주의의 이데올로기로 기능해 왔다. 그러나 물질적 분배의 정의에 관한 문제 제기와 저항으로부터 시작한 사회주의적 휴머니즘은 역설적이게도 물질의 생산력 약화로 인해 그 막을 내렸다. 그리고 마지막 남은 자본주의의 휴머니즘은 철저히 관념화된 이념으로 우리들의 도덕과 윤리의 잣대가 되어 있다. 하지만 그것이 인종과 민족, 성(性) 그리고 분배 방식의 문제를 배제한 관념일 때, 그것은 철저히 가진 자의 잣대가 될 수 있음을 간과해서는 안 될 것이다.

그렇다면 이제 휴머니즘은 21세기에도 여전히 그 위세를 누릴 수 있을까? 하지만 회의적이다. 인간적이라는 이름으로 자행된 환경파괴, 이성에 대한 맹종, 여성에 대한 억압, 제3세계 민족과 국가들의 식민지화로 인한 비인간적인 양상들을 우리는 이미 지난 20세기에 체험하였던 것이다.

이러한 휴머니즘의 허구성에 대한 통렬한 거부 혹은 부정, 휴머니즘보다는 반휴머니즘 혹은 탈휴머니즘으로 일관해 온 작가가 바로 박상륭이다. 그는 이미 60년대부터 인간의 삶보다는 역설적이게도 인간의 죽음의 문제를 탐색했다. 그리고 인간으로 인해 오염된 자연과 우주에 대해 고민하고 인간중심의 세계 인식과 운영에 대해 통렬히 비판했다. 그는 자연 혹은 우주의 주인공으로서의 인간이 아니라, 우주와 자연의 법칙에 적응해야만 하는 숙명의 인간을 구도적 자세로 탐구해 왔다. 그러한 탐구의 방식은 지극히 부정과 역설의 방식이었던바, 인간의 삶과 인간이 만들어 놓은 문명과 문화를 부정하는 인간을 주인공으로 설정하였다. 그리하여 아이러니와 역설, 언어에 대한 부정과 모순화법의 활용이 그의 주요한 담론 방식이면서 수사학이었다.

그의 대표작들인 『열명길』, 『아겔다마』, 『죽음의 한 연구』, 『칠조어론』이 바로 그러한 예증이 된다. 특히 그의 소설집 『평심(平心)』은 그가 추구해 왔던 의식의 총체적 결과물이라고 할 수 있다. 이 작품집에는 여러 편의 단편이 수록되어 있는데, 동일 제목의 단편 「평심」이 작품의 핵을 이룬다. 이 작품에는 짧은 분량에도 불구하고 그의 초기 소설에서부터 최근에 이르는 그의 사유구조의 전모가 잘 드러나고 있다. 이에 이 글에서는 단편 「평심 — 동화 한 자리」를 중심 텍스트로 하여 그 구조와 담론 체계를 세밀하게 분석해 보고 그것들을 통하여 박상륭 소설의 원형과 아우라를 제시해 보고자 한다.

2. 성장과정의 구도적 인물, 성장의 원형

「평심」의 부제는 '동화 한 자리'이다. 그의 소설을 동화라는 이름으로 명명하는 것은 낯설면서도 한편으로는 익숙하다. 그가 줄곧 추구해 온 소설의 관념성과 난해성의 측면에서 보면 동화는 이질적인 것임에 틀림이 없다. 그리고 그 지난한 과정이 죽음과 그 초극을 넘나든다는 점에서 더욱 그렇다. 하지만 그러한 넘나듦의 과정이 구도의 과정이며, 구도의 주체가 아직 미숙한 존재라는 점에서 그것은 동화 속의 어린 주인공의 탐색의 이야기와 유사하다. 특히 주인공으로 어린 왕자가 등장한다는 점에서 「평심」은 한 편의 동화로 읽혀질 법하다. 그리고 어린 왕자가 자아와 관련된 문제로 정체성 탐색의 여정(旅程)을 반복한다는 점에서 「평심」은 성장소설의 상징적이고 원형적인 구조를 담보하고 있는 작품으로도 해석해 볼 수 있다.

성장소설은 아직 미숙한 소년 주인공 혹은 미숙한 존재가 여행이나 예술적 수련 등의 과정을 통해 겪는 내면적 갈등과 정신적 성장 그리고 자아의 정체성 획득의 이야기를 심층구조로 하는 소설 유형이다. 이와 같은 성장소설의 유형은 이미 신화나 전설, 혹은 고대소설의 주인공의 성장 모티프에 원형적으로 존재해 왔다. 그것이 서사문학의 역사적 전개 과정 속에서 어떤 때는 신화나 전설로, 어떤 때는 소설로 변형되었던 것이다. 따라서 성장 이야기의 심층구조는 가출 - 고난 - 조력자의 도움 - 탐색의 성공 - 귀가 - 사회로의 귀환의 과정을 거치게 된다.

이러한 성장 모티프가 「평심」에도 그대로 내재화되어 있다. 이처럼 성장 모티프의 원형적 이야기로서의 이 작품은 어린 왕자의 가출에 대한 서술로부터 서사가 시작된다.

> 허기야 그때쯤엔, 그도 살을 입었었은즉, 불두덩이며 코밑에도, 먼지털 좀 쉰 것들 몇 오라기가 삐죽 뾰죽 돋아오르고 있었으며, 목소리까지도 묘하게 변해가고 있었던 그런 나이였더니, 한번 떠나버렸더라고 했다. 아바마마나 어마마마께, 자기가 용 타고 돌아올 때까지 살아 계시라고 이르고, 표표히 왕궁을 떠나버린 것이었다. (중략) 어마마마 생각에도, 저 '별보기'가, 그런 어떤 모험, 열세, 고생 끝에, 허기지고 지쳐 돌아온다면, 별 수 없이 그때는 그도, 별들 사는 데서부터, 개미도, 개도, 사람도 사는 고장에로 돌아오지 않을 수 없을 것이라고 한 것이다.

위의 예문을 통해 「평심」이 바로 출생 - 성장 - 고난 - 입사의 과정을 지니는 성장의 모티프대로 서술되고 있음을 알 수 있다. 이처럼 이 작품의 주인공인 어린 왕자는 마음이 무엇인가를 탐색하기 위해 가출을 실행한다. 그 마음이란 자아의 정체성이거나 새로운 세계를 살아가야 할 진리일 것이다. 어쨌든 그의 가출은 결국 정체성 탐색을 전제로 하고 있고, 이러한 탐색은 성장을 위해 부과되는 통과제의이기도 하다.

통과제의라는 단어의 라틴어 어원은 '시작'을 의미하면서, 한편으로 '완벽의 추구'를 내포한다. 그것은 '도달'과 '완성'의 의미를 함의하고 있는데, 이는 '입문하다'와 '죽는다'를 결부시킨 의미이기도 하다. 즉 새로운 세계로의 입문은 기존의 세계에서의 죽음을 전제로 하기 때문이다. 그래서 엘리아데는 통과의례란 신참자의 죽음과 부활을 의미하며, 지옥으로의 하강과 하늘로의 상승을 의미한다고 정의했던 것이다. 따라서 이 작품에서의 왕자의 가출은 새로운 세계로 나아가기 위한 기존의 세계에서의 죽음을 의미하며, 질서의 세계에서 혼돈의 세계로의 진입을 의미한다. 그리고 이러한 죽음과 혼돈의 과정을 통해 새로운 생명을 얻게 되고 속(俗)의 세계에서 성(聖)의 세계로의 진입을 완성하게 되는 것이다.

하지만 이러한 통과제의의 과정은 죽음을 내포하므로 그만큼 혹독하고 고통스러운 과정을 수반한다. 그러므로 그런 과정을 구원해 줄 조력자가 필요하다. 「평심」에서의 왕자는 불머슴살이의 세월로 성장의 시련을 견디면서 세 명의 조력자를 만난다. 첫 번째 조력자인 노인네는 마음을 찾아 떠난 왕자에게 불머슴살이를 시킨 보상으로 '마음에 닿는 길은 하나뿐만이 아니고 둘보다도 많은 것은 아니다.'라는 가르침을 전하고 왕자를 두 번째 스승에게로 가는 방법을 알려준다. 두 번째 스승은 왕자가 일년치의 땔감을 마련해 준 댓가로 마음의 '체(體)'가 동시에 그 '용(用)'이며, '용(用)'이 또한 '체(體)' 자체임을 가르친다. 그리고 세 번째 스승은 왕자에게 마음의 체(體)를 찾으려 하기보다는 평심(平心)을 찾으라는 가르침을 전한다.

결국 세 번의 불머슴살이 끝에 왕자는 더 이상 스승을 필요로 하지 않게 되었으며, 스승의 가르침, 즉 말(言語)의 씨앗들로 사고(思考)하기 시작한다. 하지만 여기가 그의 성장의 귀결이 아니었으니, 이 지점으로부터 「평심」이 보편한 개념의 동화로부터 벗어나는 지점이다.

> 전형적인 한 동화(童話)의 기승전결(起承轉結)과, 전형적인 한 아동의 성장에 있어서의 갈림 길목이 저것이기 때문이다. 다시 말하면, 한 동화의 기승전결과, 그런 동화를 들으며 자란 한 아동의 실제적 삶은, 그 '기승'까지는 같되, 그 '전결'이라는 데서는 늘 어긋나곤 한다는 얘기다. 한 번 더 '다시 말하면', 그러니까, 동화 속에서는, 그 동화의 주인공 되는 왕자가, 나쁜 용을 무찌르고, 어느 나라의 공주를 구해 개선을 하는 데 반해, 한 아동은 실제적 삶에서, 성장하기의 어려움

과 당면한다는 것이다. 구상의 추상화(꿈꾸기), 그 추상의 구상화가 동화의 기승전결이라면, 추상의 구상화(꿈꾸기), 그 추상의 구상화에서 추상성만 사상(捨象)되기, 바로 그 일점이 '광휘에 찬 비극'이라는 것이다.

이 지점이 소설 「평심」이 동화로서의 「평심」이 아니라 성장소설로서의 「평심」임을 가늠하게 하는 수준점인 것이다. 불머슴살이의 고난 끝에 왕자가 도달한 지점은 바로 현실의 냉혹한 삶의 현장이었던 셈이다. 결국 세계 속의 단독자로서의 성장 주체는 철저하게 다시 한번 성장하기의 어려움에 당면하게 되는 것이다. 그리하여 그 지점을, 유년으로부터 성인으로의 경계, 추상의 구상화에서 추상성만 벗겨낸 그 지점을 '광휘에 찬 비극'으로 명명하고 있다.

왕자는 그 후 '평심이란 무엇인가?'라는 화두를 가지고 일심으로 정진하지만 끝내 실패하고 부랑(浮浪)하게 된다. 그 끝없는 부랑의 끝에는 육지의 끝이 기다리고 있었고, 그곳에서 그는 '난폭한 물'인 바다를 발견한다. 그리고 그는 '바다에 대한 이해'에 도달하고 그 바다가 '프라브리티(흔들림)의 구조'라는 인식에 도달한다. 성장모티프의 원형들에서 '바다'는 신참자가 통과제의의 시련 속에서 꼭 도달하는 곳이기도 하다. 신참자는 바다 혹은 바다 괴물들을 통해서 통과제의의 사명을 완수하게 되는데, 이는 바다 혹은 바닷물이 모든 형태를 해체하고 소멸시키면서 동시에 모든 것을 새롭게 생성하는 원형적 상징을 내포하고 있기 때문일 것이다.

왕자는 바다의 흔들림(프라브리티)이 끊임없는 흐름을 좇아 처르륵 철썩 '니브리티(不動)'의 해변에 부딪히고 있는 것을 보고 듣는다. 그리고 풍랑이 있는 날의 바다가 평평해졌을 때의 양상이 소승적(小乘的) 평심, 바람이 잠

들어 고요해진 바다의 집단적 양상이 대승적(大乘的) 평심이라는 인식에 도달함으로써, 그는 대승적 국면에서 '우주적 마음으로서의 평심(平心)이 도(道)'라고 깨닫게 된다. 이제야 그는 험난한 가출과 고난의 과정을 끝내고 진정한 정체성, 즉 도(道)를 깨닫는 경지에 도달하게 된 것이다.

그러므로 「평심」은 어린 왕자의 구도적 여정을 통해 가출 - 고난 - 깨달음이라는 성장소설의 구조적 원형을 온전하게 재현함으로써 성장소설의 새로운 전망을 보여 주고 있다. 박상륭 소설의 이러한 성장소설적 양상은 『죽음의 한 연구』에서부터 그 원형을 찾을 수 있다. 이 작품에서 주인공의 죽음 의식은 창녀를 어머니로 둔 아기의 성장 체험과 밀접하게 연관되어 있으며, 주인공의 구도적 탐색의 여정이 미성숙한 성장 주체의 정체성 탐색의 여정과 상동(相同)한 구조를 가지고 있다. 이러한 미성숙한 존재의 깨달음에 대한 여정이 구도의 과정이면서 동시에 성장의 과정임을 박상륭 소설은 보여주고 있다. 그러므로 박상륭 소설의 구도소설, 성장소설은 새로운 세기를 맞이하여 추구할 수 있는 성장의 방법이면서 성장의 또 다른 이념이 될 것이다.

3. 해체와 역설의 언어, 그 부정과 흔들림의 끝

「평심」의 시·공간은 박상륭의 다른 소설들처럼 상징적이면서 환상적이다. 그것은 구체적인 물상의 공간과 시간이 아닌 세속의 잣대로는 가늠할 수 없는 시·공간이다. 그저 마음의 개념으로만 측량이 가능한 시·공간인 셈이다. 즉 '마음을 척도로 삼는다면, 눈 한 번 깜짝할 사이에, 한 번쯤 갔다가 올 만한 그만쯤의 거리 저쪽'이 바로 「평심」의 시·공간이다. 이러한 추상화된 시·공간은 고소설이나 설화적 시·공간과 유사하지만 그것들과는 변별되는 신화적 시·공간으로 이해하여야 한다.

이와 같은 신화적 시·공간은 세속화된 우리 일상의 존재들이 살고 죽어가는 지속적이고 불가역적인 시·공간과는 질적으로 다른 원초적 무시간적 공간으로서의 신성한 시·공간이다. 그러한 신화적 시·공간 설정의 심층에는 현실의 속계(俗界), 속화된 시·공간에 대한 부정 의식이 자리하고 있다. 속계의 혼돈으로부터 신성 공간의 질서로 옮겨가려는 작가의 의식이 이 작품의 시·공간을 지배하고 있다. 이러한 신성한 시·공간의 설정은 개인적이고, 연대기적이며, 역사적인 시간에의 부정이며, 과거의 세속화된 시·공간을 폐기시킴으로써 새로운 세계를 창조하려는 의지의 표출인 것이다.

이러한 시·공간의 부정은 「평심」에서 인과적 시간의 조합인 플롯의 해체로 드러난다. 시간적 순서와 인과율의 조합에 의해 짜여지는 일반적인 소설의 플롯을 그의 소설에서는 쉽게 찾을 수 없다. 이는 그의 소설에 플롯이 존재하지 않음을 의미하는 것은 아니다. 플롯은 존재함에도 그것들이 인과율에 의해 서사 구조의 표층으로 드러나지 않으면서 의미의 바다에 단지 부유하고 있을 뿐이다. 이 점이 그의 소설의 독특한 서사 시학의 근원인 셈이다.

이처럼 이 작품의 서사 구조의 표층에서 플롯은 쉽게 읽히지 않는다. 왕자의 성장과 가출이 인과율로 설명되지 않을 뿐만 아니라 가출을 통해 계속되는 왕자의 방황 또한 인과율로 파악되지 않는다. 인과율의 파괴는 인간 중심의 이성과 문화, 역사에 대한 부정이며, 이는 기존에 존재하는 모든 사유와 물상들을 죽임 혹은 부정함으로써 새로운 창조, 깨달음이 얻어질 수 있다는 사유의 한 편린(片鱗)이다. 계속되는 사유와 물상들의 분화, 그 부정과 해체의 부유 속에서 투사되는 뜨거운 삶과 구도에의 열망만이 존재할 뿐이다. 그러므로 소설의 결을 따라 읽어가다 보면 마음의 실마리, 작은 깨달음이 밀려온다. 그가 이토록 인과율의 플롯을 지양함은 속계(俗界)가 철저히 인과율에 의해 운영되기 때문이며, 더욱 근원적으로는 윤회, 업, 진화에 대한 그의 부정 의식의 소산이다. 『죽음의 한 연구』로부터 『칠조어론』에 이르는 그의 사유와 구도의 핵이 바로 인과율과 윤회에 대한 철저한 부정 의식으로부터 발원하고 있는 것은 이 때문이다. 윤회의 고리로부터 영구히 벗어나는 일이 바로 소멸을 완전히 성취해내는 일이며, 그것이 박상륭 소설에서 죽음을 궁극으로 탐색하는 이유가 된다. 이러한 죽음의 탐색 방식이 살입음을 통해 현존하는 것들에 대해 부정하고 초극하는 의식의 소산이 될 터이다.

현실 공간에 대한 부정 혹은 초월의식이 바로 그의 소설속에서 낯설은 언어의 사용으로 드러난다. 우리의 현실 공간에서는 거의 사용되지 않을 듯 싶은 언어, 특히 근원을 알 수 없는 사투리가 활용되고 있다. 또한 느낌표(!)와 물음표(?), 말줄임표(……)의 활용이 빈번한 것도 그만의 독특한 언어 사용이다.

> '별보기님'이라고 불렀던개볐더라.
> "저 '마음'이라는 것을 찾으러 나설 것잉만요."
> "찍소로고!, 결코 돌이키려잖는다?"
> "마음에 닿는 길은, 하나뿐만은 아니라더라, 그렇다고 둘보다도 많은 것도 아니라등만……"

이처럼 그는 새로운 언어, 화법의 창조를 통해 새로운 정서, 사유, 세계를 그려내고 있다. 그의 문체가 유려한 운문의 운율을 갖고 있다는 점도 또

다른 언어의 새로움이다. 짧은 문장이 아닌 긴 호흡을 가진 장문(長文)을 구사하면서 부여되는 가락은 어쩌면 서사무가를 노래하는 무당의 유장한 숨결과 닮아 있다. 그의 낯설면서도 새로운 세계에 대한 지향과 구도에 대한 열망이 무당의 그것과 동일한 것이기에 그 숨결도 닮은 것이리라. 결국 언어는 '몸(體)'과 '화두(用)'를 구비해내어 그것 자체로서 해탈이로되 '몸'이 구획하는 한도 내에서의 해탈이라는 그의 발언은 그가 사용하는 언어에 대한 그의 인식의 지평을 보여준다. 그가 이처럼 낯설은 언어를 사용하여 소설을 쓰는 것은 일반적 의미의 소설 쓰기가 아니다. 그에게서의 소설 쓰기는 그의 사유적 삶의 지평을 확대해 나가는 것이며, 그의 깨달음을 밀고 나가는 방법이기 때문이다.

그래서 삶 혹은 세계, 우주에 대한 깨달음이 그의 소설에서 반어 혹은 역설, 즉 모순어법으로써 드러난다. 이는 바로 다층적 언어의 활용이라 할 수 있는데, 결국 한 대상의 표층과 심층에 대한 양면적 인식, 즉 세계에 대한 다층적 인식의 표출인 것이다.

> "오기도 하지만, 가기도 하는 중이지요."
> "그가 토해내려 했던 것은 음식이 아니라, 말(言語)이었던 것을."
> "광휘에 찬 비극의 일점"
> "눈은 눈 자체를 보지 못하는데, 그런 눈이 무엇을 본다는 것을"
> "반지역연(反之亦然, vice versa)! 실(實)답잖도다, 시답잖도다!"
> "수사학적(修辭學的, 이름의 또는 말의) 허무(虛舞)는 허무(虛無)할 터인가!"

위와 같은 모순어법의 활용은 세계에 대한 이분법적 인식, 혹은 일원론과 절대주의 사고에 대한 경종의 의미로 수용될 수 있다. 이는 그동안 언어와 이성이 비언어적이고 비이성적으로 활용됨으로 인해 인간과 세계에 대한 인식과 운영이 파탄에 이르렀다는 그의 통찰의 반영이다. 그러한 이분법적 언어의 비언어적 구조를 깨뜨리는 방식이 바로 그의 소설에서 구사되는 모순어법이다.

따라서 박상륭은 「평심」에서 신성스런 시·공간의 설정, 플롯과 인과율의 해체, 새롭고 낯설은 언어와 모순화법의 활용을 통해 세속의 세계와 인간의 질서에 대한 일상적 인식을 부정해내고 있다. 그러한 부정과 흔들림의 사유의 끝에는 새로운 생명과 깨달음에 대한 열망이 역설적으로 자리하고 있다. 죽음과 욕망을 초극함으로써 우주적 마음인 평심에 도달하려는 의지, 우주적 마음을 한 몸에 담아내려는 강한 의지가 플롯의 심층에 내밀하게 숨쉬고 있는 것이다.

4. 죽음과 욕망의 초극, 우주적 마음의 경지 — 평심

단편 「평심」은 먼길을 에둘러서 돌아 나온 구도자의 깨달음의 극점이다. 그렇다고 그것이 구도의 종착이나 완결을 의미하는 것은 아니다. 구도의 길 위에 선 자에게 길은 결코 멈출 수 없는 운명이며, 길의 끝은 있을 수도, 있어서도 안될 터이다. 다만 가시밭이나 사막의 길을 넘어서 잠시 오아시스나 시원한 그늘을 만나 길에 대한 새로운 인식, 혹은 길 위의 운명에 대한 깨달음에 도달할 수 있을 뿐이다. 「평심」은 박상륭 문학이 긴 죽음과 욕망의 가시밭을 지나 오아시스의 시원한 그늘에 도달한 증표이다. 하지만 이 작품을 무심이나 평안함의 경지로 해석해서는 안 된다. 그 무심이나 평안함의 심층에는 불안과 죽음의 초월, 지극한 깨달음에의 강한 열망이 또아리 틀고 있다.

이 작품은 『죽음의 한 연구』나 『칠조어론』에서 살펴볼 수 있는 박상륭의 사유의 종합이자 극대화이다. 그러므로 이 작품에는 이전의 작품들과 동일하게 마음의 탐색, 즉 구도적 사유가 드러난다. 그 사유의 과정으로 불교적 담화와 기독교적 담화, 그리고 연금술적 담화가 제시되고 있다. 그 구도의 참된 궁극은 '마음을 길들여 자기 뜻대로 어거함으로써 한 우주를 정복함'에 있다. 그런데 그 마음은 '거대한 용'일 수도 '싯누런 황소'일 수도 있다. 하지만 그 탐색은 어렵고도 어려워 '누구라도 귀안(鬼眼)을 갖든, 두 개보다 더 많은 눈을 가져야만' 될 것이다. 이러한 구도의 방법 중 임재록(臨齋錄)의 '안팎으로 만나는 자를 모두 죽여라'라는 명제를 첫 번째 스승은 왕자에게 가르친다.

> 그것(마음)에 닿는 길은, 하나뿐만은 아니라더라. 그렇다고 둘보다도 많은 것은 아니라등만.…… 어느 길이나, 길들은 다 험난하여, 힘들 터이다. 그 한 길은, 이눔 사미여, 왔던 그 길을 되꾸리 감아, 돌아가는 그 길인데, 돌아가면서는, 아 이눔 사미여, 귀 막아라, 꽉 틀어막아라, 육두문자 나간다, 귀 막아라,
> '봉불살불(逢佛殺佛), 봉조살조(逢祖殺祖), 봉라한살라한(逢羅漢殺羅漢), 봉부모살부모(逢父母殺父母)'.

마음의 해탈을 위해 부처를 만나면 부처를 죽이고, 나한을 만나면 나한을 죽이고, 부모를 만나면 부모를 죽이라는 말일 터인데, 이는 『죽음의 한 연구』, 『칠조어론』 등에서 구도의 주인공들이 구도적 죽임과 죽음을 행하

는 마음의 바탕인 셈이다. 즉 한번의 완전한 죽음과 죽임을 성취하는 것이 구도의 궁극임을 스승은 어린 왕자에게 제시하고 있다. 이러한 완전한 죽음의 성취를 통한 구도의 방법이 「평심」에서도 제시되고 있다.

또한 다른 소설들에서 이미 제시된 사유의 양상이 바로 바다에 대한 이해이다. 박상륭에게 있어서 바다, 또는 자궁의 상징은 스스로의 상극적 질서로 우주를 구성한다. 그러므로 바다를 '고해(苦海)'로 인식하는 것이다. 끝없는 윤회의 근원으로 바다를 바라보는 것이다. 바다는 '뭍을 임신한 어미 당자'이며, 뭍은 '어미의 자궁에다 임신케 한 그 아비 당자'이며, 그 자식이 분만되어져 나오는데 그것이 붉은 용에 다름 아니라는 것이다. 그리고 그 '용이 바로 모태에다 뭍을 임신케 한 그 아비 당자'라는 점에서 바다는 윤회의 근원인 고해라는 그만의 독특한 해석이다. 이처럼 박상륭이 가장 비극적으로 인식하는 영원한 윤회의 고리의 시작이 바로 바다라는 인식이 이 작품에 드러나고 있다.

하지만 「평심」에서는 이러한 '고해'로서의 바다가 사유의 궁극은 아니다. 그는 그러한 '고해'로서의 바다에서 '흔들림'으로부터 '열반'에 도달하는 경지를 발견한다. 가학과 피학, 남성과 여성, 죽음과 삶의 상극적 질서들이 맞물려 '프라브리티(흔들림)'의 질서를 이루는데, 그것은 횡적 질서로 태어남 - 죽음 - 태어남이 반복되는 영원한 윤회를 의미한다. 그러나 이러한 프라브리티의 우주적 질서는 '니브리티(열반)'의 질서를 궁극으로 지향하고, 이는 '자기 부정'을 통해 가능하게 된다. 이와 같은 '자기 부정'은 삶의 원리와 죽음의 원리가 모두 소멸한 자리에서 가능하게 되고, 드디어는 평심에 도달하게 되는 것이다. 삶과 죽음의 모든 욕망이 소멸된 자리에 흔들림이 없는 마음인 평심이 얻어지게 된다.

결국 「평심」에서 구현된 사유의 핵은 바로 성욕(창조력)과 죽음(파괴력),

에로스와 타나토스의 모든 욕망이 사라진 '평온한 또는 평탄한 마음'인 것이다. 그래서 '평심(平心)'이 '도(道)'이면서 그것이 집단적 마음으로 반복되어, 결국 우주적 마음으로 승화된다. 평심은 '우주적 마음'인 것이어서 궁극에는 도와 구별할 수 없게 되는 것을 관(觀)하게 된다.

> 고요함 속에 있는, 맥동 아닌 맥동, 그렇다면, '평심'을 성취하기가 '우주적 마음'을 성취하기여서, 한 우주가 그 마음속에 휩싸여져 들어버린 것을 알게 된다. 그런 이라면, 용(龍)을 불러 타고, 어딘들 주류치 못하랴. 마음의 '체'에 걸터타고, 마음의 '용'을 어거한다면, 그가 그 한 우주의 군주이지 뭣이겠느냐. '체가 동시에 그 용이며, 용이 또한 체 자체인 것을'

「평심」은 박상륭 소설이 보여왔던 사유의 낯설음, 그 추구방식의 불안과 어둠, 격렬한 부정과 죽음 등의 의식이 보이지 않는다. 특히 그가 스스로 만들어낸 악테옹 콤플렉스, 즉 자기 내면의 독, 독구, 황충, 독사와 같은 것들로부터 해방을 성취하지 못한 정신이 이 작품에는 드러나지 않는다. 그리고 이 세상은 소풍을 즐기는 곳이 아니라 아픔으로부터 벗어나기 위해 투쟁해야만 하는 곳이라는 인식 또한 이 작품에서는 소멸하고 있다. 세계와의 불화와 혼돈, 갈등, 죽음, 희생양의 화소들이 「평심」에 이르러서는 사라지고, 오히려 이 작품에서는 한번의 폭풍우가 지난 뒤의 맑고 청량함처럼 무심(無心)의 경지, 모든 죽음과 욕망이 사라진 평심(平心)의 경지가 보인다. 이는 박상륭 소설의 섬세한 선회를 의미하는 것일 수도 있다. 그의 이전의 작품에서 볼 수 있었던 죽음 혹은 욕망이 사라지고, 그의 마음이 이제 평심에 도달했음을 보여준 작품이 바로 그의 단편 「평심」인 것이다. 그러므로 이 작품은 계속되는 그의 작품 세계의 섬세한 선회의 기준점이 될 것이다.

5. 죽음과 세기말을 건너는 방법

박상륭은 1963년 단편 「아겔다마」로 등단한 이후 줄곧 우주, 생명, 죽음을 화두로 삼고 말·마음·몸의 연금술로 구도의 사유로써의 소설 쓰기를 계속해 왔다. 그러한 구도의 길은 혼돈에 이르는 길이었고, 경계를 파괴하는 죽음에 도달하는 길이기도 하였다. 또한 마음의 체(體)인 몸과 몸의 용(用)인 마음의 연금술적 사유를 통해 우주의 말, 언어에 도달하고, 그 언어는 몸(體)과 화두(用)을 구비해내어 그것 자체로서 해탈을 이루어냈다. 그 해탈의 경지가 바로 『죽음의 한 연구』로부터 『칠조어론』에 이르렀다.

해탈과 구도의 여정 가운데 박상륭은 완전한 육체의 죽음과 영혼의 재생이라는 주제의식을 소설로 형상화하고자 하였다. 여기에서 박상륭의 죽음에 대한 의지가 초극되는데, 그 의지는 치열한 삶에의 의지에 대한 역설적 추구이다. 그의 역설적 의지가 빛나는 가운데 죽음, 욕망, 염세, 환멸에 빠진 세기말의 문학의 넋을 씻기고, 맑은 혼을 건져낼 수 있을 것이다. 그러므로 그는 세기말, 죽음 혹은 혼돈에 당면한 한국 문학의 씻김굿의 박수무당이자 사제였다. 모든 것을 온몸으로 부정하며 죽음으로 밀어내는 것, 그 치열한 열망의 소산이 『죽음의 한 연구』이고 『칠조어론』임은 자명하다. 그 죽음의 의식(儀式), 죽음으로서의 통과제의를 치뤄낸 그의 사유의 끝, 마음의 바다에 펼쳐진 반가사유의 후광, 즉 해탈의 무지개가 바로 「평심(平心)」이다. 상극과 혼돈과 불화의 제의적 죽음을 완전히 극복한 그의 마음의 바다에 이제 영원히 평안한 마음, 평심이 펼쳐진 것이다.

그러므로 그의 단편 「평심」은 그의 모든 구도적 문학의 사유의 귀결이자 궁극이고, 새로운 이정표이다. 그의 문학의 완성이자 새로운 시작이며, 그의 문학적 죽음이자 새로운 탄생이다. 이전의 작품들에서 보여지던 죽음과, 상극과, 혼돈과, 불화를 불태운 자리에 「평심」이 놓여 있다. 그것도 죽음의 세기말을 보내고 새로운 세기를 맞이하는 경계에서. 그리하여 박상륭에게도, 한국 문학에게도 「평심」의 의미는 더욱 심장하다. 특히 형이상학적이고 종교적인 것에 대한 무관심과 상상력의 빈곤 그리고 비어있는 실재에 대한 끝없는 욕망의 추구 등으로 귀결되는 이 시기 한국 소설의 메마른 지평에 「평심」이 던지는 화두(話頭)는 시원한 생명수이다.

누구나 담담하지만은 않게 새해 첫날의 태양을 맞이하였다. 그 태양으로 죽음과 염세, 절망과 환멸이 녹아 버릴 것을 기원하기도 했을 터이다. 하지만 그 태양이 지난 과거의 어느 날 떠오른 태양과 별반 다르지 않은 것임을 짐작하는 순간, 희망과 불안, 절망과 낙관이 겹쳐진다. 문제는 인간들의 날렵한 마음가짐이었을 뿐이다.

날렵한 마음을 묶어두기, 비상과 중력의 반작용 속에서 마음을 잡아 놓기란 죽음에 이르는 길보다 어려울지도 모른다. 하지만 그러한 역설적 구도(求道)의 열망을 끝없이 추구한 박상륭이 도달한 길은 항상 같은 마음으로서의 평심(平心)이다. 그가 21세기를 맞이한 날렵한 마음의 우리들에게 내려준 화두가 바로 평심인 것이다. 혼돈과 죽음으로 들끓는 과거의 시간을 건너는 방법으로서의 평심, 그 흔들림 없는 마음을 화두 삼아 우리는 내일을 맞이하면서 새로움의 의미, 새로움의 새롭지 않음에 대하여 고뇌해야 할 일이다.

학습 활동

> "오기도 하지만, 가기도 하는 중이지요."
>
> "그가 토해내려 했던 것은 음식이 아니라, 말(言語)이었던 것을."
>
> "광휘에 찬 비극의 일점"
>
> "눈은 눈 자체를 보지 못하는데, 그런 눈이 무엇을 본다는 것을"
>
> "반지역연(反之亦然, vice versa)! 실(實)답잖도다, 시답잖도다!"
>
> "수사학적(修辭學的, 이름의 또는 말의) 허무(虛舞)는 허무(虛無)할 터인가!"

1. 위의 문장에서 활용된 모순어법은 이분법적 인식, 혹은 일원론과 절대주의 사고에 대해 경종을 울린다. 이처럼 박상륭의 소설 속에 드러난 아이러니와 역설, 인과율을 파괴하는 플롯의 해체는 '기존에 존재하는 모든 사유와 물상들을 죽임 혹은 부정함으로써 새로운 창조, 깨달음이 얻어질 수 있다.'는 그의 철학에서 비롯되었다. 이러한 그의 인식을 바탕으로 하여, 「평심」 안에서 표면적으로 드러난 '낯섦'의 형식을 찾아 보고 그에 담겨 있는 의미를 논의해 보자.

2. 박상륭이 보여 온 형이상학적이고 종교적인 주제와 일상의 어법을 깨트리는 낯설고 독특한 문체는 일부 평자들의 극찬을 받기도 하였으나 일반 독자에게는 난해하게 여겨지기도 한다. 경외감과 거부감이라는 극단적인 반응에 대해 작가는 "송두리째 삼켜지는 책이 있는가 하면, 삼킨 것을 몇 번이고 토해내 또 씹고, 또 삼키고, 또 씹어야 하는 책도 있다."고 말한다. 인간 존재에 대한 특유의 문제의식과 화두를 던져주는, 그러나 소화하기에 적잖은 공력과 인내가 필요한 그의 작품을 자신의 관점

에서 평가해 보자.

3. 「평심」 에서 왕자는 질서의 세계를 벗어나 혼돈의 세계로 진입하여 시련을 겪지만 결국 이를 극복하고 진정한 정체성, 도(道)를 깨닫는 경지에 도달한다. 그리고 이는 구도의 여정 속에서 조력자의 도움과 더불어 바다의 발견, 흔들림의 질서에 대한 깨달음이 있었기에 가능했다. 왕자의 성장과정을 통해 자신의 통과제의를 떠올려 보고 자신을 성장시킨 고난과 역경은 무엇이었는지, 이를 극복하게 한 힘 또는 극복할 수 있었던 방법은 무엇이었는지 적어 보자.

4. 박상륭이 「평심」에서 추구하고자 한 '평심'이란 모든 욕망이 소멸된 무심(無心)의 경지, 흔들림이 없는 평안한 마음이라 할 수 있다. 빠르게 변해가는 사회 속에서, 그리고 삶을 가로막는 어려운 상황과 복잡한 감정들 속에서 이러한 평심이 주는 의미는 매우 심장하다. 이 시대에, 그리고 자신에게 평심이 가지는 가치를 생각해 보고 평심에 이르기 위한 삶의 태도는 어떠해야 하는지 이야기해 보자.

● **더 읽을거리**

이상, 「오감도」

이승우, 「나는 아주 오래 살 것이다」

조셉 캠벨, 『신화의 힘』

T. 페넬름, 『사후세계의 철학적 분석』

밀란 쿤데라, 『참을 수 없는 존재의 가벼움』

제10장

문학과 웃음

웃음의 시학, 그 역설의 배치

지금은 그야말로 혼돈의 시대, 과도기의 시대이다. 후기 자본주의 사회의 여러 가지 모순된 징후들은 어지럽고 불안정한 사회를 조성했다. 이 시기에 이루어진 탈근대에 대한 논의는 근대에 대한 부정을 함의할 뿐 새로운 사회를 전망해내지 못했다. 모든 것의 물신화와 상품화를 부추기는 현실에서 혁명에의 열정은 사그라든 지 오래고 이제는 계몽의 허구성에 대한 냉소주의만 가득하다. 주체적인 근대를 경험하지 못한 우리에게 어쩌면 탈근대에 대한 논의 자체가 비현실적이었을지도 모른다.

이러한 불안정한 형국에서 사람들의 눈길을 끄는 것은 모순적이게도 바로 웃음의 문학이다. 이 사회와 세계의 불합리함, 그 구성원들의 부조리함에 대한 조소와 냉소, 유머와 풍자가 담긴 작품들이 최근 눈에 띄게 발견된다. 사실 기존의 도덕률이나 절대적 규범이 와해되어 가는 혼란스러운 과정에서 해학이나 풍자의 문학이 등장하는 것은 그리 놀라운 일은 아니다. 조선 후기 판소리계 소설이나 가면극, 1930년대 채만식의 소설과 김유정의 소설, 1950년대 김성한의 소설들 역시 과도기적 시대 상황에서 등장했고 당시 많은 이들의 주목을 받았다.

이것은 웃음이 과도기의 산물이라는 사실을 추론하게 한다. 다시 말해, 현실과 이상이 어그러지고 균형이 깨뜨러지는 과정에서 웃음이 파생되는 것이다. 기존의 부조리한 가치가 무너지는 그 순간, 웃음이 유발되며 이때의 웃음은 지배적인 가치의 하락을 더욱 촉발시킨다. 동시에 억압되어 있던 가치를 수면 위로 등장하게 한다. 이러한 웃음이 가진 혁명적인 성격에 대해 일찍이 베르그송은 『웃음』이라는 책에서 "경직된 것, 기성적인 것, 자동주의야말로 웃음이 강조하고 교정하려 하는 결점"이라고 언급한 바 있다.

따라서 웃음을 유발하는 대부분의 문학은 질서보다는 혼돈을 지향한다. 지배적인 원리가 무너져야 또 다른 원리가 구현될 것이기 때문이다. 기득권자들에 의해 운영되어 온 부정적인 사회 현실의 교정, 그것이 바로 웃음의 문학이 궁극적으로 추구하는 바이다. 해학적이고 풍자적인 작품들이 부정적인 현실과 가치를 비판하면서 그것을 긍정적으로 개선하고자 하는 것은 이러한 이유에서이다. 그리고 새로운 사회의 가치 형성은 웃음을 짓는 사람들끼리의 공동체 혹은 공범 의식을 전제로 한다.

오늘날의 탈근대적 방향 상실을 보여주는 문학들, 특히 웃음을 모티프로 한 문학의 한 극단에 성석제와 김종광의 소설이 위치한다. 이들이 보여주는 독특한 문학 세계는 새로운 질서를 희구하는 방법이자 진정한 인간다움의 가치를 추구하고자 하는 노력의 일환이라 하겠다. 지금 이 시대의 문인들이 웃음의 문학을 통해 구현해내는 새로운 가능성을 확인해 보도록 하자.

1. 진정 웃음의 시대인가

웃음은 최근의 문화적 담론과 지형을 가늠하는 주요한 인식소로 기능한다. 특히 대중문화 속에서의 웃음은 가히 폭발적이다. 많은 영화나 드라마, 쇼 프로그램들에서는 적절하게 웃음이 배치되어 있어야만 대중들의 흥미를 이끌어낼 수 있다. 그것은 우리들의 일상에서도 마찬가지이다. 일상의 담론에 유머를 적절하게 배합해낼 줄 아는 사람이 재치있는 사람으로, 여유 있는 사람으로 인정받게 된다. 이처럼 웃음이 이 시대 문화와 담론의 주요한 지형을 선점하게 된 것은 무엇 때문일까?

어쩌면 지금 이 시대가 혼돈의 시대, 혹은 과도기의 시대이기 때문일 것이다. 그러한 진단은 90년대 이후 방향을 상실한 우리 사회의 구조적 모순으로부터 근원하는 것이면서 동시에 근대에서 탈근대로 이행하고 있는 후기 자본주의 사회의 여러 가지 모순된 징후들로부터 비롯하는 것일 터이다. 특히 현재 우리 사회의 탈근대 논의는 근대에 대한 부정을 함의할 뿐 새로운 사회에 대한 전망과 이념을 제시해내지 못하고 있다. 그런 점에서 이 시기는 분명 혼돈의 시대이고 전망 부재의 시대이다. 더구나 스스로의 주체 정립을 통해 온전한 의미의 근대를 경험하지 못한 우리에게 탈근대 논의 자체는 비현실적인 논리의 사변만 반복할 수 밖에 없다. 그러한 과정에서 탈근대의 징후로서의 웃음은 대단히 문제적인 현상인 셈이다.

뿐만 아니라 후기 자본주의 사회의 물신화에 대한 욕망의 파고가 더 높아져만 간다. 이제 인간의 정신과 영혼까지도 하나의 상품으로 가격이 매겨져 진열되고 매매되는 그런 시대가 되어 가고 있다. 숭고한 지성과 혁명에의 열정은 지난 시대의 아스라한 기억과 함께 사라져 버리고 계몽의 허구성에 대한 냉소주의만이 부유하고 있다. 어떤 실천적 귀결도 이끌어내지 못한 채 추상과 관념만이 허공에 가득하다.

우리 문단도 사정은 다르지 않다. 현존하는 여러 문제들, 이를테면 평론가와 작가들의 문학 권력에 대한 열망과 타협, 출판사와 잡지사들의 상업주의, 문학상의 범람과 문학 입문 제도의 불합리성 등은 우리가 당면한 존재론적 위기와 사회 역사적 혼돈의 흐름으로부터 자유롭지 못한 형국이다.

그 때문일까. 이 시기 웃음의 문학이 다시 부활하고 있다. 웃지 않을 수 없게 만드는 문학, 이 사회와 세계, 그리고 그 구성원들의 부조리와 이중성에 대한 조소와 냉소, 유머와 풍자가 이 시기 많은 작품들의 구조를 견인해 내고 있다. 송기원, 성석제, 김종광, 이명랑, 김연수 등의 최근 작품들에서 이러한 경향은 쉽게 발견된다.

따라서 이 글에서는 성석제와 김종광의 소설 세계를 중심으로 이 시대 문학들 가운데 부유하는 웃음의 실체를 분석해 보고, 한편으로 주요한 창작 방법의 또 다른 모색이라고도 할 수 있는 '웃음'의 시학의 구조와 정체를 탐색해 보고자 한다. 그렇다고 이 글이 웃음의 문학을 지나치게 긍정해 내지는 않을 것이다. 왜냐하면 웃음의 문학은 혼돈과 과도기의 문학이며, 결코 새로운 전망을 보여주기 어려운 구조적 모순을 스스로의 시학으로 내재하고 있기 때문이다. 또한 이 글을 쓰면서 필자 스스로도 웃음의 문학이 새로운 21세기의 한국적 상황에 현실적으로 조응하는 가장 적절한 창작 방법일 수 있는가라는 질문에 아직 스스로의 답을 찾아내지 못한 때문이기도 하다.

2. 웃음의 구조와 배치

웃음은 불일치의 산물이다. 균형이 깨뜨려지는 순간 웃음은 파생된다. 전혀 예상하지 않았던 사건이 발생하거나 발화 맥락과 전혀 상관없는 발화가 이루어졌을 경우 웃음이 발생하게 되는 것이다. 관습적이거나 기계적이었던 행위나 발언이 무너지고 깨뜨려지는 순간이 바로 웃음이 시작되는 출발점이다. 그러니까 길을 걷던 사람이 갑자기 넘어진다거나 진지한 토론의 장에서의 사투리 한마디로 인해 웃음이 발생한다. 이는 베르그송이 『웃음』이라는 책에서 관용구의 틀에 부조리한 생각이 삽입되면 희극적인 순간이 파생한다고 주장한 바와 통하기도 한다.

이러한 불일치의 산물로서의 웃음은 현상과 본질, 현실과 이상의 사소한 불일치, 작은 일그러짐의 소산이기도 하다. 정상적이고 완전하리라고 예상하던 사건이나 대상의 본질이 어느 순간 비정상적이고 불완전한 양상으로 드러나게 되었을 때 웃음이 발생되는 것이다. 그런 점에서 웃음은 정상에서 비정상, 완전에서 불완전으로의 순간적 전이 과정, 혹은 그 경계에서 발생한다.

따라서 웃음은 과도기의 산물이다. 현실과 이상의 일그러짐이 강한 사회는 혼돈을 경험할 수 밖에 없다. 제시되는 지배적인 이데올로기가 현실의 상황을 정당화하지 못할 때 혼돈스러운 사회는 도래할 수밖에 없으며 그런 혼돈의 상황을 더욱 촉발시키는 것이 웃음이다. 기존의 불합리한 사회와 새로운 이념으로 촉발된 새로운 사회의 중간 단계에서 웃음은 파생한다. 이는 기존의 부조리한 가치가 역전되는 순간 웃음이 파생하는 것을 의미하는 것이기도 하다. 그런 점에서 웃음은 기존의 가치와 이데올로기의 역전과 전도를 전제로 한다. 지배적인 가치가 하락하고 억압되어 있던 가치가 상승하게 되는 혼돈, 혹은 과도기의 세계에서 웃음이 유발되는 것이다.

이처럼 기존의 도덕율이나 절대적 규범이 와해되어 가는 혼돈이나 과도기의 과정에서 해학이나 풍자의 문학이 발생하는 것이 그 때문이다. 조선 왕조를 지탱해 온 유교이념이 퇴조되어 가던 조선 후기에 『춘향전』·『별주부전』 등의 판소리계 소설이나 가면극 등이 발생하였고, 중세 봉건사회에서 서구적 근대사회로의 이행 과정이면서, 카프의 해체에서 일제 주도의 전시(戰時) 황도(皇道) 문학으로의 이행 과정이었던 1930년대 중·후반 『태평천하』나 「치숙」 등의 채만식 소설이나 「봄봄」·「동백꽃」 등의 김유정 소설들이 주목을 받게 되었던 것은 바로 이러한 과도기적 시대 상황 때문이었던 것이다. 더불어 동족 상잔의 전쟁으로 인한 정신적 공황 상태였던 1950년대 「오분간」·「무명로」 등 김성한 소설들도 마찬가지 경우이다.

그것은 지배자들의 언어와 가치에 대항하는 민중들의 언어에 의해 웃음이 발생한다는 것을 추론하게 한다. 이는 웃음의 문학이 지배계층의 언어보다 민중의 언어를 지향하는 데서도 찾아볼 수 있다. 즉 웃음의 문학은 비정상적이고 전복적인 언어를 활용하는데, 그러한 언어의 역설적 활용이 기실은 기득권 문화에 대한 저항의 의미를 담보해내고 있는 것이다. 때문에 웃음을 근간으로 하는 축제의 양식, 그리고 그 양식의 원형들은 대부분 민중적 언어의 활용에 의해 획득되기도 한다. 이는 형이상학적 독백주의를 거부하고 대화의 다성성과 축제의 언어를 강조하는 바흐친의 이론과도 통하는 바이다.

> 바흐친의 해체주의적 전략은 지배계급의 형이상학을 민중적으로 전복하는 축제, 즉 "모든 위계 서열과 특권과 규준과 금기의 정지를 표

> 시"하는 "지배적 진리로부터의 일시적인 해방"과 충분히 결합되었다. "모든 기성의 완성된 것과 불가변성을 표방하는 모든 것에 대해 반대"하는 민중적 축제의 '즐거운 상대성'은 바흐친의 시학의 정치적 구현으로서, 민중적 웃음의 불경스럽고 '친숙화하는' 언어는 그 풍자적 소격에 의해 독백적 권위주의를 파괴한다. 현대 탈구조주의의 니체적인 유희성은 강단을 떠나서 거리에서 춤을 추며, 그 정신적 넉넉함은 중세 및 르네상스 국가의 형이상학적 경건성을 조롱하고 물질화하며 위반한다.
>
> — 테리 이글턴, 『축제로서의 언어』

한편 웃음은 대상의 이중성에 대한 인식으로부터 출발한다. 그러므로 웃음은 현실과 이상, 현상과 본질 등 대립물들의 경계에 위치하면서 양자에 대한 이중적 인식을 전제로 하는 것이다. 이러한 이중적 인식은 일원론적 세계 인식에 대한 거부이며 절대적 질서와 원리에 대한 부정이라고 할 수 있다. 이는 또한 세계를 지배하는 우선적인 제1의 원리를 부인하고 제2, 제3의 원리를 추구하는 것이다.

그러므로 웃음을 유발하는 대부분의 문학은 질서보다는 혼돈을 지향한다. 제1의 지배적인 원리가 무너진 혼돈을 체험해야만 제2, 제3의 원리가 구현될 것이기 때문이다. 그래서 웃음은 기존의 규범이나 상식, 혹은 통념을 거부하고 지배적 질서의 해체를 촉발시킨다. 때문에 많은 해학적이거나 풍자적인 문학작품들은 부정적인 현실의 단면을 제시하고 지배적인 이념과 가치를 비판하면서 그것을 긍정적으로 개선하고자 한다. 그런 점에서 이러한 웃음의 문학들은 기득권자들에 의해 운영되어온 부정적 사회 현실의 교정을 궁극적으로 의도한다.

> 웃음은 즉각적인 교정을 요청하는 개인적이거나 집단적인 결점이며, 웃음은 바로 이 교정 자체이다. 웃음은 인간이나 사건에 있어서 어떤 특정한 방심을 강조하고 제지하는 일정한 사회적 의사표시인 것이다.
>
> — 베르그송, 『웃음』

이러한 부정적 사회 현실을 극복해내려는 과정에서 웃음을 웃는 사람들끼리는 공유의 카테고리가 형성되어야 한다. 그것은 공동체 의식을 바탕으로 하거나 공유하는 사회적 관념, 혹은 관습 등을 전제로 해야 한다. 그래서 웃음을 웃는 사람들끼리는 나름의 공범 의식이 공유되기 마련이다. 그러한 공유된 의식들이 궁극적으로 새로운 세계나 사회의 이데올로기와 가치를 형성하는 데 간접적으로 기여하게 되는 것이다.

한편 웃음의 문학에는 아리스토텔레스가 희극의 조건으로 상정했던 평범 이하의 인물이 등장한다. 평범 이하의 비속한 인물이나 주변인들의 변변치 못한 행동이 주로 희화화의 방식으로 형상화되면서 웃음을 발생시키게 되는 것이다. 그러나 문제는 그런 등장인물들이 대체로 평면적 인물이라는 점이다. 그것은 사건의 전개 과정 속에서 인물의 성격 변화가 발생하지 않는 것을 의미한다. 이처럼 한번 획득한 인물들의 성격 변화가 이루어지지 않는다는 점은 웃음의 문학의 특성이자 한계이기도 하다.

따라서 웃음은 그러한 비속한 인물들과의 적절한 거리를 필요로 한다. 서술자와 서술 대상의 거리야말로 웃음의 필연적 요소이다. 내가 거리에서 넘어지면 웃음이 안 나오지만 누군가 거리에서 넘어지는 모습을 보면 웃음이 파생되는 것과 같은 이치이다. 이는 대상에 대한 객관적 거리만이 대상의 불합리와 부조리를 극명하게 파악해내게 하기 때문이다.

그래서 웃음의 문학은 자신의 이야기보다는 타자의 이야기를 대상으로 삼는 것이며, 서술자의 내면 묘사, 즉 말하기의 방식보다는 작중인물들의 행위와 발화를 중심으로 한 보여주기를 주요한 서술 방법으로 채택한다. 그러한 보여주기의 방식을 채택한 웃음의 문학에는 대상에 대한 희화화가 전경화되어 드러나기도 한다. 그리고 그러한 희화화의 방식은 주로 3인칭 관찰자 시점이나 전지적 작가 시점으로 서술된다. 하지만 그것은 구경꾼의 시점에 다름 아니다. 이 점이 웃음의 문학이 가지고 있는 내재적 문제점이기도 하다. 왜냐하면 이러한 구경꾼의 3자적 시각은 세계와 사건에 대한 작가와 서술자의 방관자적 입장을 창출해내기 때문이다. 세계와 역사의 변혁에 적극적으로 참여하지 않고 그저 그 상황의 전개를 저만치에서 지켜보는 것이 웃음의 문학들의 서술 시각으로 작동하고 있는 것이다.

또한 웃음의 문학은 다양한 문학적 수사와 형식 실험을 요구한다. 즉 역설, 알레고리, 상투적 문구, 인용구, 속담의 활용, 말놀이, 패러디를 통해 웃음은 파생한다. 그런 점에서 웃음의 문학은 다양한 형식 실험을 필요로 한다. 전통적인 서사 구조와 시학을 가지고는 기존의 지배 이념과 가치의 문제를 드러내지 못하기 때문에 결국은 기존의 서사 방식과 시학을 새롭게 변형시켜야 하는 것이다. 그래서 웃음의 문학들은 다양한 형식 탐구를 통해 새로운 창작 방법을 모색해내는 것이다.

그러므로 웃음의 문학은 기존의 가치와 이념을 비판적으로 부정하고 해체한다는 점에서 리얼리즘적 내용을 내포하고 있으며, 다른 한편으로는 형식의 변용을 통한 형식 실험을 추구한다는 점에서 모더니즘적이라고 할 수 있다. 그런 점에서 웃음의 문학은 최근 리얼리즘·모더니즘 논의, 새로운 세계관과 창작 방법의 조응을 추론해 볼 수 있는 시학을 함의해내고 있다.

3. 적절한 거리, 지적인 냉소(冷笑)의 문학 — 성석제

이성과 감성, 인간과 자연, 제국과 식민지, 남과 여의 경계가 허물어지면서 발생한 탈근대적 방향 상실은 1990년대 우리 문학의 흐름에 결정적 요소로 작용하였다. 그러한 징후의 하나가 바로 웃음을 모티프로 한 문학들이었으며, 그러한 웃음의 문학의 한 극단에 성석제의 소설이 위치한다. 『순정』, 「황만근은 이렇게 말했다」, 「조동관 약전」 등 그의 대표작들은 절묘한 웃음의 시학으로 구조화되어 있는 것이다.

단편 「황만근은 이렇게 말했다」에서 주인공 '황만근'은 성석제표 인물 창조의 대표격이다. 그는 '백번'이라고 불리기도 하는데 어려서부터 그가 워낙 잘 넘어지기 때문에 붙여진 별명이다. 그래서 사람들은 동네에서 툭 소리가 나면 홍시 떨어지는 소리가 아니라 황만근이 넘어지는 소리라고 여길 정도이다. 또 물어보나마나 명약관화한 일들을 두고도 동네 사람들은 '만근이도 알끼다' 하면서 그를 들먹인다. 그로 인해 동네에는 아주 오래도록 내려오는, 굳이 이름을 붙인다면 '황만근가'라는 노래가 있을 정도이다.

또한 「쾌활냇가의 명랑한 곗날」과 같은 작품에서도 웃음이 흘러 넘친다. 시골 중학 동창생들의 계모임 회장이었던 '정만기'는 그 계모임으로 인해 범죄 단체 조직과 수괴(首魁) 혐의로 경찰에 잡혀갔다 왔음을 굳이 기회가 있을 때마다 강조하곤 한다. 나머지 계원들도 대부분 오해나 실수로 인해 발생한 주거침입죄, 간통죄, 강간죄, 폭행 등으로 소소한 전과를 소유한 자들이거나 주변에서 언제든 만나지만 결코 미워할 수 없는 그런 인물들이다. 이와 같은 인물들의 설정과 대결, 그리고 작품 후반부의 진짜 조직폭력배와의 혈투가 쾌활한(?) 것으로 묘사되면서 웃음을 유발한다.

또한 『조동관약전』의 표제작인 「조동관약전」에서도 조동관의 모습은 대단히 희화적이다. 그의 모습을 대면하는 순간 독자들의 얼굴에는 미소가 스친다. "똥깐의 본명은 동관이며 성은 조이다. 그럴싸한 자호(字號)가 있을 리 없고 이름난 조상도, 남긴 후손도 없다"로 묘사되는 그는 어린아이 때부터 시골의 소읍을 뒤집어 놓은 개망나니로 이유 없는 행패와 드잡이질을 벌이는 문제적 존재이다. 그는 성년의 나이에 이르기 전에 온 읍내를 완력으로 장악하고 심지어는 역전 파출소의 유리창을 박살내고 소년원에 들어갈 정도의 인물이다. 여기서도 작가는 조동관의 어이없는 행적을 유장한 전(傳)의 형식을 빌어 우리에게 들려주는 가운데 그를 비웃고 조롱하는 우리들의 어리석음을 더불어 풍자해내고 있다.

이러한 양상은 『순정』의 주인공 '이치도'의 모습에서도 찾아볼 수 있다. 도둑 중의 도둑인 비속한 존재로서의 그는 성석제 소설 어디에서나 찾아볼 수 있는 전혀 영웅답지도 않고 의연하지도 않은 인물이다.

> 수십 년을 천형(天刑)을 받은 윤락인(淪落人)으로 방랑하다 은척에 들러 낮잠을 자던 중에 주머니를 털린 거지가 있었다. 거지가 입에 허옇게 게거품을 물며 "문둥이 콧구멍에서 마늘을 빼 처먹을 은척놈들" "거지 똥구멍에서 콩나물을 빼먹을 놈들"이라고 고래고래 고함을 지르며 돌아 다니는 바람에 사람들은 거지에게도 잃어버리면 화가 날 만한 소유물이 있다는 것을 알게 되었다. 그 일 이후로 콧구멍 속의 마늘, 똥구멍 속의 콩나물은 성경에 나오는 '가난한 과부의 은동전'과 나란히 가진 게 없는 사람의 정성을 뜻하는 용어로 정착되었다.
> 이러저러한 악조건을 무릅쓰고 인정사정 없이, 과감하고 신속하고 가차없이 거지의 몇 푼 안되는 돈을 훔친 자, 그게 바로 이치도였다.
>
> — 『순정』

'콧구멍 속의 마늘, 똥구멍 속의 콩나물'이라는 말을 "'가난한 과부의 은동전'과 나란히 가진 게 없는 사람의 정성을 뜻하는 용어로 정착"시킨 '이치도'의 모습에 대한 서술이 이루어지고 있는 문면이다. 거지에게서까지 훔쳐내는 '이치도'의 분별없음과 어리석음에 대한 지극히 희화화되고 과장된 표현이 자연스레 웃음을 촉발시킨다. 하지만 이러한 웃음의 이면에는 그를 우스운 존재, 혹은 부정적인 인물로 생각하는 우리들의 일상화된 의식의 편협성에 대한 비난이나 비판이 내재되어 있다.

성석제의 소설에 등장하는 이러한 인물의 창조와 기발한 사건의 전개는 성석제가 이 시대의 진정한 이야기꾼임을 다시 한번 증명하는 것이기도 하다. 또 그것은 선이 굵은 서사성을 전제로 하는 것이고 그러한 서사성은 전(傳)이나 행장(行狀)과 같은 우리의 전통적 서사 형식이나 구전 설화적 요소들의 수용으로 인해 더욱 강화되고 있다. 거기에 더불어 환상성이나 무협지적 요소를 첨가함으로써 성석제의 소설의 재미는 더욱 배가되고 보다 강력한 웃음을 환기해내는 것이다.

따라서 성석제는 자본주의 서사시라고 할 수 있는 소설의 개념에 가장 부합하는 작가라고 할 수 있다. 바흐친의 지적처럼 소설은 다른 문학 장르들을 모두 다 포식하는 공룡과 같은 장르라고, 그의 소설은 그런 장르의 확산을 이해하게 한다. 특히 그의 소설을 읽노라면 B급 영화를 보고 있는 듯한 착각, 혹은 무협지의 한 대목을 읽고 있는 착각에 이르게 하기도 한다.

그리고 그의 소설 속의 웃음은 작가의 지적인 대상 인식과 대상에 대한 적절한 거리 유지 능력으로 인해 더욱 빛을 발한다. 즉 그가 의도하는 거리 설정으로 인해 그가 서술하는 세계와 인물들에 대한 비속함이 더욱 전경화되면서 웃음이 촉발되는 것이다. 이 점은 그가 그간 한국 현대 소설사에서 웃음을 유발시키는 문학을 구현해내었던 채만식이나 김유정 등과 변별되는 부분이기도 하다. 오히려 그는 1950년대 전후 상황에서 지성을 바탕으로 「오분간」이나 「암야행」 등의 풍자소설을 창작해내었던 김성한의 소설 세계에 가깝다. 절제된 지성과 날카로운 현실 인식으로 당대 사회를 비판하고 부정하는 냉소에 가까운 웃음을 김성한과 성석제는 구현해내고 있는 것이다.

그러므로 그가 추구하는 웃음과 재미는 이 시대가 지향해야 할 규범이나 세계관이 해체된 과도기적 사회임을 드러내는 징표로 기능한다. 또한 흥청거리는 웃음과 재미의 배후에 자리잡은 시대에 대한 비판 의식이 그의 작품 도처에 내재하고 있다. '황만근'이나 '남가이', 혹은 '정만기' 등과 같은 바보스럽거나 비천한, 한편으로는 사회악으로 기생하는 듯한 인물들의 일탈과 떠돎이 사실은 이 사회의 기득권자들의 타협과 합의에 의해 강요된 것이거나 의도된 것임을 작가는 궁극적으로 이야기하고 싶어하는 것이리라. 그런 점에서 그 웃음은 소외되거나 주변부에 자리하는 사람들의 날카로운 칼날이 가끔은 될 수 있을 듯도 하다.

하지만 얼핏 보면 그의 소설은 주제보다는 웃음을 통한 재미에 더 치중하는 것처럼 보인다. 그의 문학 속에서 이 시대 사회 구성체의 본질과 모순, 역사적 변화 과정에 대한 깊이 있는 천착을 찾아보기 어렵기 때문이다. 하여 향후 그의 소설 속에서 무거운 웃음을 찾아볼 수 있게 되었으면 한다. 사회와 역사 현실에 대한 과학적인 접근과 진지한 천착이 그의 웃음과 같이 그의 소설 속에서 체화되기를 기대해 본다.

또한 성석제 소설에 구현된 웃음이 지나친 거리의 형성과 냉소적 태도로 인해 약간은 작위적임을 부인하기 어렵다. 그것은 곧 그 웃음이 등장인물과 사건에 자연스럽게 녹아들지 못함을 의미하는 것이기도 하다. 이는 웃음을 배태하는 세계와 인간에 대한 작가의 경직되거나 과장된 시각 때문은 아닐까?

그럼에도 성석제는 30년대 중반 카프 이념이 위축되면서 전망을 상실한 문학적 지형 속에서 날카로운 풍자를 통하여 나름의 문학적 성과를 담보해내었던 채만식과 닮아 있다. 더불어 성석제는 이념의 붕괴와 대안의 부재에 당면한 우리 사회의 모습을 풍자적 방식으로 드러내면서 우리 문학의 전통을 계승함과 동시에 혼돈의 시대에 적합한 새로운 창작 방법의 가능성을 보여주고 있다. 결국 성석제는 리얼리즘이냐 모더니즘이냐라는 두 진영의 가파른 진자운동의 주변부에서 그 둘을 극복하기 위한 새로운 창작 방법의 모색에 매진하고 있는 셈이다.

4. 생래적인, 혹은 따뜻한 웃음의 구현 — 김종광

깊은 안개의 심연에서 방황하던 우리 문단에 김종광의 등장은 한 줄기 밝은 빛과 같은 것이었다. 이데올로기의 와해로 인한 방향 상실, 삭막한 풍경과 내면에의 탐색만이 지배적이던 문단의 심층에 김종광의 소설들은 신선한 충격으로 다가섰다. 오래 묵혀둔 구수한 토장맛의 언어를 적절하게 구사하면서 드러내는 그의 토속적 상상력은 가히 독보적이다. 더구나 감쪽같은 시치미나 능청 그리고 어눌한 듯한 충청도 사투리로 이어지는 달변은 그의 소설만이 가진 감칠맛이다.

> 녀석은 허 순경 앞에 서더니 좌악 말했다. "저는유 한민대학교 혼주캠퍼스 사학과 1학년 박무현이라고 하는듀, 제가 오늘 서울로 데모허러 왔다가 잽혔거든유. 이사장이 비리가 많아 가지구유, 항의방문

데모였슈. 그런디 우덜을 버스에 태워가지고 돌아다니다가 암디다 뿌리고 가더라구유. 제가 뭘 알아유. 서울에 온 게 두 번짼가, 세 번짼디 뭘 알아유. 돈은 하나두 읎지. 잡아갔으면 책임을 져야 될 거 아녀유. 책임 지세유."

—「전당포를 찾아서」

특히 그의 첫 작품집 『경찰서여, 안녕』에 실린 단편 「전당포를 찾아서」에서의 지방대학생 박무현의 발화는 독자를 포복절도하게 하기에 충분하다. 이처럼 그가 사용하는 충청도 사투리는 등장인물들과 사건의 사실성을 배가시키면서 가벼운 웃음을 촉발시킨다. 또한 그것은 공식 언어인 표준어의 지배력에 대한 대항으로서의 의미를 내포한다.

김종광의 첫 장편소설 『71년생 다인이』는 그간 그가 추구해 왔던 작품세계의 연장에 위치하면서 다른 한편으로는 새로운 형식 실험의 징후로 읽혀지기도 하다. 이 작품은 줄곧 그가 보여주었던 소외된 인물의 주변부적 삶을 제시하고 있다는 점에서 그의 다른 작품들과 근친성을 보여준다. 이 작품의 주인공 '양다인'은 90학번, 71년생이다. 그녀는 전교조, 강경대, 박승희, 한총련라는 어휘들로 압축되는 90년대 초반 학생운동에 뛰어들어 시위를 주도하고 분신까지 시도한 운동권 여대생이다.

그런데 주인공 '다인'은 386세대와 신세대의 경계에서 자신들의 정체성을 온전하게 가지지 못한 자의식의 상처만을 끌어안을 수밖에 없었던 세대, 즉 90학번으로 지칭되는 이들 중의 한 사람이다. 386세대로부터는 학생운동을 흉내내는 후배 정도로, 90년대 신세대들에게는 세월이 좋아졌는데 괜히 데모나 하는 이해할 수 없는 선배들로 비난받은 이들이 그들이었다. 그래서 '다인'은 힘겨웠지만 역사 변혁의 주체로서 유토피아적 전망을 확보해낼 수 있었던 386세대나 세기말적 징후를 보여주면서 자본주의 사회에 대한 환멸을 강하게 드러내었던 90년대 신세대에도 편입되지 못하는 주변부적 존재이다. 그런 주변부적 인물 군상이야말로 그의 웃음을 내재한 소설의 표지가 되는 주요 인물들이다.

한편 이 작품에서 특이한 점은 다양한 화자의 등장이다. 더구나 소설의 화자나 초점화자가 '다인'이 아니라는 점이 더욱 새로운 대목이다. 주인공 '다인'이 자신의 삶을 스스로 이야기하지 않고, 그녀의 주변 인물들, 즉 아버지, 어머니, 남동생, 남자친구, 여고 때 친구, 대학 동창생이었던 전경 등 6명의 시각과 목소리를 통해 힘겨웠던 '다인'의 삶을 드러내고 있다. 더구나 주변 인물들의 시각은 '다인'의 삶에 밀착되지 않고 '다인'과의 심리적 거리를 형성한다. 피상적인 접근과 이해로서의 '다인'에 대한 관찰만이 존재할 뿐이다. 그러한 다중 인물들의 거리 설정과 관찰은 방관자적 태도와 웃음을 파생하는 근원으로 작용한다. 그들은 '다인'을 관찰하면서 그녀의 삶을 은근히 폄하하거나 자신들의 방식으로 재단하고 비판한다. 김종광은 『71년생 다인이』에서 공동 감각과 공동체 문화를 상실한 90년 이후 우리 문화와 삶의 지형을 다중적 시선을 통해 그려내면서 후기 자본주의 사회에 팽배한 냉소주의를 드러내놓고 있다. 더불어 그의 이러한 독특한 시점의 활용은 그가 이 시대의 현실을 새롭게 형상화해내기 위한 나름의 창작 방법을 모색하는 시도로 추론해 볼 수 있다.

왜 작가는 '다인'의 시각에서, 혹은 그녀의 삶과 밀착된 시각에서 이야기하지 않고 있을까? 어쩌면 그는 '다인'의 삶보다도 그녀의 열정적인 삶에 대해 무관심하거나 냉소적인 주변 인물들의 일그러진 삶을 비판하려는 듯하다. 즉 주변 인물들의 '다인'에 대한 냉소적 발화가 발화자 스스로의 자기 풍자로 귀결되고 있는 것이다. 그러한 주변 인물들의 자기 풍자적 태도와 냉소적 시각이야말로 바로 우리들이 주변의 세계와 인물을 바라보는 분열적이고 파편화된 인식 그 자체인지도 모른다. 민족, 통일, 평등한 분배라는 거대 이념이 소멸된 가운데 그것들에 대해 잊어버리거나 무관심한 우리의 일상의 태도가 바로 그들의 관찰자 혹은 방임적 시각에 다름 아닌 것이다. 이는 지난 시대 많은 이들이 공유할 수 있었던 공동 감각의 부재, 혹은 공동체 문화가 상실되어가고 있는 우리의 현실을 재현해내고 있는 셈이다. 결국 김종광은 우리의 현실에 대한 다양한 시각과 그것에 대한 발화가 이루어지는 새로운 시대의 창작 방법을 실험하고 있으며 어느 정도 성공하고 있는 것으로 보인다.

한편 「모내기 부르스」에서도 인간에 대한 따뜻한 사랑을 담아내고 있는 웃음이 선보인다.

> 양규는 홍이 나도 단단히 난 불콰한 얼굴로 젓가락으로 막걸리병을 때리며 장단을 맞추고 있었고, 순이는 전국노래자랑풍으로 어깨를 덩실덩실거리고 있었다. 흙원숭이 꼴을 해가지고서는 낭랑한 목소리를 들판으로 퍼뜨리고 있는 서해는 대춘에게 손을 턱 내밀었다.
> "야 숭허게 뭐하자는 짓거리여!"
> 막무가내를 해보았으나 어쩌다 보니 블루스 스텝을 밟고 있었다. 농로 위에 잘 벌어진 한판은 어둑어둑해질 때까지 들판을 홍청거리게 했다.
>
> —「모내기 부르스」

이 작품에서도 볼 수 있는 것처럼 김종광의 웃음은 강한 원체험에 의지한다. 그가 자유자재로 사용하는 충청도 사투리와 능청과 달변은 그의 존재론적 원체험으로 이미 체화되어 있었던 셈이다. 그래서 그의 웃음은 억지스럽지 않다. 그러나 문제는 소설로 형상화할 수 있는 그의 원체험이 소실되고 말았을 때 그는 어디에서 작품의 소재를 찾을 수 있을지가 향후 그의 작품 세계의 관건이 될 것 같다.

한편 세계와 인간에 대한 본질, 혹은 이 시대의 실체적 진실에 대한 선명한 인식이 그의 소설 속에서는 쉽게 찾아보기 힘들다. 하여 그의 의식은 부단히 흔들린다. 어떤 때는 학생운동의 당위를 긍정했다가 또 어떤 경우에는 물신화된 현실의 지배 이데올로기에 침윤된 의식을 여과없이 노출하기도 한다. 때문에 창작 방법의 새로운 모색보다 그의 올곧은 세계관 형성이 그에게 주어진 우선된 과제가 될 터이다. 그런 점에서 김종광은 웃음을 구현해내는 다양한 형식 실험보다도 세계와 인간에 대한 보다 정밀하고 과학적인 세계관을 획득해내는 것이 앞으로의 책무일 듯 싶다. 그것이 앞으로 밝은 빛으로 다가설 김종광에 대한 우리의 요구이며, 우리 문학의 긴급한 요청이 될 것이다.

그럼에도 그의 웃음은 따뜻하다. 계획하거나 의도하지 않은 그의 웃음이 편안하게 다가서는 것이다. 즉 대상을 껴안는 웃음, 그것은 그에게 인간과 세계에 대한 따뜻함이 있기 때문이다. 그리고 그러한 따뜻함은 김종광의 생래적인 것이고 성장과정에서의 공동체에 대한 긍정적인 원체험으로부터 근원하는 것일 터이다. 그러한 그의 문학적 자장이 이문구의 문학, 혹은 김유정 문학과 그의 문학을 비교하고 연관 짓게 하는 동력으로 작용하는 것이다.

5. 세계관과 창작 방법의 조응을 위하여

웃음의 문학을 통한 젊은 작가들의 자기 갱신의 노력, 특히 새로운 창작 방법에 대한 열정은 남다른 바가 있다. 그중에서도 김종광, 성석제의 소설은 누구에게도 비견할 수 없을 만큼 뛰어난 문학적 성취를 이루어 내고 있다. 문단 내부에서 그들은 각각 자신의 독특한 문학 세계를 구축하고 있으며 남다른 창작 의욕을 불태우는 작가들이다.

이처럼 웃음을 소설 구조의 주요한 모티프로 차용하고 있는 작가들은 이 시대를 가치와 이념이 대립되고 분열되어 버린 혼란한 과도기의 시대로 인식하고 새로운 질서를 희구하는 한 방법으로 웃음의 문학을 지향한다. 이는 모든 것의 소멸의 공간이면서 동시에 생성의 공간인 혼돈에 대한 지향이며, 혼돈의 원리를 통하여 인간다움의 가치가 소멸되어 가는 이 시대를 형상화해내고 있는 것이다. 결국 웃음의 문학은 부조리한 현실을 재현해내려는 새로운 창작 방법의 모색의 소산이다. 그러므로 웃음의 문학은 리얼리즘과 모더니즘의 유기적 결합을 추구하고 있다고 할 수 있다.

즉 웃음의 문학은 웃음을 통해 부조리한 현실의 제모순을 지적하고 비판해낸다는 점에서 리얼리즘적이며, 웃음을 촉발해내기 위한 역설과 은유, 말놀음, 희화화 등의 형식적 기법을 강조한다는 점에서 모더니즘적이다. 이는 베르그송이 지적한 희극의 이중성, 즉 완전히 예술에도, 삶에도 속하지 않는 웃음의 문학에 대한 가치 설정과 연관되는 바이기도 하다.

이처럼 웃음의 문학에 내재되어 있는 리얼리즘과 모더니즘의 결합에 대한 새로운 가능성은 송기원의 『사람의 향기』에서도 발견된다. 이 작품에 등장하는 인물들은 하나같이 평범하지 않다. 그로 인해 그들은 참으로 맑은 웃음을 웃게 하지만 그렇다고 우리는 쉽게 그 웃음을 끝맺기 어렵다. 당골네의 딸로 당달봉사였던 끝순이 누님, 항상 겁에 질린 눈으로 걸핏하면 울던 외사촌형 유생이, 집안이 유독 가난하여 초등학교 4학년을 채 마치지 못하고 서울로 올라가 중국집에 취직했던 물총새 성관이, 장돌뱅이 악동들 사이에서 으레 이름 앞에 바보를 넣어 불리던 바보 막둥이, 섣달 그믐날 술에 취해 방죽 아래서 얼어 죽은 큰아버지의 아들 폰개 성, 어머니의 모진 인생을 닮지 않게 하려고 지옥과 같은 섬으로 시집보내졌던 이복누나 양순이….

그들은 무엇인가 부족하거나 결핍되어 있는 존재들이다. 또한 우리들이 자신들의 삶을 정상적이고 평범한 것으로 치부하게 하는 비정상적이고 평범하지 않은 약점을 그들은 가지고 있는 것이다. 그렇다고 그들은 진정으로 부족하고 열등한 존재들인가? 분명 아니다. 문제는 그들을 부족하고 열등하다고 분류하고 규정하는 정상이라고 자부하는 이들에게 있다. 그들 가진 자들의 불합리한 잣대와 기준이 문제일 것이다. 그러므로 이 작품은 정상과 비정상, 우등과 열등, 충족과 결핍의 이분법적 분별에 대한 우리들의 고정관념을 통렬하게 해부하고 해체해낸다. 그런 점에서 『사람의 향기』에 수록되어 있는 연작소설들은 타락한 사회를 타락한 방식으로 드러냄으로써 진정한 가치를 추구한다고 하는 소설의 개념 정의에 가장 가까운 소설이다. 우리는 송기원의 문학에 내재한 웃음에서 웃음을 심층구조로 삼는 문학의 전범을 찾을 수 있게 된다. 그런 점에서 송기원의 문학은 우리 문단의 새로운 가능성을 전망하게 한다.

그런 점에서 송기원의 웃음의 문학은 최원식이 주창한 현단계 〈리얼리즘과 모더니즘의 회통〉이라는 명제에 가장 가까이 다가서 있다. 진정한 회통의 문학은 다양한 형식 실험을 추구하면서도 그 중심은 현실에 놓여져야 한다는 것이다. 독자의 진리에 대한 열망이든, 유희에 대한 욕망이든 그것의 진정성은 바로 현실에 위치한다는 점이다. 지금 이 자리에 존재하는 모든 이들에게 가장 유익한 문학이론과 창작 방법을 모색하는 것이야말로 지금 이 시대 우리 문인들의 당면 과업이며, 그러한 과업을 실천해내고 있는 문학이 바로 요즘 웃음의 문학인 셈이다.

하지만 웃음의 문학들에도 문제는 존재한다. 앞에서 거론된 작가의 작품들에서도 찾아볼 수 있는 문제점이라고 할 수 있는데 그것은 작품 속에 웃음이 배제되는 순간 작품의 밀도가 소실되고 만다는 점이다. 즉 성석제와 김종광의 작품들 가운데 웃음을 모티프로 하지 않는 작품들은 현실을 총체적으로 구현해내지도 못할 뿐만 아니라 작품의 긴장과 밀도가 갑자기 하강하고 마는 모습을 보여주고 있는 것이다. 김종광의 소설집 『모내기 부르스』에 실린 「배신」, 「당구장 십이시」, 「열쇠가 없는 사람들」, 성석제의 최근작 『인간의 힘』 등이 그런 예가 될 것이다.

이러한 양상은 채만식도 마찬가지다. 채만식의 작품들 또한 풍자를 우선적 방식으로 채택하는 작품과 그러지 못한 작품의 밀도 차이는 급격하다. 즉 풍자를 주요한 창작 방법으로 삼고 있는 「치숙」, 『태평천하』 등을 제외하고 보면 다른 작품들은 그 작품적 성과를 제대로 평가받지 못하고 있는 것이다. 즉 동반자적인 작가의 모습을 체현하고 있는 채만식의 많은 작품들이 주목을 받지 못한 것이 바로 이러한 양상을 반증하고 있다.

또한 웃음으로 인한 전망의 결여는 심각한 문제이다. 즉 현실의 긴장, 갈등을 무화시켜버리는 웃음의 문제점을 간과해서는 안 될 것이다. 웃음을 통해 기존의 지배적인 질서, 기계적 관습을 깨뜨리는 것이 바람직하지만 그렇다고 무너뜨린 이후의 세계를 생각하지 않을 수 없다. 그런데 웃음의 문학은 대상을 무너뜨린 지점에서 멈추고 만다. 다시 말해 무너뜨린 이후 새로운 전망을 찾아내기 힘들다는 점이다. 즉 웃음은 기존의 질서와 권위를 부정하기는 하지만 새로운 사회의 질서와 가치에 대한 대안을 제시하지 못한다. 결국 그것은 웃음의 문학들이 사회적 개혁이나 변혁의 기능을 담보해내기 어렵다는 것을 의미하는 것이기도 하다.

그리고 웃음의 문학이 장편화하지 못하고 단편으로만 창작되는 경향에서도 그 문제점을 찾아 볼 수 있다. 이는 단편으로 씌어진 작품들의 길이의 한계 때문이기도 하지만 대부분 시간의 흐름이 보이지 않는다는 점이 문제인 셈이다. 역사적 발전이야말로 시간의 흐름을 전제로 한다. 때문에 과거에서 시작되어 미래로 흘러가지 않는 시간의 현재성이야말로 전망 부재의 결정적 징후이며, 현단계 웃음의 문학이 안고 있는 문제적 징후인 것이다.

따라서 웃음의 문학은 장편으로의 변화를 꾀하는 것과 동시에 새로운 시대에 대한 전망을 구현해내야 한다. 어쩌면 새로운 세계관과 창작 방법에 대한 진지한 모색을 수반하지 못한다면 웃음의 문학들은 진정으로 과도기의 한 양상으로 종결되고 말지도 모른다. 진정 웃음의 문학은 과도기의 산물이며, 새로운 질서가 정립되는 순간 용도폐기 되고 말 것인가. 그렇다면 새로운 세계관과 창작 방법의 모색이 절실한 이 시점에서 우리가 진정 바라는 것은 웃음의 문학인가, 혹은 웃음의 문학의 폐기인가?

학습 활동

벌써 몇 해 전의 일이지만 디에프(Dieppe) 근해에서 여객선이 난파당했다는 기사를 읽은 적이 있다. 몇몇의 여행객이 소형 구명 보트에 올라 천신만고 끝에 구조되었다. 그런데 그들의 구조에 용감하게 나섰던 세관원은 다음과 같은 첫마디로 자신의 작업을 시작했다. "혹시 뭐 신고하실 것이 없습니까?"

1. 위의 글은 베르그송의 『웃음』에 실려 있는 한 부분으로, 여객선이 난파당해 여행객들이 위기에 빠졌던 일을 담고 있다. 천신만고 끝에 구조된 여행객들을 앞에 두고 "혹시 뭐 신고하실 것이 없습니까?"라는 세관원의 말은 이 이야기를 들은 사람들에게 웃음을 줄 것이다. 그렇다면 세관원의 말이 웃음을 자아내는 이유는 무엇일까? 베르그송은 이 일화를 통해 무엇을 이야기하고자 하였는지 생각해 보자.

2. 베르그송은 '웃음'을 "개인적이거나 집단적인 결점에 대해 즉각적인 교정을 요청하는 의사표시이자 그 교정 자체"라고 정의했다. 그의 말과 같이 해학적이거나 풍자적인 많은 문학작품들이 부정적인 현실의 단면을 제시하고 지배적인 가치를 비판하면서 그것을 긍정적으로 개선하고자 한다. 다시 말해, 웃음의 문학들은 기득권자들에 의해 운영되어온 부정적 사회 현실의 교정을 궁극적으로 의도한다. 그렇다면, 자신이 생각하는 웃음의 특성은 무엇인가? 아울러 웃음을 모티프로 한 문학이 주는 가치는 무엇인지 이야기해 보자.

3. 오늘날, 혼돈의 시대에서 우리 문화를 지배하는 가장 강력한 코드 중 하나는 '웃음'이다. 역설과 알레고리로 웃지 않을 수 없게 만드는 문학작품부터 패러디와 말놀이 등을 통해 현실을 풍자하는 쇼프로그램에 이르기까지 '웃음'은 생각보다 우리 가까이에 자리해 있다. 최근 자신을 웃게 한 작품이 있었는가? 문학, 웹툰, 드라마나 영화, 기타 TV 프로그램 등 '웃음'을 내재한 다양한 작품을 소개해 보자.

4. 성석제는 「황만근은 이렇게 말했다」에서 '바보'로 불린 황만근을 '하늘

과 땅이 낸 사람'이라 평가한다. 이는 이기적인 세태와 더불어 가진 자들의 불합리한 잣대와 기준을 풍자하면서 우리 시대에 진정 필요한 가치가 무엇인지 밝힌 것이라 볼 수 있다. 작가가 황만근이라는 인물의 형상화를 통해 드러내고자 한 '인간다움'의 의미와 가치를 이야기해 보고 자신의 관점에서 그를 재평가해 보자.

● 더 읽을거리

박민규, 『지구영웅전설』

이문구, 『관촌수필』

우광훈, 『유쾌한 바나나씨의 하루』

베르그송, 『웃음』

만프레트 가이어, 『웃음의 철학』

제11장

문학과 정치

국가로망스로서의 이병주의 『지리산』

문학은 국가 또는 정치와 분리될 수 있는가? 베네딕트 앤더슨은 『상상의 공동체』에서 근대 국민의 형성이 소설과 같은 상상적 형식에 기반을 두고 있다고 밝힌 바 있다. 이러한 주장의 연장선에서 호미 바바는 『국민과 서사』에서 '국가로망스'라는 개념을 통해 국가(nation)와 서사 사이에는 밀접한 상관관계가 존재함을 설명한다. 국가나 국민이 서사 작용의 산물이라는 것이다. 그는 구체적으로 국가의 기원 이야기, 국부 신화, 영웅의 계보 같은 서사들에는 국가 형성을 위한 다양한 주체들의 노력과 열정뿐만 아니라 거부와 갈등, 치환, 배제의 양상들이 담겨 있다고 말한다. 그리고 대체로 식민지를 경험한 국가들, 탈식민을 시도하는 국가들에서 이러한 서사 장르가 제시되는 경향이 있다고 주장한다.

한편, 이러한 국가로망스는 가족로망스와 서사 구조상의 연관성을 갖는다는 점에서 특징적이다. 국가로망스에서 주인공들은 불합리한 국가체제를 부정하고 새로운 이데올로기의 근대국가를 건설하려고 하는데 이러한 서사 구조가 가족로망스의 주인공들이 봉건적인 아버지를 부정하고 새로운 근대적 가족 관계를 구성해내려는 것과 구조적 유사성을 보이는 것이다.

이병주의 『지리산』은 일제 말기로부터 광복과 한국전쟁으로 이어지는 우리나라 근현대사의 격동기를 배경으로 한 작품으로 국가로망스의 한 형태라 할 수 있다. 특히 마르트 로베르가 제시한 가족로망스의 나르시스적 업둥이 서사와 성격상 상동성을 갖는다. 업둥이란 보잘 것 없는 평민인 자기의 부모를 진짜 부모로 인정하지 않고 왕족인 진짜 부모를 찾아 언젠가는 자신의 신분을 회복할 수 있으리라고 이야기를 꾸미는 이를 말한다. 이러한 업둥이의 방법은 지식이나 행동 능력이 없어서 세계와의 갈등을 교묘하게 피하는 것이라 할 수 있다. 대하장편소설 『지리산』은 많은 업둥이들의 기투와 열정에도 결국은 실패로 돌아간 근대국가 건설의 양상을 보여준다. 작가 이병주는 이 작품에서 근대국가 건설 과정에 있었던 광기와 폭력, 혼돈과 갈등을 비롯하여 그가 지향한 정치와 윤리학을 여실히 드러내고 있다.

문학은 인간의 삶에 끊임없이 관여하는 이야기이다. 어쩌면 문학이야말로 정치라는 거대 담론을 본격적으로 또는 제대로 다룰 수 있는 영역일지 모른다. 그래서 지금까지 많은 작가가 작품을 통해 현실을 비판하고 전망하면서 정치인이 가져야 할 책임 의식을 강조해 왔다. 이병주 역시 현실의 고통과 모순으로부터 도망치지 않기 위해 『지리산』을 쓴 것으로 보인다. 빨치산의 존재를 전면에 내세우면서 역사적 기록과 증언의 방법으로 한국전쟁의 본질을 규명하고자 했던 이 작품을 우리는 눈여겨보아야 한다.

탈이념과 탈식민을 제대로 실현해내지 못해 진정한 의미의 근대국가 형성에 실패했다는 작가의 의식은 편가르기식 논리와 레드 콤플렉스에서 벗어나지 못한 오늘날에도 많은 함의를 가지기 때문이다.

1. 『지리산』과 국가로망스

이병주의 『지리산』은 1930년대 식민지 시기부터 1940년대 해방 공간을 거쳐 한국전쟁 종전까지의 한국 근현대사를 소재로 한 대하장편소설이다. 이 작품은 한국 현대사 가운데 가장 격동의 시기로 한반도에 새로운 근대국가 형성에의 열망이 가득한 시간과 사회주의/자본주의, 식민주의/탈식민주의, 민족주체 정립/타율적 외세 의존이라는 핵심의제들의 대립과 길항이 반복 교차하던 광기와 폭력의 공간을 배경으로 하고 있다. 그러한 혼돈과 갈등의 최종 지향점은 오로지 진정한 단일 민족국가로서의 근대국가 건설이었다. 그런 점에서 소설 『지리산』은 근대국가 건설의 과정을 다룬 국가 창건 서사 혹은 국가로망스라고 명명할 수 있다.

국가 창건 서사 혹은 국가로망스란 개념은 호미 바바가 편저한 『국민과 서사』에서 반복적으로 제시되는 개념이다. 국가의 중심이나 기원에 초점을 맞추어 국가의 기원 이야기, 국부 신화, 영웅의 계보 같은 서사들이 국가 창건 서사 혹은 국가로망스라는 것이다. 대체로 이러한 서사 장르들은 대체로 식민지 체험이 있었으며, 특히 탈식민을 시도하는 국가들에서 로망스적인 장르 형태와 결합된 형태로 제시되고 있다. 이를테면 라틴아메리카의 국가로망스들은 사랑이야기라는 서사적 요소와 더불어 소설보다 더 과감한 알레고리로서의 역사와 픽션과 정치의 불가분성을 갖고 있다.[10] 또한 이 작품들에서는 다양한 주체들의 여러 가지 방식의 국가 형성에의 노력과 열정뿐만 아니라 거부와 갈등, 치환, 배제의 양상들을 찾아볼 수 있다.

그런데 국가로망스는 근대사회 형성 과정에서 문제적 개인인 고아들이 새로운 아버지를 찾아 나서면서 새로운 가족을 구성해나가는 성장의 서사들, 즉 가족로망스와 서사 구조상의 연관성을 갖는다고 할 수 있다. 가족로망스의 주인공들이 봉건적인 아버지를 부정하고 새로운 근대적 가족 관계를 구성해내는 서사의 심층구조는 국가로망스에 있어서 서사주체들이 기존의 불합리한 국가체제를 부정하고 새로운 근대국가를 건설하려는 것과 구조적 상동성을 갖고 있는 것이다.

그런 점에서 로망스의 개념을 근대 소설에 앞선 장르로 인식하는 서사의 진화론적 관점을 부정하려고 했던 마르트 로베르는 근대에 들어서 로망스와 소설은 대체되거나 대립적인 것이 아니라 두 장르의 기저에는 이상과 현실 사이의 긴장이라는 현대 서사체의 핵심적 특성이 공존하고 있다고 지적한 바 있다.[11] 특히 그는 프로이트의 『신경증 환자의 가족로망스』에서 가족로망스를 정신분석학적 거짓말의 원형으로 제시하면서, 신경증 환자에게 집요하게 나타나는 가족로망스란 업둥이와 사생아의 두 가지 단계로 나타나는데, 소설을 쓰는 방법으로 사생아의 방법이 사실주의적 방법으로서 세계를 정면으로 공격하면서도 세계를 도와주는 것이고, 나르시스적인 업둥이의 방법이 지식도 없고 행동 능력도 없어서 세계와의 싸움을 교묘하게 피하는 것이라고 주장한다.[12] 이러한 가족로망스론은 봉건체제를 부정하고 근대 세계를 창조해낸 근대 기획 일반에서 작동하는 집단무의식

---

10 도리스 서머, 『거역할 수 없는 로망스 - 라틴아메리카 창건소설』, 『국민과 서사』, pp.121-122.
11 윌리스 마틴, 『소설이론의 역사 - 로망스에서 메타픽션까지』, 현대소설사, 1991, pp.55-58.

을 이해하는 데 많은 시사를 주고 있다.[13] 그런 점에서 국가로망스는 주인공들이 무능력하고 신뢰할 수 없는 아버지 세대를 부정하고 새로운 사회의 지향점과 이데올로기를 찾아 나서면서 새로운 근대국가를 건설하려고 한다는 점에서 가족로망스의 업둥이 단계의 서사와 성격상 유사성을 갖는다.

따라서 이병주의 『지리산』은 근대국가 형성의 과정에서 작가가 지향한 이상과 현실의 모순에 대한 정치와 윤리학 그리고 미학이 교차하는 국가로망스라 명명할 수 있을 것이다. 이 글은 이병주의 『지리산』을 텍스트로 하여 지리산이란 공간이 갖는 정치 사회적 함의, 작중인물들의 이념적 지향과 민족국가 건설에 대한 열망, 그리고 작품이 지향하는 탈이념/탈식민적 양상에 대해 살펴봄으로써 이 작품이 갖고 있는 국가로망스로서의 의의와 한계를 탐색해내고자 한다.

2. 업둥이로서의 소설가 이병주와 소설 쓰기

이병주는 식민지 시기로부터 유신정권에 이르기까지 일본 유학생, 학병, 교사, 언론인, 투옥, 국회의원 입후보 등의 체험을 통해 한국 현대사를 직접 체험하고 실감하였다. 특히 그는 이러한 과정을 가장 실감할 수 있는 언론인이었으며, 필화 사건으로 투옥되어 현실 정치와 국가 형성 과정에 대한

---

12 업둥이는 자기의 부모가 절대적인 능력의 소유자가 아니라 보잘 것 없는 평민이라는 것을 알고 그들을 진짜 부모로 생각하지 않게 되면서 자신의 진짜 부모는 왕족으로서 언젠가는 자기의 신분을 회복할 수 있으리라고 이야기를 꾸미고, 사생아는 아버지와 어머니 사이에 성적 차이가 있다는 것을 깨닫고 어머니는 진짜 어머니지만 아버지는 현재의 아버지가 아니라고 생각하여 아버지를 부인하는 단계이다.(마르트 로베르, 『기원의 소설, 소설의 기원』, 문학과 지성사, 1999, p.39)

13 김명인, 『한국 근현대소설과 가족로망스 - 하나의 시론적 소묘』, 『민족문학사연구』, 32권, 2006, p.333

다양한 정보와 첨예한 비판 의식을 확보할 수 있었다. 또한 그는 근대국가 형성의 안과 밖, 주변과 중심을 아울러 체험함으로써 유예와 투쟁의 이중적 상황에 직면하게 되었고 그러한 상황적 인식이 발생한 지점에서 소설가의 삶을 선택할 수밖에 없었다.

식민지의 청년으로서 학병으로 끌려가 치욕스러운 노예 체험을 해야 했던 그의 상처는 그러한 식민지적 상황을 만들었던 아버지 세대에 대한 부정 의식과 연동되면서 스스로 고아 혹은 업둥이임을 자임하게 되었을 것이다. 그리고 그러한 의식은 단지 이병주 개인만의 것은 아니었으며, 당시 식민지 청년들이 가지고 있는 집단무의식의 성격을 가지고 있다. 그러한 집단무의식은 새로운 아버지 찾기 혹은 자신의 삶을 재구성해낼 수 있는 이데올로기를 요구했으며, 그 궁극은 식민지적 상황을 벗어난 진정한 의미의 독립적인 근대국가 건설이었다.

하지만 해방정국과 6·25전쟁의 광기 어린 역사는 이병주를 그저 고민하고 주저하는 지식인으로서의 삶을 살게 하였다. 젊은 학생들 앞에 서는 것마저 양심에 거슬렸던 그는 교사의 삶도 포기하고 언론인의 삶을 선택한다. 근대국가 형성 과정에서의 부조리와 혼돈에 대한 업둥이로서의 인식은 그를 현실 정치로 뛰어들게 하였지만 두 번의 국회의원 선거에서 모두 아까운 표차로 떨어지고 만다. 이러한 과정에서 그에게 주어진 과업은 바로 아버지 세대의 유산인 식민적 배치와 이념을 극복하는 것이었다.

특히 학병에 끌려간 노예 체험 때문에 교직을 그만두고 언론사의 주필로 활동하던 그에게 갑작스런 군사정변은 대단히 시대착오적인 것이었고 진정한 근대국가 형성의 장애로 인식되었을 가능성이 크다. 필화의 대상이었던 논설에서 "이북의 이남화가 최선의 통일방식"이라 서술함으로써 군사정변 세력에 의해 투옥되게 되는데, 여기에는 그의 남북한의 국가체제에 대한 구별 짓기가 이루어지고 있다. 가족로망스적 측면에서 보면 이는 현실의 아버지에 대한 강한 부정과 새로운 아버지에 대한 긍정의 내면이 드러나고 있는 것이다. 그러한 그의 인식이 군사정권에 대한 비판적 논조의 글을 쓰게 하였고, 그러한 논설들은 현실 정치 권력과 연관될 수밖에 없었으므로 응분의 책임이 요구되었으며, 결국은 그것이 문제가 되어 2년 7개월 동안 수감되었던 것이다. 그러한 업둥이의 아버지에 대한 구별짓기와 그로 인한 감옥 체험이 그를 언론인에서 소설가로 변신시킨 계기가 되었다.

또한 이병주가 소설 창작으로 나아가게 된 계기에는 소설 쓰기가 그의 정치적 이상을 보다 효과적으로 제시할 수 있는 논설의 대리보충물이 될 수 있으리라는 인식 때문이었을 것이다. 현실의 실제적 사실에 기초한 논설만으로는 결코 현실의 모순을 제대로 비판해낼 수 없다는 것을 그가 간파해내었기 때문일 것이다. 소설이 그 어떤 사실 기록이나 비판적 논설보다도 현실을 보다 직접적이고 구체적으로 드러내 보여줄 수 있기 때문이다.

한편 그가 사실은 있지만 실체의 진실이 규명되지 못한 해방 전후기 국가 창건에 대한 이야기를 소설로 쓸 수밖에 없었던 것은 기초적인 사료의 부재 때문이었으며, 그것이 소설 창작으로 나아가게 된 계기가 되었다. 이병주는 『지리산』의 에필로그에서 "역사는 산맥을 기록하고 나의 문학은 골짜기를 기록한다."고 기술하고 있다. 이는 우뚝 선 산맥으로 표상되는 기득권의 이념이나 역사보다는 그러한 굵은 선과 면에 의해 가려진 골짜기로 표상되는 민초들의 작은 서사가 진실이나 실체를 함의해낼 수 있다는 이병주의 소설가로서의 직관이 드러나는 구절이다. 그는 소설을 통해 공식 역사에서는 확인하거나 추론해볼 수 없는 자신만의 정치의식과 역사의식의 실체를 드러내고 싶었던 것이다.

그런 점에서 이병주는 이태와 하준수라는 실존 인물의 기록과 수기를 바탕으로 삼아 『지리산』을 창작하였다. 이태의 『남부군』과 하준수의 수기 『신판 임꺽정 — 학병 거부자의 수기』(『신천지』, 1946.4-6.)가 『지리산』의 창작의 기원으로 자리하고 있는 것이다.

결국 그가 역사나 논설이 아닌 소설을 선택한 이유는 공식적 역사로 드러나지 않는 가려진 역사에 대한 재평가와 재정립의 의지 때문이었을 것이다. 이는 문학이 역사 현실과의 거리를 두었을 때 가장 객관적 평가와 비판을 해낼 수 있다는 문학의 미학적 자율성에 대한 이병주의 미의식이 작용했을 가능성이 크다.

더불어 그가 이처럼 가려진 역사를 현재화하려고 했던 것은 왜곡된 조국의 역사에 대한 안타까움과 함께 역사의 현실에서 사라져간 수많은 민초들의 고통스러운 삶에 대한 인간적 연민 또한 전제되었다고 할 수 있다. 그러한 민중들의 상처와 희생이 근대국가 형성의 기원이 되었다는 작가의 신념이 『지리산』이라는 국가로망스의 창작의 기원이 되었을 것이다.

이처럼 『지리산』을 국가로망스라 명명할 수 있는 또 다른 근거는 이 작품의 작가가 우리 소설사에서 가장 정치적인 서사를 개척해낸 이병주였기 때문이며, 한편으로는 그의 정치의식 속에 현실의 아버지를 부정하고 새로운 아버지를 지향하려고 하였던 고아 혹은 업둥이의 의식이 그의 소설 쓰기의 단초가 되었기 때문이기도 하다. 『소설알렉산드리아』로부터 시작되는 그의 소설 쓰기는 민족의 현실적 상황에 대한 철저한 문제의식을 바탕으로 한 비판적 정치의식을 전제로 하였으며, 그 완성이 대하장편소설 『지리산』이었다.

3. 훼손된 국토, 소수(素數)의 화원으로서의 지리산

국토의 개념은 근대의 기원과 더불어 구성된 것이라 할 수 있다. 피히테가 『독일민족에게 고함』이라는 글을 통해 민족주의를 소리 높여 제창하기 시작하면서 국민국가의 제일차적 필요충분조건으로서의 국토의 개념은 강조되고 구체화되기 시작하였다. 개별국민, 민족을 구별하여 정초할 수 있는 가장 기본 단위가 국토로 상정되었던 것이다.

> 태영은 흙이 곧 조국이란 사상을 익혀보았다. 모든 생명이 흙에서 나서 흙으로 돌아간다. 흙은 신성하다. 이 신성한 흙이 강토의 규모가 되면 거기 조국이 생긴다. 흙이 신성한 것처럼 조국도 신성하다. 사람은 조국의 신성을 더욱 신성하기 위해 아쉬움 없이 목숨을 바칠 수가 있다. 목숨을 조국을 위해 바친다는 것은 조국의 생명에 스스로의 생명을 귀일시킨다는 뜻이 된다.
>
> — 2권, 191쪽

위의 문면에서와 같이 이 작품의 주인공 박태영은 흙이 곧 조국이며, 흙의 신성성이 곧 조국의 신성성이라는 민족주의 사상에 충실한 존재이다. 그러한 민족적 각성으로 그는 조국에 목숨을 바치겠다는 그 나름의 신성한 결심을 하게 된다. 이 작품에서는 민족국가의 근간으로서의 혈연이나 국민 언어보다 기원으로서의 국토가 더 근본적인 것으로 전경화되어 드러나고 있다.

식민지 말기 박태영은 일제의 학도병 징집에 반발하여 하준규 등 10여 명의 일본 유학생과 더불어 지리산으로 숨어든다. 그들은 '보광당'을 조직하고 민족 해방 이후 민족국가 건설에의 초석을 다지자고 결의하는데, 작가 이병주는 근대국가의 기원으로 지리산을 제시하고 이를 '소수(素數)의 화원(花園)'이라 명명한다. 1과 자기 자신만으로 나누어 떨어지는 1보다 큰 양의 정수인 소수는 고결, 순결의 의미를 내재하고 있는데, 리만이란 수학자에 의하면 "자연수의 세계에서 원자와 같고 가장 아름다운 조화를 유지하고 있다."고 설파한 바 있다. 이병주는 아름다운 화원과 같은 지리산에 모여든 박태영과 같은 젊은이들을 민족의 순수를 담보하고 있는 소수와 같이 순결하고 고결한 존재로 표현한 것이다.

> 이곳은 화원(花園)이었다. 그러니 이곳에서 생각한 모든 생각은 화원의 사상이다. 기막히게 아름답고 거룩한 사상이다. 우리는 이 화원의 사상을 길이 잊지 말아야 하겠다. 화원의 사상이란 다른 것이 아니다. 우리는 조국의 독립을 바랐다. 우리는 민족의 해방을 원했다. 일본놈의 속박, 그 압제에 항거했다. 그리고 보다 슬기롭게 착하게 바르게 살려고 애썼다. 이것이 곧 화원의 사상이다. 우리는 앞으로 더욱 이 사상을 가꾸어나가야 하겠다. 조국의 독립이 빨리 이룩되도록. 민족의 해방이 빨리 성취되도록 하는 것이 곧 화원의 사상을 가꾸는 길이다.
>
> —3권, 155쪽

이처럼 작가는 이 작품에서 근대국가 개념의 핵심인 국토의 원형을 발견하고 제시해내고 있다. 국가와 국토의 원형적 공간으로서 화원의 사상의 정초지로 이병주는 지리산을 발견해낸 것이다. 그리고 작가가 발견한 화원의 사상의 요지는 근대국가 건설이었던 것이다.

그런데 작가는 이 작품을 처음 『세대』(1972.9)에 연재하면서 이 작품의 부제로 "智異山이라고 쓰고 지리산이라고 읽는다"라고 서술한다. 이는 지리산이 가지고 있는 양면성, 시대와 역사로부터 맥락화된 역설적 의미망에 대한 작가의 날카로운 직관이 드러난 구절이다. 한자 그대로 아는 것과는 다른 산, 쓰는 것과는 다르게 읽혀지는 산, 풍성하게 흐르는 계곡과 부드러운 능선을 품고 있는 어머니 산이면서 굽이굽이마다 권력자들의 폭력성과 그로 인한 민중들의 생채기를 안고 있는 산이 지리산이다. 이처럼 지리산이 갖고 있는 이중성과 모순을 작가 이병주는 일찍이 포착해낸 것이다.

지리산 자락 언저리, 하동에서 태어나고 자란 이병주에게 인식된 지리산은 고향, 친구, 추억, 국토, 역사의 비극적 현장이 복합적으로 중첩된 공간이었을 것이다. 그가 직관적으로 포획해낸 것처럼 지리산은 양가성을 잠재태로 시대와 역사에 대한 역설과 비극을 함의하고 있는 공간이었다. 지배권력에 대해서는 저항과 비타협의 자세를, 핍박받는 민중에 대해서는 포용과 모성의 태도를 보여주었던 공간이 바로 지리산이다. 지리산은 겉으로는 따뜻하고 부드러운 선을 가지고 있지만 안으로는 고결한 열정만큼의 둔중한 무게를 갖고 있다. 하여 지리산은 소통과 상생의 산이면서 비판과 저항의 거점이었다. 골짜기 계곡마다 지배권력으로부터 소외되거나 쫓겨온 수많은 민초들의 삶의 근거지이자 저항의 교두보가 되기도 하였다. 특히 지리산은 한국 현대사 가운데 근대국가 형성 과정에서 혹독한 고통과 죽음의 비극이 반복되는 공간으로 민족의 힘겨운 운명을 상징하는 수난의 산으로 인식되었던 것이다. 이처럼 지리산은 한국 근현대사의 전개 과정에서의 반제 반봉건의 거점이자 소수와 같은 고결한 존재들의 투쟁의 공간이자 영원한 안식처가 되었다.

그런 점에서 소설 『지리산』의 배경으로 설정된 지리산은 소수의 존재들에게 새로운 민족국가의 근원으로서 재구성된 국토로서의 상징성을 갖는다. 박태영을 비롯한 소수와 같은 존재들에게 지리산은 여백으로서의 국토이자 새로운 근대국가 건설의 출발점이었다. 하지만 그들의 화원인 지리산은 끝내 좌우 냉전 이념의 압축적인 대결장이 됨으로써 피의 살육으로 크게 훼손되었고, 고결한 존재들이었던 소수들의 목표인 근대적 단일 민족국가 건설은 실패할 수밖에 없었다.

4. 허망한 정열과 국민되기의 실패

『지리산』의 주인공 박태영은 가족로망스의 층위에서 보면 업둥이에 다름 아니다. 소설의 시작 부분부터 중학생인 박태영은 고향의 아버지보다 대지주이자 지식인인 하영근에게 정신적으로 강하게 의지한다. 그는 하영근의 서재에서 하영근의 지식과 사상을 수용한다. 하영근은 그에게 육체적 아버지가 아닌 새로운 아버지였으며, 때문에 박태영은 가족로망스에서의 또 다른 업둥이인 셈이다. 그는 시골에 있는 아버지보다 새로운 문명과 지식에 밝은 하영근에게 철저히 의지하는데, 박태영의 아버지는 식민지 지배구조를 강화하기 위한 수단으로 기능하는 함양 군청의 말단 하급 관리였다.

> 태영의 아버지는 소심하기 짝이 없는 사람이었다. 아들이 자기의 비위에 어긋나게 자라고 있어도 속으로 마음만 태울 뿐 정색을 하고 나무란 적이 한 번도 없었다. 그런 만큼 직장에서도 상사나 동료들

의 눈치만 보고 지냈다. 하급 관리로서의 비굴한 근성이 체질화되었다고 할 수 있었다.

—2권, 268쪽

위의 문면에서와 같이 박태영의 아버지는 식민지의 하급 말단 관리로 소심하고 비굴한 근성이 체질화되어 있는 사람이다. 식민지 체제를 철저히 부정하는 박태영은 식민지 체제의 도구로 전락한 아버지를 부인하고 새로운 아버지인 하영근의 도움으로 새로운 세상과 이데올로기의 지평을 찾아 나서게 된다. 그런 아이와 아버지 사이의 문제가 식민지를 경험한 경우에는 더욱 특징적으로 부각된다. 그것은 오이디푸스 구조 자체가 자본주의 체제의 극단화된 양상으로서의 일종의 식민화 구조이기 때문인데, 아버지의 부재와 고아 상태를 경험하는 식민지 상황에 처한 주체는 반항적인 고아적 무의식을 통해 식민주의와 자본주의의 오이디푸스 구조에 저항하는 '변형의 욕망'을 드러내게 된다.[14] 이 지점이 『지리산』이 가족적 로망스와 구조적 유사성을 보여주면서 국가로망스로 명명할 수 있는 또 다른 근거가 된다.

박태영은 조선에서 중학을 중퇴하고 친구 이규가 있는 일본의 교토로 간다. 그는 전검(專檢)시험을 치른 후 중학교 졸업 자격을 취득하고 동경에 가서 사립대학 전문부에 적을 두게 된다. 박태영은 우유배달 등의 고학을 하면서도 민족 해방에 자신이 어떤 방식으로든 기여를 하겠다는 뜨거운 열정을 간직하고 있다.

---

14 나병철, 『가족로망스와 성장소설』, 문예출판사, 2007, p.33.

"철저하게 왜놈과 싸울 끼다. 그들이 하는 전쟁에 어떤 의미로든 협력하지 않을 끼다. 그리고 앞으로 2년, 우리나라가 어떻게 하면 독립할 수 있을 것인가를 연구하고, 동시에 어떤 체제, 어떤 규모, 어떤 내용의 나라가 되어야 할 것인가를 모색하고, 그것을 한 권의 책으로 만들 작정이다. 우리나라엔 손문 선생의 삼민주의에 필적할 만한 책도 없지 않은가."

— 2권, 21쪽

위는 박태영이 일본에 유학을 와 있던 친구 규를 찾아가 독립과 민족국가 건설에 대한 열정을 토로하고 있는 문면이다. 쇄락한 봉건 왕조 청나라를 무너뜨리고 중국이라는 근대국가를 건설해낸 손문의 삼민주의를 지향점으로 삼겠다는 태영의 의지가 드러나고 있다. 그리고 그는 학병 징집을 거부하고 고향 선배인 하준규 등과 함께 지리산으로 들어가게 된다.

태영에게 있어서 진주로 간다는 것은 고향으로 간다는 뜻이 아니고 지리산으로 간다는 뜻이다. 지리산으로 간다는 것은 일본의 지배에서 벗어난다는 뜻이다. 소극적이건 적극적이건 일본에 항거한다는 의미로 요약할 수 있다. 일본의 지배에서 벗어난다는 것은 영광스러운 탈출이라고 할 수 있다.

— 2권, 118쪽

위의 문면에서 볼 수 있듯이 태영이 학병을 거부하고 지리산으로 간 것은 일본에 대한 항거이자 일본의 지배에서 벗어나려는 영광스러운 탈출이었다. 그리고 영광스러운 탈출은 제국주의와의 투쟁을 통한 민족 해방과 국민국가 형성에 대한 강한 열망을 간직한 것이었다. 그런 열망을 간직한 그들은 지리산에 들어와 있던 다른 일본군 징병 거부자들을 규합하여 민족국가의 원형이자 초석으로서의 '보광당'을 조직하게 된다.

그런데 호미 바바에 의하면 초기 국가 창건 서사의 원형은 문화적 동질성의 공적 영역이 아니고 사회의 인과율이 이해되지 못하는 공간을 배경으로 하며, 정치적 합리성의 사적 영역과 공적 영역이 양분될 수 없는 상태를 보여준다[15]고 한다. 이를 적절하게 보여주는 것이 바로 박태영과 하준규 등이 조직한 '보광당'이다. 그 구성원들은 조선인이자 징병 거부자라는 공통점 외에는 다양한 계급과 이데올로기, 학력을 가지고 있다. 해방 이후 프랑스로 유학을 떠나는 이규뿐만 아니라 사회주의자인 이현상과 사회주의를 비판하는 권창혁까지 가세한 보광당에서 구성원들의 문화적 동질성과 이념적 유사성을 찾아보기 힘들게 된다. 하지만 그들의 궁극적인 정치적 지향점이 통일된 국민국가 형성임은 결코 부인할 수 없는 공분모인 것은 확실하다. 자신만의 정체성을 가진 소수와 같은 존재들의 리좀적 결합으로서의 '보광당'이 강력하게 열망한 바가 바로 민족 해방과 단일 민족국가 건설이었던 것이다.

'공화국을 만든다!'
빛나는 꿈이었다.
'공화국을 만들어 우리는 그 최초의 국민이 되고 최초의 주인이 된다.
살아선 그 영광을 위해 노력하고, 죽을 땐 그 이름 아래에서 죽는다.'
그 이름 아래에서 죽을 수만 있다면 아무런 두려움도 없겠다는 생각

15 호미 바바, 『디세미 - 네이션: 시간, 내러티브, 그리고 근대국가의 가장가지』, 『국민과 서사』, p.481.

이 들기도 했다.

— 3권, 60쪽

위의 문면에서와 같이 박태영은 '보광당'을 근간으로 진정한 근대국가로서의 공화국을 만들고, 그 이름 아래에서 죽을 수 있는 진정한 국민국가의 국민되기를 열망한다. 그는 국민의 과업으로 공화국 건설에 참여하는 것을 당연한 것이자 고귀한 그 무엇으로 생각한다. 그럼에도 위의 문면에서 '아무런 두려움 없이 그 이름 아래에서 죽을 수 있다'는 박태영의 죽음을 각오한 열정은 종국에는 그가 허망하게 좌절될지도 모른다는 암시와 복선으로 기능하기도 한다.

해방 이후 박태영은 진정한 국민되기의 강력한 열망으로 공산당에 입당하게 되는데 조직의 경직성과 비인간적인 모순에 환멸을 느끼고 당조직으로부터 뛰쳐나오게 된다. 그는 당시 현실적인 조선공산당의 조직과 활동으로는 진정한 국민국가 형성이 어렵다는 것을 간파한 것이다. 그렇다고 그의 국민되기의 열망이 사라진 것은 아니었다. 그는 여순사건 이후 지리산에서 벌어지고 있는 유격투쟁을 배후 지원하다가 결국은 검거되고 감옥에서 6·25전쟁을 맞이한다. 적어도 감옥에서 절망의 늪에 빠져있던 그에게 6·25는 해방으로 다가왔다.

이윽고 박태영의 감방 문이 덜컥 열렸다. 눈에 선 군복 차림의 사람들이 서 있었다. 그 가운데 하나가

"동무들, 해방이오." 하고 외치고,

"모두들 가진 것 가지고 앞뜰로 나가시오."

어안이 벙벙하여 박태영은 외마디 소리도 내지 못했다. 그러나 가슴

에 맺히는 관념의 덩치를 확인할 순 있었다.

'이 감격을 위해서라도 내 생명을 바칠 것이다!'

— 6권, 102쪽

감옥에서 6·25로 인해 자유를 얻게 된 그는 해방의 감격을 위해 자신의 생명을 바칠 것을 다짐한다. 그러한 다짐으로 인해 그는 결국 빨치산 투쟁에 가담하게 된다. 하지만 세계사적인 빨치산 투쟁 가운데 박태영이 뛰어든 조선공산당의 빨치산 투쟁은 냉전으로 인한 갈등과 대립이 반복되는 정치 권력 투쟁의 철저한 희생양으로 전락하고 만다. 6·25전쟁 이후 박헌영과 이승엽 등 남로당의 숙청으로 알 수 있듯이 지리산의 빨치산은 북한 정권에 의해 존재 자체를 인정받지 못하였고, 남한 정권에서 의해서도 당연하게 그들은 토벌의 대상일 뿐이었다.

결국 박태영은 빨치산으로 입산하여 토벌대의 숱한 공격에 죽음의 고비를 넘나들면서 빨치산 지도부의 일관성 없는 전략과 전술에 회의하고 좌절하면서 동시에 자신의 현실적 상황에 대해 끊임없이 반성하고 성찰한다. 자신의 존재 이유와 당위에 대한 끝없는 철학적 사유야말로 존재론적 위기 상황에 당면한 모든 빨치산들의 대응 방식이겠지만 박태영의 그러한 노력은 더욱 고단한 것이었다. 그러한 반성과 철학적 사유의 결과 그는 온몸을 다 바친 빨치산 투쟁이 허망한 정열의 소산이었음을 깨닫는다. 그러면서 그는 진정한 국민되기를 포기하고 그것을 모두 운명의 탓으로 돌린다. 그리고 그 운명에 대한 자기 책임을 다하는 것으로 자신의 존재 이유를 찾게 된다. 그런 점에서 박태영의 국민되기는 정체성 정립과 상실이라는 불안정성을 띠게 된다. 그는 좌우의 이념 대립에 대한 정확한 인식이나 사회주의에 내재되어 있는 폭력의 문제와 실체에 대해 제대로 인식하지 못하였다. 뿐만 아니라 국내외 정세에 대한 체계적이고 과학적인 분석을 하지 못했기에 그는 그러한 불행의 근원을 운명으로 귀결시키고 이를 허망한 정열이었다고 자기 반성한다.

이러한 박태영의 추상적이고 운명주의적인 태도는 현실과 이상의 간극에 대한 철저한 탐구나 근대의 과학적 인식과 거리가 있으며, 그가 끝까지 홀로 빨치산 투쟁을 이어가려한 것에는 낭만주의적 태도가 남아 있다고 할 수 있다. 그런 박태영의 세계에 대한 대응 양식은 가족로망스에서의 업둥이가 가진 무의식과 유사한 측면이 있다. 가족로망스 속 업둥이들은 세상을 잘 모르는 무의식의 상태에서 사회로부터 도피하거나 이를 거부하는데, 『지리산』에서 박태영이 운명주의로 회귀한 것도 어쩌면 세상에 대한 도피나 거부의 모습으로 비쳐진다. 그는 빨치산이 되어 거친 현실에 뛰어들었지만 부조리한 현실을 철저히 알지 못하였고 또한 그것을 극복할 능력을 갖지 못하였기에 결국은 운명으로 도피하고 말았던 것이다.

5. 탈이념과 탈식민의 지향과 좌절

『지리산』은 식민지 시기부터 해방 전후사, 그리고 6·25전쟁까지의 기간을 다루면서 근대국가 형성의 과정을 형상화해냄으로써 국가로망스로서 명명될 만한 작품이다. 특히 지리산이라고 하는 공간을 국토에 대한 상징으로 제시하고 박태영의 열정을 진정한 국민되기의 기투로 형상화함으로써 국가로망스가 가지고 있는 자질들을 포획해내고 있다.

주인공 박태영은 민족국가 형성을 위해 온갖 고난을 거치면서도 최초의 근대적인 단일 민족국가의 국민이 되고자 하였다. 하지만 한반도에서의 통일 민족국가 형성은 외세의 냉전 이데올로기에 의해 포획된 남북 분단과 갈등, 그리고 전쟁이라는 참혹한 현실 속에서는 불가능한 것이었다.

> "전쟁이 없는 세상, 조선같은 처지에 있는 나라가 아무런 속박도 제압도 받지 않고 독립할 수 있는 세상, 우리 일본으로 말하면 모두가 자기 스스로 주인행세를 하고 살 수 있는 세상, 말하자면 불합리한 지배관계가 없어지고 제각기 자기 주장을 하고 그 자기 주장의 조절이 가장 민주적으로 진행될 수 있는 세상……."
>
> — 2권, 72쪽

어떤 세상이 살기 좋은 세상이냐는 태영의 물음에 대한 일본 지식인 무나타의 대답이지만 작가 이병주의 정치적 지향점이 드러나고 있는 발화이다. 이는 조선도 일본으로부터 해방하여 탈식민화된 국가, 민주적인 국가를 이루어야 한다는 요지의 발화로서, 박태영 또한 진정 이루고자 하는 국민국가의 이상적 모습이었다.

하지만 해방 전후기 동안 민족 구성원들은 정치와 이념의 지형과 실체를 바로 파악하지 못했고 여전히 외세가 간섭하고 구속하는 식민적 현실로부터 자유롭지 못하였다. 진정한 민족국가 건설은 철저한 탈식민과 탈이념을 전제로만 가능한 것이었다. 하지만 해방 전후기의 한반도는 철저히 미국과 소련의 냉전 이데올로기의 대결장이었고, 더불어 일제의 식민적 배치의 후유증이나 외세의 식민적 자장으로부터 자유로울 수 없었다.

주인공 박태영은 해방 후 공산당에 가입하지만 조직과 이념의 문제점을 곧바로 인식하고 관여하고 있던 조직으로부터 뛰쳐나온다. 조국과 민족, 그리고 진정한 근대국가 건설을 위해서는 탈이념적 지향이 필요함을 그는 깨닫게 된 것이다.

> 남한에서의 갖가지 좌익 운동은 그 운동 자체로 혁명 성취에 직접 접근하려는 것이 아니고, 모스크바에 보여주기 위한, 일종의 전시효과를 노리는 것이라고 전제하고 생각하니, 작금의 여러 가지 사태가 비로소 이해되었다. 뒷수습에 대한 연구나 계획이 전연 없이 폭동을 일으키는 처사라든가, 무력 투쟁을 하라고 지령만 내릴 뿐 보급 등 사후 대책이 전혀 결여되어 있는 상황이라든가, 실질적인 일은 등한히 하고 선전 효과만 노리는 일에 열중하고 형식적인 수를 늘리는 데만 급급하다든가 하는 일련의 사태는 모조리 어떤 보는 눈, 이를테면 스탈린의 눈만을 의식한 결과라고 풀이할 수 있지 않은가.
>
> — 5권, 154~155쪽

위의 문면에서와 같이 박태영은 공산당에 가입하고 난 뒤에도 공산당의 무분별한 폭력적 양상과 소련에 자주적이지 못한 채 지나치게 그들에 의존적인 투쟁 방향에 실망한다. 더구나 북한이나 동유럽이 아니라 미군이 점령한 지역에서의 공산주의 투쟁은 철저히 잘못된 것이라는 결론을 내리게 된다. 그는 해방 정국에서 철저한 탈이데올로기적 지향이 필요하다는 것을 확신하게 된 것이다.

또한 6·25전쟁 이후에도 남부군의 지도자였던 이현상 등의 일관성 없는 전투지휘와 조직운영에 환멸을 느끼고 사회주의 이념에 대해 철저히 비판하고 저항한다. 그는 탈이데올로기적 태도를 강하게 지향하면서 결국 빨치산으로 죽을 수밖에 없는 운명주의적 태도를 수용하고 만다.

"나는 죽을 때까지 이곳에 있어야 한다. 왜? 유일한 답은 이거다. 나는 내 운명을 너무나 쉽게 선택해버렸다. 그 경솔한 소행은 마땅히 벌을 받아야 한다."

— 7권, 127쪽

일제 식민지 말기 학병을 거부하고 지리산에 숨어 들어 보광당을 조직하고 조국과 인민을 위해 복무하겠다는 박태영의 굳은 의지는 어느새 운명에 대한 수용으로 바뀌고 만다. 철저한 이데올로기 투쟁이나 반제국주의 투쟁으로 나아가지 못하고 모든 것을 개인의 운명의 탓으로 돌리고 만 것은 여전한 식민주의 교육의 영향 탓이라고 할 수 있다.

이처럼 박태영이 자신의 투쟁이 허망한 정열의 소산이며 모든 것을 운명의 문제로 도피하게 된 것은 일제의 식민지 교육과 더불어 그에게 많은 정신적 영향을 미쳤던 하영근과 권창혁과 같은 인물들 때문이다. 이규와 박태영에게 하영근, 권창혁 등은 사상적 성장과 정치적 선택에 많은 도움을 주었던 교사와 같은 인물들이었지만 제국의 식민담론에 포획된 존재들이었다. 그들은 일본 유학을 다녀오고 외국의 자유로운 사상의 세례를 경험했지만 결국은 제국의 식민적 배치와 결과물로서 제국의 포스트 식민 정보원의 역할을 수행할 수밖에 없는 인물들이었다. 식민적 배치의 수단으로서의 문화와 교육에 대한 비판적 인식보다 결국에는 그것들을 무의식적으로 수용하고 민족 구성원들에게 그것을 유포시키는 매개자로서의 역할에 그치고 말았던 것이 그들의 한계였던 셈이다.

인격주의는 사회구조에의 참여나 실천적 개입보다는 개인의 내면적 수양과 인격의 중요성을 강조하는 경향을 보여주었다. 이는 권리주

> 체로서의 개인보다는 도덕적 행위자로서의 개인을 강조하는 논리였다. 때문에 인격주의와 수양주의는 결과적으로 기존 질서를 수용하는 보수주의적 태도와 친화력이 높았고, 개인주의의 탈정치화와 유순화를 초래할 가능성도 매우 높았다. 무엇보다 이러한 경향은 총독부가 식민 교육을 통해 주입하고자 한 규율화된 개인주의와도 친화력이 있어 식민지 사회질서를 정당화하는 이데올로기로 활용되기도 했다.[16]

위의 문면에서 볼 수 있듯이 해방 전후기의 교양과 인격주의는 일제에 의한 식민 교육의 산물이었는데, 작품에서 하영근과 권창혁은 정신적 성장 과정에 있던 젊은이들에게 이러한 교양주의를 계속해서 강조했던 것이다. 즉 박태영의 허망한 정열이나 운명주의적 태도, 그리고 최후의 빨치산이라는 영웅주의적 선택의 심층에 이들 포스트 식민 정보원이 강조한 교양주의나 개인의 윤리적 선택에 대한 화두가 자리하고 있었던 것이다. 그 때문에 해방 전후기 민족 구성원들은 철저한 탈이념과 탈식민을 성취해내지 못했고 그 결과 진정한 의미의 근대적인 단일 민족국가 건설에 실패할 수밖에 없었다.

그런 점에서 육체적 아버지를 부인하고 새로운 아버지를 찾아 나섰던 업둥이로서의 박태영의 선택은 실패한 것에 다름 아니다. 실재의 아버지를 부인하고 찾은 새로운 아버지 또한 그가 추구하려는 온전한 삶이나 이데올로기를 올곧게 제시해주지 못하였다. 그들 또한 온전한 아버지가 될 수 없었다. 왜냐하면 그들 또한 진정한 아버지를 찾지 못한 업둥이에 불과했

---

16 소영현, 『문학청년의 탄생』, 푸른역사, 2008, p.193.

기 때문이다. 그런 업둥이들에 의해서는 결코 외세의 강고한 타율적 힘들을 극복하고 온전한 탈이념과 탈식민을 구현해낼 수 없었다. 이는 비서구 지역에서의 가족로망스는 외래의 힘에 의해 아버지가 부정됨으로써 파행적으로 전개되며, 이에 따라 비서구 지역의 근대소설은 안정된 '부르주아 주체의 서사시'인 서구 근대소설과는 달리 분열된 '피식민주체의 서사시'라는 특색을 갖는다[17]는 논지와도 깊은 연관을 맺고 있다. 따라서 이병주의 『지리산』은 탈이념과 탈식민을 제대로 실현해내지 못함으로써 근대국가 형성에 실패한 업둥이들의 국가로망스라 할 수 있을 것이다.

6. 『지리산』의 국가로망스로서의 의의와 한계

이병주의 대표작인 대하장편소설 『지리산』은 일제 식민지 시기부터 6·25 전쟁이 끝나는 기간까지를 배경으로 하고 있다. 일제에 대한 식민지 투쟁과 해방 전후기의 좌·우익 대립, 냉전 이데올로기의 각축장이 되었던 6·25 전쟁까지의 기간은 한반도에 있어서 단일 민족국가 형성의 유일한 기회였다. 하지만 외세의 타율적인 힘의 논리와 냉전 이데올로기의 갈등으로 한반도에서의 단일 민족국가 건립은 실패하였다.

이병주의 『지리산』은 근대국가 형성의 과정과 모순을 구체적으로 제시했다는 점에서 국가 창건 서사 혹은 국가로망스라 명명해 볼 수 있는 것이다. 작품에서 제시된 공간으로서의 지리산은 화원의 사상의 공간이면서 민족국가의 기원으로서의 국토라는 개념을 포획해내고 있다. 또한 주인공

---

17 김명인, 앞의 논문, p.332.

박태영을 비롯한 서사 주체들은 진정한 근대 민족국가의 국민되기를 위해 고통스러운 기투를 감행하지만 허망한 정열로 귀결되고 만다. 결국 그것은 여전히 한반도에 진정한 의미의 탈식민과 탈이념이 관철되지 못했기 때문일 것이다. 그런 이유로 주인공 박태영은 가족로망스에서 볼 수 있는 업둥이로서의 성격을 갖게 되는데, 육체적 아버지가 아닌 하영근과 권창혁을 매개로 새로운 사상이나 세상을 수용하고, 결국은 빨치산으로서의 실패의 원인을 운명으로 귀결시키면서 세상을 거부하거나 도피하는 양상을 보여준다. 그는 세계의 모순에 대한 적확한 지식이나 그것을 극복해낼 뛰어난 능력을 갖지 못하였기에 세계와의 대결을 포기한 채 운명으로 도피하고만 업둥이었을 따름이다.

따라서 대하장편소설 『지리산』은 많은 업둥이들의 기투와 열정에도 결국은 실패로 돌아간 근대국가 건설의 양상을 제대로 보여준 국가로망스이다. 작가 이병주는 아버지로 인한 상처를 극복하기 위해 새로운 아버지를 찾아 진정한 가족을 재구성하려고 했던 가족로망스의 업둥이처럼 실패한 근대국가 건설의 트라우마를 극복하고 진정한 근대국가 형성을 지향하는 국가로망스를 창작한 셈이다. 그는 민중들이 지향하는 정치학과 그들에게 친숙한 대중 미학화의 방식을 결합시킴으로써 그만의 정치 서사를 구축해냈으며, 『지리산』이라는 대하 역사소설을 통하여 근대국가 형성 과정에 대한 민중들의 열정과 좌절의 국가로망스를 제시해낸 것이다

한편으로 만약 해방 전후기 탈식민과 탈이념에 성공하여 진정한 의미의 근대국가 형성에 성공하였다면 이 작품은 로망스적 성격이 아니라 또 다른 서사적 성격의 국가 창건 서사가 되었을지도 모른다. 아직 국가로망스에 대한 개념은 그 경계를 확정하기가 쉽지 않다. 차후 이러한 장르의 개념과 서사적 성격에 대한 다양한 논의가 나오기를 기대해본다.

학습 활동

1. 『지리산』에는 여러 유형의 인간상이 제시된다. 박태영, 하준규와 같이 기존의 체제와 권력에 도전하며 반기를 드는 인물들도 있고, 주영중이나 박현수와 같이 기존 체제의 권력에 야합하여 자신들의 기득권을 더욱 강화하고 유지하거나 새로운 신분으로의 상승을 추구하는 인물들도 있다. 또 현실 문제에 개입하지 않고 중도적인 입장을 고수하는 인물들도 존재한다. 자신이 이 시대의 지식인이었다면 무엇을 위하여 어떻게 살았겠는가? 해방 전후기의 혼란 속에서 자신은 어떻게 처신했을 것인지 이야기해 보자.

2. 일제 식민지 말기, 지리산에 숨어 들어 보광당을 조직하고 조국과 인민을 위해 복무하겠다는 박태영의 굳은 의지는 결국 운명에 대한 수용으로 바뀌고 만다. 그가 자유주의, 허무주의, 공산주의를 모두 비판하며 홀로 빨치산이 되는 길을 택한 것은 한반도에 진정한 의미의 탈식민과 탈이념이 관철되지 못했기 때문이라고 할 수 있다. 진정한 국민국가를 꿈꾸었으나 외세의 강고한 힘을 극복하지 못하고 결국 세상으로부터 도피해 버리고 만, 운명주의자 박태영을 떠올리며 그에게 편지를 써 보자.

3. 21세기에도 분단국가에 살고 있는 우리에게 통일된 국민국가 건설은 여전히 유효한 과제이다. 이 과제를 해결하기 위해서는 우리 스스로 통일에 대해 명확한 비전을 가져야 할 필요가 있다. 그래야만 우리가 국가의 운명을 주도적으로 이끌어 나가고 주변국들과 국제 사회로 하여금 우리의 노력을 지지하도록 유도할 수 있을 것이다. 자신이 원하는 통일된 한

반도는 어떠한 모습인가? 우리가 지향해야 할 한반도의 미래에 대해 토의해 보자.

4. 어떤 세상이 살기 좋은 세상이냐는 박태영의 물음에 일본 지식인 무나타는 아래와 같이 답한다. 이는 탈이념화, 탈식민화된 국가를 이루어야 한다는 작가 이병주의 정치적 지향점이 드러나고 있는 발화이기도 하다. 다음을 읽고 자신이 생각하는 이상적인 국가의 모습은 어떠한지 구체적으로 그려보자. 그리고 이를 이루기 위해서 필요한 것은 무엇인지 생각해 보자.

> "전쟁이 없는 세상, 조선같은 처지에 있는 나라가 아무런 속박도 제압도 받지 않고 독립할 수 있는 세상, 우리 일본으로 말하면 모두가 자기 스스로 주인 행세를 하고 살 수 있는 세상, 말하자면 불합리한 지배관계가 없어지고 제각기 자기 주장을 하고 그 자기 주장의 조절이 가장 민주적으로 진행될 수 있는 세상……."

● **더 읽을거리**

이태, 『남부군』

조정래, 『태백산맥』

최인훈, 『광장』

베네딕트 앤더슨,『상상의 공동체』

호미 바바, 『국민과 서사』

제12장

문학과 금기

이청준 소설에 드러난 금기에의 저항과 용서의 아포리아

인간은 문명을 창출하면서 스스로 지켜야 한다고 믿는 금기(禁忌)도 함께 탄생시켰다. 금기는 이미 만들어진 체계를 존속시키는 표지이면서도 그것을 위반하고 초월해야만 완성되는 기제로서 이중성을 내포한다. 거부의 대상이자 강렬한 욕망의 대상이라는 금기의 역설적 구조는 그 해석의 경계를 어렵게 하는 모순을 가진다. 또한 기득권자들에 의해 조직되고 통제되고 재생산되는 금기는 텅 빈 기표로서 상황과 주체에 따라 새롭게 채워질 수 있으므로 아포리아의 특성 또한 내재하고 있다고 할 수 있다. 근대 자본주의 사회에서 금기는 제도화되어 현실원칙만을 강조하고 개인의 쾌락원칙을 통제하는 기제로서 기능해 왔다. 그리고 이는 교육 또는 형법으로 훈육되고 강화되었다.

소설이란 장르는 인간의 근원적 금기인 오이디푸스적 구조에 그 기원을 두고 이러한 금기에 대한 부정과 저항의 방식을 구체적으로 형상화한다. 특히 근대 자본주의 사회에서 강조되는 자본의 증식과 규격화된 규율 역시 오이디푸스 구조의 한 측면이라는 점에서 비판의 대상이 된다. 오이디푸스 구조에 의해 관리된 자본주의 사회는 모든 것을 동일화하며 보편성과 일반성에 무게중심을 둔다. 이러한 자본주의의 질서는 인간을 억압하고 지배하는 금기로 기능한다는 점에서 벗어나야 할 폭력적 시스템인 것이다. 결국 소설은 자본주의 체제가 생성하고 배치해 놓은 엄혹한 금기와의 싸움의 장이라 할 수 있다.

이청준은 금기의 기원과 기능을 일찍부터 포착함으로써 현대 사회에서 작동하는 금기의 생성과 조직, 배치와 재생산에 대한 것들을 작품들에서 형상화했다. 글쓰기라는 방법을 통해 자본주의 체제의 억압에서부터 벗어나려 한 것이다. 그의 금기와의 싸움은 언어와 담론의 질서에 대한 치밀한 탐색으로부터 출발하여 거의 모든 작품에서 반복적으로 변주된다. 구체적으로, 그는 오이디푸스 구조의 자본주의 현실과 금기로 인해 타락해버린 말들을 지적함과 동시에 이를 구제할 수 있는 대안으로 예술 창작의 장을 구축해낸다. 즉 모순된 질서와 현실에 대한 직접적 투쟁이 아닌, 예술과 문학이라는 간접적 대응으로서 이데올로기의 모순을 포용하려 한 것이다. 그리고 그러한 소설의 궁극에는 부조리한 세계와의 화해와 용서가 자리해 있다.

이런 면에서 이청준은 언어와 예술이라는 매개를 통해 오이디푸스적 자본주의의 부조리와 금기를 초극하려 했으며 용서할 수 없는 대상을 끌어안는 용서의 아포리아를 실천했다고 할 수 있다. 폭력적인 자본주의 체제에 짓눌려 인간다움의 가치가 상실된 이 시대에 이청준의 작품에 표상된 진정한 화해와 용서의 의미를 되새겨 보아야 할 것이다.

1. 금기와 위반의 역설

금기(터부)는 위반을 전제로 한다는 조르쥬 바타유의 역설은 금기에 대한 많은 상상력을 추동하는 발화이다. 금지의 표지를 가졌음에도 그것이 원인이 되어 도발과 위반을 불러일으키는 그 무엇, 그것이 금기라는 말일 터이다. 금지와 위반의 애매한, 그러면서도 매혹적인 그 무엇으로서의 금기는 인류의 기원과 같이했다. 바타유에 의하면 인간은 노동을 하게 되면서 동물과 구분되고 그 과정에서 금기라는 이름의 구속을 스스로에게 부과했다[18]고 한다. 인간은 동물로부터의 분화를 선언하면서 문명을 창출했지만 동시에 그것을 무너뜨리면서 유지하려는 이중의 무엇으로서의 금기라는 것을 탄생시킨 것이다. 금지라는 체계를 만들어 내면서도 한편으로는 부정하고 초월해야만 완성되는 그 무엇이 바로 금기였던 셈이다.

프로이트는 미개인들의 터부를 강박신경증과 유사한 것으로 보았는데, 이는 터부와 강박신경증이 모두 외부의 권위에 의해서 금지된 것[19]이라는 통찰을 전제로 한 것이다. 그의 관점에 의하면 금기는 인간의 본래적 속성으로부터 근원하는 것이면서도 인간의 사회화 과정에서 파생된 제도나 관습과 같은 층위에서 발생한 것이다. 그런 점에서 금기의 기원은 인간의 본성적인 측면과 문명의 발생 과정이라는 이중의 뿌리를 두고 있다고도 볼 수 있다. 원래 터부라는 말은 손대서는 안 되는 것을 표시하며, 따라서 '신성한(helig)'·'부정한(unrein)'이라는 두 극단적인 이중의 의미를 내포하고 있는데, 이는 특정한 감정 양립을 표시하기 위해서 사용되며, 감정 양립의 결

18 조르주 바타유, 『에로티즘』, 민음사, 2009, p.32
19 지그문트 프로이트, 『토템과 터부』, 지식을 만드는 지식, 2013, p. 9.

과로 이해되어야 한다[20]고 프로이트는 강조한다. 따라서 금기는 결국 그 기원에서부터 이중성을 내포하고 있는 역설의 구조를 이루고 있으면서 동시에 그 구조를 뛰어넘는 아포리아[21]의 특성을 보여준다.

그런데 아포리아로서의 금기가 어떤 면에서는 인류의 기원과 존속의 기제인 점은 부인하기 어렵다. 금기가 있음으로써 반복적인 살해를 막아냄과 동시에 근원적인 인간의 발생과 연관된 텅 빈 결핍을 확인하게 하면서 인류의 존속을 추동해내기도 한다. 이러한 금기는 인류의 기원과 제의의 출발점이자 개인과 사회의 폭력과 욕망을 추동하는 기제라는 점에서 인류 사회 존속의 필요악이라 할 수 있다. 금기는 인류 사회의 존속과 재생산의 수단인 셈이다.

즉 금기는 프로이트나 지라르의 견해처럼 인간의 본능이나 욕망에 의해 자연 발생적으로 생겨난 것이면서 동시에 제도나 이념의 분화 발전 과정에서 사회적으로 구성된 것이라 할 수 있는 것이다. 이는 『광기의 역사』에서 광기를 역사화함으로써 탈자연화한 푸코의 사회구성주의(social constructivism)[22]적 논지와 상응하는 것이기도 하다. 또한 금기는 언어로 언

---

20 위의 책, pp.62-63.

21 아포리아는 단순히 텍스트 해석을 어렵게 하는 내재적 모순을 가리킬 수 있다. 해체론자들이 가장 통상적으로 사용하는 아포리아는 한 텍스트의 언어적 철학적 일관성과 그 일관성에 그림자를 드리우는 전복적인 모순 및 역설 사이의 간격을 말한다. 그러한 전복적 요소들은 해석을 역전시킬 뿐만 아니라 텍스트를 가능성의 자유로운 놀이를 향해 열어놓아 텍스트를 '결정불능'으로 만들고 체계화 작용을 교란한다.(조셉 칠더즈·게리 헨치 엮음, 『현대 문학·문화 비평 용어사전』, 문학동네, 2000, p.75.)

22 사회구성주의는 인간과 인간의 경험이 자연적 과정이 아닌 사회적 과정에서 생성된 결과물이라고 주장하는 사고의 형태들을 말한다. 그러한 유형에 속하는 이론들은 20세기 후반에 대단히 큰 영향력을 발휘했는데, 그들이 가진 힘은 필수성과 본질주의적 사고방식을 탈안정화시키려는 노력 바로 그 자체에 있었다. 구성되어 온 것들은 여태껏 자연스러운 것으로, 그리고 당연한 것으로 추정되어 왔다고 이들 이론들은 가정한다. (중략) 사회적으로 구성된 것의 존재와 가치는 논의의 대상이 될 수 있으며 이것은 급진적으로 변환될 수 있거나 최소한 교정될 수 있기 때문에, 사회적으로 구성된 것의 정체가 정치적인 문제였음이 비로소 밝혀지게 되었다.(요하나 옥살라, 홍은영 옮김, 『HoW To READ 푸코』, 웅진 지식하우스, 2008, pp.24-25)

표화된다는 점에서도 푸코가 제시한 담론의 질서와 깊은 상관관계를 맺고 있다. 어떤 사회에서든 담론의 생산을 통제하고, 선별하고, 조직화하고, 나아가 재분배하는 과정들이 존재[23]하는 것처럼 금기 또한 담론의 질서가 작동하는 방식과 상동하게 조직되고 통제되고 재생산된다고 할 수 있다.

따라서 기득권자들의 관리 대상으로서의 금기는 텅 빈 기표로 환원될 수 있다. 상황과 주체에 따라 새롭게 채워질 수 있는 기표의 흔적들이 금기라면 그것 또한 아포리아의 특성을 내재하고 있다고 할 수 있다. 변증적 지양을 통해 문제를 해결하려 탐구하지만 결국은 미해결의 벽에 부딪치고 마는 아포리아적인 구조와 자질로 금기는 작동해 온 것이다.

이처럼 언표화된 담론의 질서로서의 금기의 기원과 기능을 한국 소설사에서 일찍부터 포착해낸 이가 바로 소설가 이청준이다. 그는 '공론화된 떠도는 말들'(『떠도는 말』), '사물과의 약속을 떠나버린 말'(『서편제』), '일반화된 집단적 허위의식'(『가위 밑 음화와 양화』), '이념주의자들의 전략상의 묵계' (『숨은 손가락』) 등의 개념들을 그의 작품들에서 형상화하곤 했는데, 이들은 대체로 기의를 잃어버린 기표, 본질을 담아내지 못한 담론 효과 등의 함의를 공유한다는 점에서 앞에서 제시한 금기의 개념들과 가족 유사성의 관계를 내포하고 있는 것으로 추론된다. 그러므로 이청준의 소설의 주요한 탐구 대상은 한국 현대 사회에서 작동하는 금기의 생성과 조직, 배치와 재생산에 대한 것들이었다. 이에 이 글에서는 이청준 소설에 드러난 금기에 대한 저항과, 그로부터 촉발된 예술적 지향, 그리고 금기의 초극으로서의 용서의 문제에 대해 고찰해 보고자 한다.

---

23 미셸 푸코 지음, 『담론의 질서』, 도서출판 중원문화, 1992, p.13.

2. 소설의 기원으로서의 금기와 반오이디푸스

소설을 서구 근대 부르주아적 장르라고 주장한 마르트 로베르는 근대 소설의 기원을 가족소설로 보고 사생아 유형의 소설과 업둥이 유형의 소설의 예를 제시한 바 있다.[24] 이러한 유형의 소설들은 프로이트가 『신경증 환자의 가족소설』에서 밝혀낸 바와 같이 서구의 대부분의 아들들이 방어기제로 가지고 있는 오이디푸스 콤플렉스와 연관된 이야기 유형들이다. 그런 의미에서 소설이란 다른 많은 장르들 가운데 대표적인 '오이디푸스적' 장르이다.[25] 로베르의 추론에 따르면 근대 소설의 기원은 '근친상간'과 '부친살해'라는 인간의 근원적 금기로부터 출발하고 있는 셈이고, 소설이란 장르는 그러한 근원적 금기에 대한 부정이나 저항의 방식을 형상화한 것이라 할 수 있다.

뿐만 아니라 근대 자본주의 사회는 자본의 증식을 강조한다는 점에서 철저히 오이디푸스 콤플렉스와 깊은 상관관계를 가지고 있다. 자본의 운동에 대한 설명만큼 자본의 오이디푸스 구조를 실감나게 묘사한 말은 없는데, 자본이란 돈을 낳은 아버지이며 자본(아버지)으로서 돈(가치)이 낳은 잉여가치는 그 자식인 것이다.[26] 이처럼 자본주의와 오이디푸스 가족은 근대

---

24 어린아이에게는 의식적이고 정상적인 어른에게는 무의식적이며, 신경증 환자에게는 집요하게 나타나는 가족소설은 두 가지 단계로 나타나는데, 그 하나가 업둥이이고 다른 하나가 사생아이다. (중략) 소설을 쓰는 방법에는 이 두 가지만 있다고 생각한 마르트 로베르는 사생아의 방법이 사실주의적인 방법으로 세계를 정면으로 공격하면서도 세계를 도와주는 것이고, 나르시스적인 업둥이의 방법이 지식도 없고 행동 능력도 없어서 세계와의 싸움을 교묘하게 피하는 것이라고 주장한다. (마르트 로베르, 『기원의 소설, 소설의 기원』, 문학과 지성사, 1999, p.39)

25 마르트 로베르, 위의 책, pp.60-61.

26 오이디푸스 구조는 아버지가 아들을 낳고 아들이 아버지가 되는 부자관계를 핵심으로 한다. 아들을 낳지 않는 아버지는 더 이상 아버지가 아니다. 또한 아들이 양가감정(반항과 동일시) 속에서 아버지에게 동일시되며 성장하지 않는다면 오이디푸스 구조는 깨지고 말 것이다. 이처럼 아버지가 정차 자기 자신이 아버지가 될 아들을 낳는 오이디푸스 구조는, 자본으로서의 돈이 또 다른 자본이 될 돈을 낳은 자본주의 구조와 매우 유사하다.(나병철, 『가족로망스와 성장소설 - 반오이디푸스 문화론』, 문예출판사, 2007, 260 참조)

의 핵심적인 오이디푸스 구조의 두 측면인데, 한 마디로 가족과 사회는 상호 대응하는 소우주와 대우주로서 오이디푸스 가족은 자본주의 사회가 반향하는 구조이며 자본주의는 확대된 가족의 무대이다.[27]

이청준의 소설 또한 근대 자본주의 사회의 오이디푸스적 구조에 대한 비판과 저항으로부터 기원한다고 할 수 있다. 그는 데뷔작 『퇴원』에서부터 『사회언어학 서설』 연작, 『가위 밑 그림의 음화와 양화』 연작, 『당신들의 천국』, 『남도사람』 연작에 이르기까지 오이디푸스 구조로 인해 파생한 자본주의 사회의 금기에 대해 철저히 부정하고 저항하려고 시도했다. 사실 그의 청소년기를 혹독하게 몰아부쳤던 아버지의 부재로부터 근원하는 지독한 허기와 가난, 고향에 대한 환멸과 그리움, 죽음과 진술의 공포로 현현되던 전짓불 공포 모두가 근원적으로는 근대 자본주의 사회와 이데올로기, 그로부터 파생한 폭력적인 권력의 폐해로 인한 것이었다. 이러한 추론은 김치수의 통찰[28]에서도 확인해 볼 수 있는 것이기도 하다. 그는 이청준 소설에 등장하는 주인공들이 어린 시절의 정신적인 상처에 대해서 '전짓불'에 대한 공포와 '가난'에 대한 부끄러움 때문에 이야기하기를 꺼려하는데, 이는 그것이 외부에서의 금기 때문인 경우와 자기 스스로 자제를 하는 경우로 나눌 수 있다고 설명한다. 이를 환원하면 이청준 소설의 깊은 자장을 형성하고 있는 공포와 부끄러움의 근원은 바로 자본주의 체제의 폐해로 인한 어린 시절의 상처와 금기 때문이었던 것이다.

또한 일찍이 이청준 소설에서 금기의 모티프를 발견한 김현은 「퇴원」을 분석하면서 속옷/전짓불의 대립을 어머니 뱃속으로의 회귀 본능과 현실 적응 능력 확대의 대립으로 전제하고 이것들이 쾌락원칙/현실원칙의

27 나병철, 위의 책, pp.261-262.
28 김치수, 「언어와 현실의 갈등」, 『이청준 깊이읽기』, 문학과 지성사, 2009, p.92.

갈등이라는 내적 의미를 가진다고 추론해낸 적이 있다. 그러면서 그는 교정된 쾌락원칙은 개인에게 금기로 작용하며, 금기는 제도화되고, 그것은 교육으로, 형법으로 각각 훈육되고 강화된다[29]고 주장한다. 이와 같은 김현의 시각은 담론의 질서와 같은 방식으로 개인의 쾌락원칙을 통제하는 근대 자본주의 사회의 금기를 제대로 통찰해내는 것이기도 하다.

이처럼 현실원칙만이 강조되고 쾌락원칙은 통제되는 자본주의 사회에 대한 비판 의식으로부터 이청준 소설은 기원하고 있다. 때문에 그의 소설의 기원은 근대 자본주의 사회의 오이디푸스적 구조였고, 그의 40여년의 창작 활동은 그 구조로부터 파생된 부조리와 금기에 대한 저항이고 부정이었다. 「귀향연습」, 「빗새이야기」, 「살아있는 늪」, 그리고 「눈길」에 이르기까지 그가 보여준 고향에 대한 그리움과 환멸의 변주는 그러한 모든 것의 근원인 자본주의 체제에 대한 반항이자 거부였던 것이다. 또한 「퇴원」, 「소문의 벽」, 「전짓불 앞의 방백 — 가위밑 그림의 음화와 양화 2」에서 반복되는 전짓불 공포는 오이디푸스 구조를 근원으로 하는 정치체제의 냉혹함과 비정함에 대한 저항을 내포하고 있다.

「잔인한 도시」에서 볼 수 있는 바와 같이 근대의 폭력성, 고향 상실, 그리고 순환 반복되는 고통스러운 일상을 표상해주는 날개 잃은 비둘기의 형상은 바로 작가 이청준이 발견한 자본주의 시스템에서 표류하고 있는 자신의 형상이었을지도 모른다. 그런 점에서 "글쓰기 행위라는 게 기본적으로 규격화된 제도, 규율, 유용성 등과 같은 틀을 깨고, 그 틀에서 벗어나고자 하는 것이 아니겠습니까?"[30]라는 그의 발화는 자본주의 체제의 억압

---

29 김현, 「이청준에 대한 세 편의 글」, 『문학과 유토피아-김현 문학전집 4』, 문학과 지성사, 1992, p.254.

30 권오룡 엮음, 「대담 - 시대의 고통에서 영혼의 비상까지」, 『이청준 깊이 읽기』, 문학과지성사, 1999, p.38.

으로부터 벗어나려는 것이 바로 자신의 소설 세계의 출발점임을 증명한다.

때문에 이청준의 소설 세계는 자본주의 체제가 생성하고 배치해 놓은 엄혹한 금기와의 싸움의 장이었다고 할 수 있다. 그는 현실 공간에서 당대의 지배권력과의 직접적 투쟁의 형태가 아니라 간접화된 문화양식으로서의 소설 쓰기를 선택하여 현실 권력과의 가시적인 대결과 극복이 아니라 보다 근원적인 언어 혹은 예술의 장에서 치열하게 금기와의 싸움을 수행해나간 것이다.

3. 금기에 대한 사회언어학적 탐구

이청준 문학이 금기에의 저항과 쟁투였다고 한다면 그러한 금기와의 싸움은 언어와 담론의 질서에 대한 치밀한 탐구로부터 출발하였다. 즉 그의 소설이 언어로부터 시작해서 언어로 끝난다는 발화는 이청준 소설의 경계와 지평을 제대로 표상해주는 것이기도 하다. 그의 데뷔작 「퇴원」에서 "모든 요구는 언어가 허용될 수 있는 한계 이전의 것이었다."[31]는 서술자의 발화는 이청준 소설의 시작에서부터 인간이 가진 요구와 언어의 문제에 대해 고민하고 있었음을 보여준다. 이러한 그의 언어에 대한 집요한 탐구는 『사회언어학』 연작 뿐만 아니라 그의 모든 작품에서 반복적으로 변주된다.

이러한 이청준의 언어에 대한 세밀한 탐색은 모든 작가들이 작가로서 기본적으로 수행하는 언어의 형상성에 대한 절차탁마를 넘어선다. 언어라는 질료 자체가 가지고 있는 말과 사물에 대한 직접적 연관관계 뿐만

---

31 『퇴원』, p.34.

아니라 언어와 인간의 구체적인 삶과의 교호작용까지, 그는 그의 창작 생활 전체를 일관되게 언어철학적 탐구를 계속하였던 것이다. 즉 그는 언어를 창작방법의 대상으로뿐만 아니라 작가의 세계관의 근원으로까지 위치시켰다.

> 문학이란 삶의 언어적 존재, 언어적 실체라고 생각해요. 우리가 생각하는 것, 존재를 인식하는 것 모두가 언어를 통해 이루어지지 않아요? 언어를 떠나서는 존재를 증명할 방법이 없지요.[32]

위의 문면에서 보는 바와 같이 소설가 이청준은 그가 지향하는 소설세계의 핵심적 질료로 항상 언어를 전위에 두었다. 그는 언어를 통해서만 문학을 할 수 있고 작가로서의 자신의 존재를 증명할 수 있다고 보았던 것이다. 푸코가 『말과 사물』에서 사유의 새로운 가능성이 인간보다 더 근본적인 언어의 분석에 놓여 있으며, 철학적 반성은 인간의 경험이 아니라 언어의 분석이 가장 필수적인 요소가 된다[33]고 강조한 바와 같이 이청준은 인간과 세계에 대한 철학적 반성 과정에서 언어의 중요성을 일찍 간파했던 셈이다.

그래서 이청준은 공리적인 집단 언어가 개인의 삶을 억압하고 있는 실정인데, 이러한 집단 언어의 폐해를 줄이고 개인의 삶과 언어를 지킬 수 있도록 해주는 것이 문학의 언어이고 소설의 언어[34]라고 강조하기도 하였다. 이는 집단의 공리를 중요시하는 언어가 권위를 가진 이들에 의해 지배수단

---

32 권오룡 엮음, 「대담 - 시대의 고통에서 영혼의 비상까지」, p.27.
33 요하나 옥살라, 앞의 책, p.61
34 권오룡 엮음, 「대담 - 시대의 고통에서 영혼의 비상까지」, p.34.

으로 이용되어 금기와 같은 담론을 구성하고 재생산해내고 있음을 포착해냈기 때문이다. 이러한 그의 생각이 다음에 문면에 제대로 드러나고 있다.

> 말은 그것을 원하는 사람에게 모종의 힘을 지니게 되고 나중에는 그 사람들에게 복종을 요구했다. 하나의 개념은 사실과 떠나서 말의 내용 속에 독자적으로 확정지어지고 그것을 믿는 사람들에게 그 말은 때로 무조건 신앙되었다. 나중에는 사실에서 결별을 성취한 말들이 그것을 신앙하는 사람들을 지배했다. 그리고 많은 영특한 사람들이 그 말의 권위를 빌려 사람들을 지배했다. 그것은 참으로 엄청나게 많은 사람을 한꺼번에 지배해 나가는 길이었다.(중략) 권위를 지니고 신앙되는 말들은 그처럼 효과적인 인간 지배의 수단으로 봉사되고 있었다.
>
> ―「마기의 죽음」

위의 문면은 「마기의 죽음」에서 제시되고 있는데, 서술자인 '나'가 처한 환경은 모든 시계(視界)가 콘크리트 지평선으로 뒤덮이고 모든 것이 숫자로만 표시된 폐허와 같은 상황이다. 더구나 언어는 사실성을 상실하고 권위의 지배수단으로 전락하고 말았는데, 권위를 지니고 신앙되는 말들은 인간을 지배하고 명령하는 금기와 같은 역할을 하고 있다. 이 작품에서 이청준은 사실에서 결별을 성취한 말들이 결국은 권위를 지니고 신앙되는 말들로 변하면서 인간 지배의 수단인 금기로 변질되었음을 포착해내고 있다.

이처럼 사물과 일치하지 않는 떠도는 말들이 지배수단으로 변화하는 과정이 금기의 형성 과정임을 밝히려는 이청준의 사유는 『사회언어학서설』 연작 중 하나인 「금지곡 시대 — 가위 밑 그림의 음화와 양화3」에 보다 치밀하게 제시되고 있다.

> 그 같은 묵계나 금계 체계들은 본시 우리 본성의 일부의 억제나 조절을 전제로 하고 있는 것인데다, 한 사회의 금계 체계는 시대의 변천에 따라 그 요구와 도덕적 구속력이 달라지는 때문이다.(중략) 자율적 덕성의 근거를 잃어버린 낡은 금계망은 그 굳어진 체계의 구속력으로 우리의 삶을 부단히 간섭하고 억누를 뿐인 때문이다.(중략) 어찌 보면 우리 인간들의 역사는 그 낡아버린 금계망의 간섭으로부터 우리의 삶을 해방시켜내려는 끊임없는 도전의 역정처럼 보인다.
>
> —「금지곡 시대 — 가위 밑 그림의 음화와 양화3」

위의 문면은 금기에 대한 이청준의 비판 의식을 제대로 제시하고 있는데, 인간 본성의 일부로서의 쾌락원칙을 억제하고 조절하려는 것이 금기 체계의 실체적 기능이며, 그러한 금기가 시대에 따라 체계의 구속력으로 우리의 삶을 간섭하고 억누르고 있음을 비판하는 발화이다. 이 같은 금기의 작동 체계는 오이디푸스 구조에 의해 작동하는 근대 자본주의 사회의 담론의 질서와 상동하는 금기의 실체를 표상해 준다. 뿐만 아니라 위의 문면의 화자는 인간들의 역사가 궁극적으로는 금계망의 간섭, 즉 금기 체계로부터 우리의 삶을 해방시키는 도전의 역정임을 제시함으로써 금기에 대한 저항과 부정의 의식을 표출하고 있다.

또한 이청준은 집단의 진실이라는 허위의식으로 배치되고 재생산된 금기가 개인, 개별자들의 진실을 말살하는 폭력으로 작용하고 있음을 비판한다.

> 그것은 한 집단의 큰 진실 앞에 개인의 작은 진실은 진실일 수가 없음을, 참 진실의 값을 지닐 수 없음을, 그 값이 증거될 수 없음을 더러는 그것의 드러냄 자체가 역사적(!) 범죄가 될 수 있음을 웅변으로 보여준 사례가 아닐는지. 다시 말해 그 자기 진실이라는 것을 근거로 한 고백적 선택조차도 불가능한 경우를 말이다.
>
> —「전짓불 앞의 방백 – 가위 밑 그림의 음화와 양화2」

위의 문면에서와 같이 한 집단의 큰 진실이라고 인식되고 호명되는 것들이 금기의 기반일 것이다. 하지만 그것들이 한 개인의 자기 진실을 드러내려는 고백적 선택을 불가능하게 할 경우, 그것들은 한 개인의 억압으로, 실존을 방해하는 폭력으로 작용할 수도 있음을 그는 지적한다. 이처럼 한 집단의 진실이 일반성과 보편성의 이름 아래 개인에게 부과될 경우 그것은 한 개인이나 개별자의 작은 진실을 왜곡시키거나 추방해버리는 폭력적 상황을 유발시킬 수 있음을, 보편성과 일반성으로 포장된 금기가 개별자인 개인의 억압의 수단이 될 수 있음을 이청준은 강조하고 있는 것이다.

그런데 이청준이 이러한 금기 체계에 대해 더욱 절망하는 것은 그러한 담론의 질서로 작동하는 금기의 기원이 떠도는 말들이라는 인식 때문이다.

> 모든 말들이 길을 헤매고 있었다. 사람들은 이제 말을 하지 않는다. 그들은 너무나 많은 말을 하여 말들의 주소를 바꿔놓음으로써 말들을 혹사했고 말들을 배반했고, 결국에는 그 말들이 기진맥진 지쳐나게 했다. 말들은 그들의 고향을 잃어버렸고 자신들의 고향에 대한 감사와 의리를 잃어버렸다.(중략) 한결같이 고향과 주소를 잃은 말들이

었다. 이제 방안에는 어디에나 유령처럼 말이 숨어 있었다. 고향을 잃고 정처없이 떠도는 말들은 기실 지쳐 죽은 말들의 유령이었다.

—「떠도는 말들 — 언어사회학서설1」

위의 문면에서와 같이 자본주의 시대 우리들의 말은 비트겐슈타인의 '데칼코마니' 그림이론처럼 더 이상 사물과 일치하지 않는다. 고향과 주소를 잃어버린 말들은 기원으로서의 말의 본질을 잃어버린 말들이다. 기표와 기의가 끝없이 미끄러지기만 하는 근대 자본주의 시대의 아포리아한 상황의 단면을 위의 문면은 제대로 보여주고 있다. 이러한 언어적 상황에 이청준은 절망하고 회의했기 때문이다. 인간다운 삶으로부터 멀어져버린 집단어로서의 금기의 폐해가 모든 말들을 유령처럼 떠돌게 한 것에 대한 깨달음을 그는 많은 작품들을 통해 제시하고 있는 것이다. 여기에서 그는 절망하지 않는다. 새로운 사회언어학이 정립될 날을 위해 그는 새로운 저항의 반향 전환을 시도한다. 그것이 타락해버린 언어로부터 예술의 장으로의 전회이다. 그는 오이디푸스 구조의 자본주의 현실과 금기로 인해 타락해버린 말들을 구제할 수 있는 대안으로 예술 창작의 장을 구축하고 밀고 나간 것이다.

4. 예술가소설의 지향으로서 금기의 초극

오이디푸스 구조에 의해 관리된 자본주의 사회는 도구적 합리성에 의해 운영되는 사회였다. 그러한 도구적 합리성의 한편에 미적 근대성이 자리하고 있었으니, 후자는 전자에 의해 잉태되었으면서도 전자를 비판하고 그것에 저항할 주요한 거점이 되었다. 이를 환언하면 도구적 합리성에 포획되지 않는 분화된 공간이 설정됨으로써 예술의 미적 근대성이 자신만의 자족적 원리로 도구적 이성을 비판해낼 수 있었던 것이다.

이러한 예술의 미적 근대성의 기제를 날카롭게 포착해낸 사람이 바로 아도르노이다. 그는 예술이 현실의 요소에 대한 특별한 질서지움을 통해 현실을 넘어서는 구성을 해낼 수 있으며 현실에 속해 있으면서도 자신이 속하고 있는 현실을 초월할 수 있는 자질을 가지고 있기[35] 때문에 모든 것을 동일화하려는 폭력적 자본주의 시스템으로부터 벗어나서 비판하고 저항할 수 있다고 주장한다.

또한 들뢰즈는 '아이스테시스에 대한 이성의 우위'라는 서양의 인식론에 대한 반기로써 『감각의 논리』에서 아이스테시스는 이성에 선행하며 그 바탕에서 그것을 비로소 가능케 해주는 어떤 근원적인 능력[36]이라 주장한다. 이는 사물의 본질을 있는 그대로 전해주지 못하는 불완전한 언어(logos)에 기반한 이성보다 구체적인 감각을 기반으로 획득되고 소통되는 예술의 우월성을 강조하는 발화이기도 하다. 환언하면 철저히 이성을 바탕으로 하는 과학보다 감각에 무게중심을 둔 예술이 물질이나 대상의 구체성을 보다 더 직접적으로 전달해 줄 수 있다는 것이 들뢰즈의 논지의 핵심이다. 이는 예술이 이성을 기반으로 한 일반성과 보편성보다 감각에 기반을 둔 개별성과 특수성에 강한 무게중심을 두고 있음을 전제하는 것이기도 하다. 동일화의 원리에 포착되지 않는 개별자의 삶에 무게중심이 있는 것이 예술이라는 점에서 예술이 사물의 실재에 더 가까운 것이고 또 그것을 더 제대로 포착하고 재현할 수 있다는 논지인 것이다.

---

35 민형원, 『아도르노』, 『미학의 문제와 방법』, 서울대학교출판문화원, 2007, p.789.

36 진중권, 「감각의 논리 - 새로운 유물론 미학의 정초」, 『현대미학강의』, 아트북스, 2003, p.204.

이를 전제로 한다면 이청준의 작품에 예술가들이 자주 등장하는 이유를 추론해 볼 수 있다. 오이디푸스 구조에 의해 운영되고 유지되어 온 자본주의 사회에서 동일성의 원리를 지향하는 언어나 이데올로기와는 다른 방식의 대안을 그가 찾아내려 한 것이며, 바로 그 대안이 하나의 개념 혹은 보편성의 논리로 환원되지 않는 예술에 대한 천착이었던 셈이다. 자본주의 사회의 묵계와 금계에 대한 저항의 방식으로 그는 예술가소설을 창작했던 것이다.

> 진정한 해소책은 우리의 밝은 이성 속에 이지적인 방법이 깊이 있게 모색되어야 한다. 우리에게는 그 파괴적 폭력 욕구를 간접 충족, 혹은 창조적으로 순화 해소시켜 줄 여러 가지 문화 기제들이 있어왔고 그것을 매우 지혜롭게 향유해 왔다.
>
> —「예언자」

위의 문면에서와 같이 이청준은 이성에 기반하면서도 파괴적 폭력 욕구를 극복할 대안으로 여러 문화 기제들의 대안 가능성을 모색했다. 그리고 그는 그러한 문화 기제의 하나로서 소설 혹은 예술을 상정하고 미적 근대성을 구현하려 했다는 점에서 아도르노의 논지와 이청준의 미적 인식은 상동하다고 할 수 있다.

「시간의 문」, 「줄」, 「서편제」, 「선학동나그네」 등 그가 창작한 예술가소설은 그의 전체 소설의 많은 부분을 차지한다. 특히 그 작품들에 등장하는 사진작가, 줄광대, 소리꾼, 시쟁이 등은 이 시대의 각광받는 예술가들이 아니라 교환가치로만 평가되는 자본주의 시대의 타락한 상황에 저항하다 비극적으로 패배하는 인물들이다. 그럼에도 그들은 타락한 교환가치에 타협하지 않으면서 자신의 실존적 죽음이나 소멸을 회피하지 않고 자신이 추구하는 예술의 진정성을 증명하려던 장인 혹은 예술가들이었다. 이청준적인 의미에서 그들은 현실에서 영원한 패배자이며 따라서 영원히 도전적인 삶을 살아가는 숙명적인 존재들인데, 이는 소설을 포함한 문학에서 비극의 정당한 가치와 의미론을 이청준 스스로 내면화하면서 그것을 넘어서려는 전향적 창조성을 추구하고 있음[37]을 보여준다.

그런 점에서 이청준은 자본주의 이데올로기와 금기의 담론으로 인한 아버지 부재와 가난, 고향에 대한 환멸, 전짓불 공포로 상징되는 폭력성의 체험에도 불구하고 이에 직접적으로 대응하거나 투쟁하지 않고 이를 문학과 예술의 창조성으로 극복하려 한 것이다. 어쩌면 모순된 질서와 현실에 대한 직접적 쟁투 방식은 바로 그 모순된 쟁투 방식으로만 가능한 것이기에 결국 그 극복은 그 현실의 모순된 질서의 반복에 다름 아닐 것이라는 이청준의 통찰이 현실의 모순된 질서와 방식을 빌려오지 않는 예술의 창조성에 주목하게 했을 것이다. 이청준은 예술이나 문학이라는 간접적 대응양식이 금기와 이데올로기의 모순을 포용하고 화해함으로써 오히려 역설적으로 그것들의 모순을 극복해낼 수 있을 것이라는 미적 인식이나 통찰에 도달했던 셈이다.

이처럼 이청준의 예술가소설이 지향한 것은 근대사회의 주인과 노예의 변증법의 논리나 패배와 복수의 간극을 넘어서는 것이었다. 그것의 궁극은 예술을 매개로 한 시대와의 화해와 용서였다. 그런 점에서 예술가소설에 나오는 패배한 예술가들은 타락한 시대에 대한 패배자로서의 복수를 지향한 것이 아니었다. 그것은 유랑의 생애에서 복수를 택하지 않고 모든 것을

37 우찬제, 「자유의 질서, 말의 꿈, 반성적 탐색」, 『이청준 깊이읽기』, p.202.

용서하는 초월과 크나큰 사랑의 경지에 도달함으로써 자신의 예술적 원현(圓現)[38]에 이르는 것이었다.

여기에서 우리는 이청준의 소설이 복수로서의 글쓰기[39]보다는 그것을 넘어선 용서와 화해를 온몸으로 실천한 결과물임을 확인할 수 있다. 소설집 『남도사람』과 『서편제』에 수록하고 있는 작품들은 말을 잃어버린 사람들이 득음(得音)의 경지에 도달함으로써 한의 소리가 폭력화하지 않고 예술로 승화하는 과정을 보여준다.[40] 결국 그는 금기를 극복하기 위한 방법으로 언어와 예술의 경지를 넘나들었고, 불의한 세계와 화해하고 용서하는 소설과 예술의 세계를 구축해냈던 것이다.

5. 금기를 넘어선 용서의 아포리아

이청준의 소설은 근대 자본주의 사회에 대한 부정적 메커니즘으로서의 금기에 대한 저항이자 부정이었다. 그리고 그러한 부정과 저항의 방식은 일

---

38 안삼환, 「'빗새'로 유랑하기/'나무'로 서 있기 - 『남도사람』에 나타난 이청준의 길」, 『이청준 깊이 읽기』, p.255.

39 그가 지향하는 자기 구제란, 복수하는 방식의 일종으로 요약된다. 복수란 물론 복수하기이다. 문학 행위의 원초적 동기가 복수하기에 있다는 것, 그것이 이청준에 있어 글쓰기의 기원이라면, 이러한 또렷한 자각 행위란 참으로 특권적이자 특징적이라 하지 않을 수 없다. (중략) 이청준은 아예 그것을 복수행위라고 내세웠던 것이다. 그는 한 작품의 작중인물의 입을 빌려 이렇게 실토해놓고 있었다. "문학 욕망은 애초 우리가 살고 있는 현실 질서와의 싸움에서 패배한 자가 그 패배의 상처로부터 자신을 구해내기 위한 위로와 그를 패배시킨 현실을 자기 이념의 질서로 거꾸로 지배해 나가려는 강한 복수심에서 비롯된다"(「지배와 해방」, 1977)라고. 그러니까 이청준에 있어 글쓰기의 기원은 패배가 전제되어 있다.(김윤식, 「미백(未白)의 사상 또는 이청준의 글쓰기의 기원에 대하여」, 『이청준 깊이 읽기』, p.104.)

40 김치수, 「이청준 문학의 화해와 사랑」, 『본질과 현상』 14호, 2008년 겨울, pp.132-133.

관되게 언어에 대한 탐구로 지향되었는데, 그것은 그가 유년 시절 잃어버린 고향의 집 찾기였음이고, 잘 빚은 언어로 지어진 존재의 집이었던 셈이다. 또한 허기와 전짓불로 기원하는 이청준 소설은 언어에 대한 탐구와 남도사람에 대한 그리움으로 다층적인 소설의 자장을 형성해냈다. 그리고 그러한 지극한 소설의 탐구의 궁극에서는 엄혹한 세계와의 화해와 용서를 지향하였다.

그는 『사회언어학 서설』 연작과 『남도사람』 연작의 완결판이라 할 수 있는 『다시 태어나는 말』에서 "남을 용서하고 자신을 용서하고 그리고 세상사 모든 것을 용서하고 감사하는 그 일"[41]이 어렵지만 가장 중요한 일임을 강조한다. 그를 허기지고 전짓불 공포에 시달리게 했던 많은 사람들과 부조리한 사회의 금기 체계에 대해 그는 결국은 복수보다는 화해와 용서의 길을 찾았던 것이다.

그렇다면 진정한 용서란 무엇인가. 누구나 용서할 수 있는 것은 용서가 아니다. 아무도 용서할 수 없는 것을 용서하는 것이 용서의 아포리아라는 점에서, 그것은 결코 쉽지 않은 일이다. 「시간의 문」이나 「비화밀교」, 그리고 「벌레 이야기」 등에서 그는 반복적으로 용서의 문제를 변주한다. 그가 『당신들의 천국』에서 "사랑은 자유처럼 뺏음이 아니라 베풂이라고, 사랑은 자유처럼 투쟁과 미움과 원망을 낳는 대신 용서를 가르친다고 말이야요."라고 제시한 문면은 그가 궁극으로 지향했던 화해와 용서에 대한 정직한 답변이라 할 수 있다.

그런데 근대사회의 금기 체계에 저항하기 위한 거점으로서 예술의 세계를 발견했던 이청준이 대결과 저항이 아닌 화해와 용서로 나아간 점은

---

41 이청준, 「다시 태어나는 말」, p.174.

어떤 개념과 직관으로도 포착하기 어려운, 하나의 객관적인 총합으로 환원되지 않을 만큼 아포리아적이다.

바디우에 의하면 참된 것(또는 올바른 것)은 원인에 의해서든 목적에 의해서든 어떤 객관적인 총합으로 환원되지 않는 것[42]이며, 이는 언어로 표상할 수 없는, 언어 체계에서 벗어나서 존재하는 그 무엇, 기존의 진리 체계로부터 벗어나 있는 어떤 것이다. 대체로 이런 것들은 모두 아포리아의 구조로 이루어져 있다. 기존의 지식체계를 교란하는 행위, 로마라는 제국의 지배 체계에 맞서 아포리아를 온몸으로 수행한 선구자가 바로 사도 바울이라고 바디우는 강조한다. 그런 면에서 이청준은 아포리아의 미학을 한국 현대 소설사에 구현해낸 사도 바울과 같은 존재일지도 모른다. 허기의 부끄러움과 전짓불의 공포, 이를 추동한 오이디푸스적 구조의 자본주의 폭력에 마주한 채 말할 수 없는 상황에서 말을 해내야만 하는 작가로서의 자기 부정의 역설 혹은 아포리아를 이청준은 그의 많은 작품들을 통해 표상해낸 것이다.

자유의 최대치를 5·16으로 인해 상실해 버린 60년대, 김승옥은 이를 감수성의 혁명으로 극복하려 했다면 이청준은 언어의 혁명, 당대의 오이디푸스적 구조를 언어 예술적 아포리아를 통해 당대의 부조리와 금기를 초극하려 했던 것 같다. 그리고 그러한 초극은 현실 권력과의 직접적 쟁투로서가 아니라 언어와 예술이라는 간접화된 매개를 택함으로써 용서할 수 없는 대상을 따뜻하게 끌어안는 용서의 아포리아를 통해 가능한 것이었다. 그는 폭력적인 자본주의 체제에 짓눌려 인간다움의 가치가 상실되어 가고, 더 이상 문학의 효용을 기대하지 않는 '문학의 종언'이 회자되는 시대에,

---

42 알랭 바디우, 『사도바울 - '제국'에 맞서는 보편주의 윤리를 찾아서』, 새물결, 2008, p.18.

엄혹한 금기를 고발하면서 그들에 대한 복수의 방식이 아니라 용서와 화해를 전제로 한 힘겨운 소설 쓰기를 실천했던 것이다.

학습 활동

1. 이청준은 언어가 권위를 가진 이들에 의해 지배 수단으로 이용되어 금기와 같은 담론을 구성하고 재생산해낸다고 보았다. 다음 글을 읽고 떠도는 말들이 인간을 지배하고 명령하는 지배 수단, 즉 금기가 되기까지의 과정을 생각해 보자. 그리고 우리 사회에서 이러한 예를 찾아보자.

> 말은 그것을 원하는 사람에게 모종의 힘을 지니게 되고 나중에는 그 사람들에게 복종을 요구했다. 하나의 개념은 사실과 떠나서 말의 내용 속에 독자적으로 확정지어지고 그것을 믿는 사람들에게 그 말은 때로 무조건 신앙되었다. 나중에는 사실에서 결별을 성취한 말들이 그것을 신앙하는 사람들을 지배했다. 그리고 많은 영특한 사람들이 그 말의 권위를 빌려 사람들을 지배했다. 그것은 참으로 엄청나게 많은 사람을 한꺼번에 지배해 나가는 길이었다. (중략) 권위를 지니고 신앙되는 말들은 그처럼 효과적인 인간 지배의 수단으로 봉사되고 있었다

2. 이청준은 「떠도는 말들 — 언어사회학서설1」에서 집단의 진실이라는 허위의식으로 배치되고 재생산된 금기가 개인, 개별자들의 진실을 말살하는 폭력으로 작용하고 있음을 비판한다. 한 집단의 진실이 일반성과 보편성의 이름 아래 개인에게 부과될 경우 그것은 한 개인이나 개별자의 작은 진실을 왜곡시키거나 추방해 버리는 폭력적 상황을 유발시킬 수

있다는 것이다. 이러한 금기로 인해 자신의 목소리를 내지 못한 경험이 있는지 이야기해 보자.

3. 이청준은 금기에 대한 저항과 부정으로 소설 쓰기를 선택하여 엄혹한 세계와의 화해와 용서를 지향하였다. 「시간의 문」이나 「비화밀교」, 그리고 「벌레 이야기」 등에서 그는 반복적으로 용서의 문제를 변주한다. 「벌레 이야기」를 읽고 자신이 생각하는 진정한 용서는 무엇인지 말해 보자. 그리고 이는 어떠한 방식으로 가능한지, 가능하지 않다면 그 이유는 무엇인지 논의해 보자.

4. 상호텍스트적 성격을 띠는 소설 『벌레 이야기』와 이를 각색한 영화 『밀양』을 비교·분석해 보자. 먼저, 두 작품에 모두 나타나는 사건과 인물, 영화에서 새롭게 창조된 사건과 인물을 구분해 보자. 또 영화 『밀양』은 소설과 다른 결말을 보이는데 이는 어떤 의미를 지니고 있는지 이야기해 보자.

● **더 읽을거리**

이청준, 「소문의 벽」, 「자서전들 쓰십시다」

김소진, 「자전거도둑」

장용학, 「인간의 종언」, 「요한 시집」

조르주 바타유, 『에로티즘』

지그문트 프로이트, 『토템과 터부』

제13장

문학과 생태여성주의

상호연대와 공생을 위한 새로운 가치

인류는 산업화와 과학기술의 발전으로 눈부신 물질문명의 혜택을 누려왔다. 하지만 이로부터 야기된 자연의 파괴는 생태계 붕괴 및 각종 질환과 질병, 자원 고갈 등의 모습으로 인류를 향한 위협이 되어 돌아오고 있다. 이제 환경오염은 삶의 질 수준을 넘어 인류의 생존이 걸린 문제로까지 악화되었다.

전 지구적 차원의 문제인 이러한 생태적 위기는 인간중심적 사고를 바탕으로 하는 이원론적 세계관과 이를 수용한 근대적 개발 방식으로부터 비롯된 것이다. 그런데 이러한 근시안적 세계관에 따른 생태 위기는 단순히 환경 문제에만 국한되는 것이 아니다. 생명이 아닌 이윤만을 추구하는 자본주의적 인식과 환원주의적 관점은 인간과 자연의 조화와 결합을 파괴했을 뿐만 아니라 인간과 인간 사이의 위기까지 불러왔다. 욕망의 과잉, 과

소비를 부추기는 이러한 가치관은 결국 상호 연결된 세계의 통합성을 파괴하고 불의와 착취, 불평등과 폭력의 근원이 되었다. 점점 심화되는 경제의 양극화, 사회적 불평등 구조, 물신화, 소외와 차별, 공동체의 붕괴, 실업과 같은 사회생태계의 황폐화는 자연생태계의 파괴와 더불어 생태 위기의 한 양상으로서 현대 사회를 위태롭게 만들고 있다.

이를 타개할 수 있는 하나의 대안으로서 등장한 생태여성주의는 생태주의와 여성주의의 결합으로, 성장중심주의 사회체제를 비판하는 동시에 자연과 타자에 대한 이해, 관계 지향성, 여성의 잠재력 등을 강조하면서 전 지구적 생태 위기를 해결하고자 한다. 구체적으로 생태여성주의는 인간/자연, 이성/감성, 남성/여성, 정신/육체와 같은 이항 대립적인 인간관과 세계관을 극복하고 상호연대, 사랑, 공생, 조화, 타인에 대한 이해와 배려 등 생존을 위한 새로운 가치들에 의미를 부여한다. 즉, 위계적인 이분법 속에서 배제되고 평가절하된 가치들을 새로운 문화를 창출해 낼 수 있는 하나의 가능성으로 바라보고 그것을 실천하게 하는 생산적인 힘을 도모하고자 한다. 이러한 점에서 생태여성주의는 생태사회를 전망하고 인간이 나아가야 할 방향성과 현대 사회의 미래를 제시하는 역할을 수행할 수 있다.

한강의 작품 속에는 인물들이 떠나온 장소이자 동경하는 공간으로서의 자연이 상징적으로 등장한다. 작품 속 인물들은 자신이 속한 실재적 세계를 넘어 이상향인 자연적 공간으로 나아가고자 한다. 그리고 이러한 공간적 전이의 과정을 통해 자기 인식에 도달하며 자신의 정체성을 형성하고 발전시킨다. 또한 이들은 대립 관계에 있던 타자를 이해하고 포용함으로써 서로 간의 경계를 허물며 삶의 외연을 넓고 부드럽게 만든다. 나아가 자연과의 교접을 통해 생명력과 활력, 적극성을 회복하고자 한다.

요컨대 한강의 작품 속 인물들의 자연에 대한 동경과 자연 친화적인 태도는 자연과 융화되는 인간의 삶을 희구하는 생태적 이념에 충실한 것임을 알 수 있다. 한강은 여성과 자연이 배제됨으로써 초래된 삶의 비정상성을 일깨워줄 뿐만 아니라 우리가 잃어버린, 그러나 회복해야 할 가치를 환기한다. 그것은 모든 생태계가 균형을 이루고 상호 연관을 맺는 협동의 윤리적 관계이다. 따라서 한강의 소설은 모든 생태계의 조화로운 공존을 통해 평화적 공동체를 구축하고자 하는 생태여성주의 문학에 맞닿아 있다고 할 수 있다.

1. 한강과 생태여성주의

한강(1970~)은 1994년에 단편 「붉은 닻」으로 작품 활동을 시작한 이래, 가족 공동체의 와해, 우울증적 주체의 양상, 타자와의 소통 가능성, 생태학적 윤리 문제 등을 다루며 가족과 사회, 그리고 국가라는 거대한 장 안에서 살아가는 인간의 본성에 관해 천착해 왔다. 특히 한강 소설에 나타난 여성성과 생태적 상상력은 생태 위기를 초래한 근대적 세계관에 담긴 파괴성을 비판하고 근본적인 인식의 해체와 변화를 꾀하며 논의의 중심에 서 있다.

한강은 가부장적 이데올로기 속에서 주체성을 박탈당한 여성에 주목하여 종속적 관계의 모순을 드러내고 근본적인 인식의 해체와 자연과의 조화를 통한 생태적 세계를 구현한다. 한강의 작품 속에는 모순된 현실을 자각하고 이에 저항하며 나아가 자연으로의 회귀를 꿈꾸는 여성 주체들이 주로 등장한다. 가부장제에 상처받은 여성이 자연을 동경하고 그로부터 위로받는 것은 폭력적인 지배 이념에 대한 생태학적 대응의 한 방식이다. 이는 가부장제의 타자인 여성이 근대 문명의 타자인 자연과 결합하여 부조리한 위계질서를 전복하는 것이라고 할 수 있다. 이처럼 생태여성주의가 한강의 작품들을 관통하는 중요한 요소라고 해석되는 바, 이를 직간접적으로 드러내는 다양한 작품에 대한 연구는 한강의 문학 세계를 조명하는 작업으로써 매우 긴요한 일이라 하겠다.

한강의 여러 초기 단편 소설 속에는 다양한 생태적 양상이 드러나 있다. 그의 작품 속 주인공들은 권위적 폭력성을 비판하고 저항하는 데에서 멈추지 않는다. 이들은 생태적 장소성(토포필리아)을 갈망하는 가운데 대립관계에 있던 타자를 받아들이며, 고통을 이겨내고 소생한다. 특히 한강의 생태여성의식의 첫 발로라 할 수 있는 『내 여자의 열매』(2000) 작품집에 수록된 「아홉 개의 이야기」, 「해질녘에 개들은 어떤 기분일까」, 「아기 부처」, 「철길을 흐르는 강」, 「내 여자의 열매」에는 안온하고 평화로운 자연의 양상과 모든 생명체가 상호 공생할 수 있는 생태적 세계로의 방향성이 제시되어 있다. 이 작품들 속에 등장하는 삶의 근원으로서의 생태적 공간과 모든 생명체의 생태 윤리적 관계, 그리고 인물들이 자연과의 합일을 통해 생명력을 회복하는 모습은 작가의 생태적 감각과 의식을 보여준다. 이처럼 한강의 소설은 생태적 양상을 폭넓게 담고 있으며 인간과 자연 나아가 여성과 남성 사이의 상호연관성을 강조하는 생태윤리학의 발전으로 연결된다는 점에서 그 의미가 남다르다고 하겠다.

이에 이 글에서는 자연과 여성을 대하는 작가의 태도와 세계관이 생태여성주의와 맞닿아 있다는 점에 주목하여 그녀의 다양한 작품에 포진되어 있는 생태적 양상을 면밀하게 살펴보고자 한다. 기존 연구가 주목해온 소설이 아닌 한강의 여타 소설들로의 생태학적 논의의 확장은 한강의 소설과 생태적 사유의 조우를 다시 한 번 확인할 수 있는 계기를 마련해 줄 것이다. 나아가 이는 작가의 문학 정신을 세밀히 규명해 내는 일이자 생태여성문학의 지평을 넓히는 작업이 될 것이다.

2. 삶의 근원으로서의 생태적 공간에 대한 동경

소설 속 공간은 소설의 여러 요소들에 영향을 미치고, 주제를 강화하며 나아가 작가의 내면 의식을 드러내는 문학적 장치로까지 기능한다. 즉 한 편의 소설에서 제시되는 공간적 요소는 주제와 세계관의 인식소라 할 수 있다. 특히 생태소설에는 인물과 공간의 상호 복합적인 연계성이 반영되어 있는데 이는 곧 인물의 정체성 형성의 의미소로 작용하게 된다. 생태소설 속 인물들은 자신이 속한 실재적 세계를 넘어 이상향인 자연적 공간으로 나아가고자 한다. 그리고 그 공간적 전이의 과정을 통해 자기 인식에 도달하며 자신의 정체성을 형성하고 발전시킨다.

한강의 작품 속에는 인물들이 떠나온 장소이자 동경하는 공간으로서의 자연이 상징적으로 등장한다. 어릴 적 머문 시골집이나 꿈속의 산, 숙소 근처 바다로 구체화된 공간은 단순한 배경으로서의 역할뿐 아니라 인물들의 심리적 상황이나 내면세계를 암시하는 기능도 수행한다.

「아홉 개의 이야기」는 짧고 독립적인 아홉 개의 산문을 엮은 소설로, 사건과 배경에 대한 구체적인 설명이 드러나 있지는 않지만 그 흐름을 관통하는 작가의 일관된 시선이 존재한다. 그것은 바로 생태적 세계를 형상화한, 삶의 근원으로서의 자연 공간이다.

> 그녀와 그는 숲이 가까운 이층집에 세들어 살았다. 여름밤에는 멀리서 산뻐꾸기가 울었고, 봄이면 계곡을 따라 흰 산벚꽃 잎들이 물살

의 모양대로 흘렀다. 저녁이 내릴 때쯤 그들은 숲으로 걸어나가곤 했다. 숲은 서쪽으로 펼쳐져, 무성한 나무들의 잎사귀들이 저녁 역광을 받으며 이리저리 몸을 뒤집었다.

그들이 그 집을 떠나던 초가을 아침, 이삿짐을 내던 그녀에게 이웃집 여자가 다가왔다. 얼굴만 익을 뿐 인사한 적이 없던 창백한 얼굴의 중년 여자였다. 여자는 두 손 가득 파랗게 담겨 있던 대추알들을 그녀의 두 손에 부어주었다.

(중략)

어느 저녁 그들은 슬리퍼를 꿰어 신고 뒷베란다로 나갔다. 서쪽으로 난 창 너머로 해가 지고 있었다. 먼 고층빌딩들의 유리창이 붉게 빛났다. 가까운 상가건물 아래로 자동차와 행인들이 오갔다. 어디선가 사이렌 소리가 이명처럼 울려왔다.

그들은 두 겹의 창문을 열었다. 창틀 옆 선반의 말라붙은 대추알들 가운데 하나씩을 골라 입에 넣었다. 들큼한 열매의 즙을 삼키는 동안, 그들은 아무 말도 꺼내지 않았다.

—「아홉 개의 이야기 — 서쪽의 숲」

위의 문면에서 그녀와 그는 숲 속 시골집을 벗어나 도회로 떠난다. 새가 울고 푸른 잎이 무성한 자연의 평온함과 대비되어 도시의 인공성과 소음에서 느껴지는 이미지는 매우 차갑고 쓸쓸하다. 그녀와 그는 창 너머로 비정한 도시 문명을 바라보며 식물적 공간의 부재를 확인하고 숲과 따뜻했던 이웃을 연상시키는 대추를 꺼내 삼킨다. 그들은 말을 아끼지만 오히려 그들의 침묵 속에서 떠나온 자연적 공간을 그리워하는 내면의 소리가 밀도 있게 전달된다.

> 이따금 그녀는 같은 꿈을 꾸었다. 나지막한 슬레이트 집들이 밀집한 산기슭을 헤매는 꿈이었다. 그녀가 가려고 하는 곳은 푸른 봉우리였다. 회청색 비구름들로 둘러싸인 그곳은 깎아지른 듯 높았다. 그러나 높고 가파른 것은 괜찮았다. 문제는 아무리 헤매어도 그쪽으로 가는 길을 찾을 수 없는 것이었다.
>
> (중략)
>
> 꿈뿐 아니라 생시에서도 그녀는 이따금 그 산을 보았다. (중략) 운무에 가려 봉우리가 보이지 않는 푸른 산. 청남빛 산허리와 그 계곡의 깊고 짙은 그늘을 오려다보느라 그녀는 하던 일을 멈추고 우두커니 제자리에 서 있곤 하였다.
>
> —「아홉 개의 이야기 — 푸른 산」

그녀가 반복해서 꾸는 불안한 꿈은 자연으로 회귀하고자 하는 욕망이 표출된 것이다. 도시적 일상 가운데 멍하니 서 있는 그녀의 모습에서 활기나 생명력은 찾아보기 힘들다. 꿈에서나 현실에서나 그녀의 욕망은 자연 속에서 생기를 얻는 것이다. 그녀가 꿈속에서 느끼는 갈증은 재생과 소생으로서의 이미지인 물이라는 자연물을 통해 자신의 삶이 구원되기를 바라는 것으로 해석할 수 있다. 다시 말해, 그녀의 꿈은 현실을 넘어 생태적 세계로 귀환하고자 하는 무의식적 욕망의 발현이라 할 수 있다.

생태적 공간을 그리워하는 인물의 삶을 조명한다는 점에서「아홉 개의 이야기」는 「해질녘에 개들은 어떤 기분일까」와 유사성을 지닌다. 그런데 「해질녘에 개들은 어떤 기분일까」의 화자는 자연에 대한 단순한 갈망에서 벗어나 자연으로 나아가는 시도를 하고 결국엔 자연을 마주한다는 점에서 작가의 생태의식이 보다 생생하게 전달된다.

「해질녘에 개들은 어떤 기분일까」에서 주인공인 아이는 삼 층짜리 슬라브 여관 건물에 묵고 있다. 여관 앞 이차선 도로 맞은편으로는 슈퍼마켓이며 철물점 따위의 단층 건물들만이 내려다보인다. 어머니를 찾아 떠돌다 찾아온 이곳은 음침하고 건조한 공간이며, 아이가 안주하지 못하고 공포심과 불안함을 느끼는 어두운 공간이다. 감금을 떠올리게 하는 유폐된 공간 속에서 아이는 불안정한 모습으로 외출한 아버지가 돌아오기만을 기다린다.

> 해질녘에 아이는, 여관방 창 너머로 아스라히 사위는 바다를 향해 걸어가고 싶어진다. 흙펄을 핥는 파도의 거품이 흰빛인지 황금빛인지 가까이서 보고 싶어진다. (중략) 아이는 개들의 등뒤로 얼핏 봤던 흙펄을 떠올렸다. 물기를 머금어 마치 곱게 빻은 유릿가루 같던 그 펄에 비칠 황금빛 구름의 무늬를 상상하자, 아이의 가슴은 좀전까지의 놀람이 아닌 이상한 설렘으로 뛰기 시작했다.
>
> —「해질녘에 개들은 어떤 기분일까」

아이가 위태롭고 차가운 공간에서 생명력을 소진하지 않고 버틸 수 있는 이유는 창 너머 보이는 바다의 모습에 있다. 바다는 아버지의 세계로부터 자신을 보호해줄 엄마의 품과 같은 편안한 안식처이다. 여관방으로부터의 탈주를 망설이던 아이는 어느 날, 바다를 향해 과감히 걸음을 내딛는다. 이는 아이가 자신을 둘러싼 억압적 일상에 저항하는 행위이며 자연의 세계에 닿고자 하는 아이의 원초적이고 본능적인 무의식이라 할 수 있다.

> 봄이면 하얗게 배꽃이 피고…… 사과꽃이 피고…… 천지가 하얗게, 밤에도 온통 불을 켜놓은 것같이……. 아빠가 자정 넘도록 돌아오지

> 않는 밤이면, 아이와 둘이서 트럭을 몰고 돌아온 엄마는 아이의 머리카락을 귀 뒤로 쓸어 넘겨주며 그 과수원 풍경을 자장가처럼 읊조렸다. 그 순간이 행복해 아이는 밤새 그렇게 깨어 있고 싶었다.
>
> —「해질녘에 개들은 어떤 기분일까」

위의 문면은 아이의 어머니에 대한 기억으로, 아이가 지닌 태생적 생태의식을 표상한다. 과수원이 고향인 어머니는 라일락 냄새 나는 머리칼과 향긋한 목덜미를 가졌고, 꽃핀이나 꽃무늬 옷을 좋아하며, 꽃집에서 일하다 그곳에서 아이를 가졌다. 어머니를 닮은 아이는 식물적이고 자연적인 어머니의 세계에 그 뿌리가 닿아 있는 존재이다. 어머니에 대한 끊임없는 회상은 아이가 지향하는 생태적 세계를 극대화하고 그가 마주한 아버지의 폭력, 동물적이고 인공적인 세계와 대조되는 효과를 거둔다. 이를 통해 궁극적으로는 어머니로 상징되는 생태적 삶에 대한 강렬한 지향을 드러내게 되는 것이다.

> 바닷바람이 아이의 옷 속으로 파고든다. 오그라드는 가슴을 펴려 애쓰며 아이는 계속해서 걸어간다. 무허가주택들의 들쭉날쭉한 담벼락들이 흐린 시야 속에서 겹쳐진다. 해질녘의 개들이 어떤 기분일지 아이는 궁금하지 않다. 너무 아팠기 때문에, 오래 외로웠기 때문에, 아이에게 이 순간 두려운 것이 없다.
>
> —「해질녘에 개들은 어떤 기분일까」

아이가 아버지에 의한 죽음의 위험으로부터 벗어나 종국에 다다르게 되는 바다는 식물성의 세계인 과수원의 연장선상에 있는 생태적 공간으로,

생명력과 포용력의 이미지를 띤다. 아이에게 있어 바다는 어머니의 품 또는 생명의 원천이다. 아이는 자연으로의 회귀를 통해 아버지로부터 받은 상처를 치유 받는다. 외로움과 아픔을 치유해 주고 보듬어 주는 것은 결국 자연인 것이다. 결국 아이가 바다로 나아가는 것은 생태적 공간을 통한 생명력의 회복과 모성으로의 회귀를 함의한다.

이처럼 한강은 소설 속 인물들이 자연적 공간을 지향하는 모습을 보여줌으로써 생태적 인식을 드러낸다. 작품에 등장하는 자연은 단순히 배경으로서 아름다운 공간에 그치는 것이 아니다. 인물들에게 있어 자연은 정신적 기반이자 생명력을 부여하는 생태적 공간이 된다. 그리하여 한강의 작품 속 인물들은 이러한 생태적 공간에서 행위하고 존재하고자 하는 것이다.

요컨대, 한강의 소설에 있어 생태적 공간은 삶의 근원으로서 끊임없이 향수를 불러일으키는 공간이다. 이러한 생태적 공간에 대한 애착, 장소애(topophilie)는 한강의 작품 대부분에 흐르는 정서로 작가의 생태의식이 반영된 것이라 할 수 있다.

3. 생태적 삶을 위한 새로운 관계 모색

생태학적 사유의 핵심적인 내용은 자연 생태계를 이루는 모든 생명체가 저마다 각자의 자연스러움을 지닌 존재 가치를 가진다는 것이다. 이를 바탕으로 생태문학에서는 공존의 원리 즉, 인간도 자연의 일부라는 일원적 세계관을 강조한다. 이는 생태여성주의에서 논하는 '돌봄의 윤리'와 맞닿아 있다. 따라서 생태여성문학은 인간, 자연을 포함한 모든 생태계의 조화로운 공존을 통해 평화적 공동체를 지향한다. 즉, 이분법적 대립이 아닌, 상호관련을 맺는 전체적인 협동의 윤리적 관계를 세우려 한다.

한강 소설 속 인물들은 타인과의 관계에서 상처를 입지만 그들을 이해하고 포용함으로써 죽음에 대한 불안을 떨치고, 자기 자신도 사랑할 수 있게 된다. 타자가 없으면 함께 소통할 수 있는 존재 또한 없는 것이고, 타자가 소멸하면 주체 자신도 소멸될 수밖에 없다. 살아가는 한 폭력과 슬픔에 노출될 수밖에 없는 인물들은 결국 타자와의 관계 속에서 서로에게 기대고 의지한다. 한강은 생태의식을 바탕으로 상처받은 자와 상처 주는 자 사이의 새로운 관계를 모색함으로써 그 상처를 회복하고자 한다.

「아기 부처」는 주인공이 화상으로 흉터 입은 몸을 가진 남편을 이해하고 받아들이는 과정을 담은 이야기이다. 소설의 표면적인 줄거리는 주인공이 남편과 불화를 겪는 가운데 남편이 다른 여자를 만나게 되고, 외도 끝에 가정으로 돌아오자 그를 받아들이게 되었다는 것이다. 그러나 이 소설에서 서사의 핵심은 남편의 흉터를 포용하는 주인공의 내면의 변화에 있다.

> 그가 화를 내면 나도 함께 화를 냈다. 시작이 어려웠을 뿐, 감정의 폭발이라는 것도 시간이 흐름과 함께 습관이 되었다. 머리가 뜨거워지며 이성이 마비되고, 분노가 끓어넘치는 대로 온몸이 그 폭발에 반응하는 순간, 그 불꽃 튀는 순간들이 지나고 나면 나는 허탈감에 잠긴 채 작업실에 주저앉아 시간을 보내곤 했다. 이따금 나는 속으로 중얼거렸다.
>
> 하루하루를 인내하고 있는데, 네 몸을 견디며 살아주고 있는데, 어떻게 네가 나한테 이럴 수가 있니.
>
> — 「아기 부처」

'그'는 어릴 적 입은 화상으로 온몸에 흉터가 있고 내면에는 불이 끓는 인물이다. '나'는 '그'의 흉터가 준 충격 때문에, 평생 숨기고 싶었을 알몸을 보여줄 만큼 자신을 신뢰해 준 데에 대한 고마움 때문에 '그'와 결혼한다. 그러나 결혼 후 비인간적이고 완벽주의자인 '그'와의 싸움이 계속될수록 '그'의 흉터를 괴로워하고 혐오하게 된다. 게다가 '그'는 지금 '나' 아닌 여자를 가까이 하고 있다. 이미 '나'와 '그' 사이의 사랑은 부재하므로 '나'는 더 이상 '그'와의 관계를 지속할 수가 없다.

> 자그마한 빌라들이 모여 있는 주택가 골목에서 삼분만 걸어나가면 숲이 나왔다. 사실 내가 부르는 이름이 좋아 숲일 뿐 나무 이십여 그루가 심어진 산책로에 불과했다. 산책로 옆 철조망의 허술하게 찢어진 틈으로 들어가 등성잇길을 따라 올라가면 북한산 등산로에 이를 수 있지만, 나에게는 이 볼품없는 산책로가 오히려 제 모양대로 편안했다.
>
> —「아기 부처」

'나'는 매일 황폐한 일상에서 안식을 찾기 위해 숲길 산책을 한다. '나'는 새벽녘에 집에서 나와 날이 밝을 때까지 정자에 앉아 숲과 교감하는데, 그럼으로써 자기 인식 및 자기 성찰을 하게 된다. 자기 안에 품고 있는 타인을 향한 날카로운 칼을 의식하기 시작하는 것이다. 이는 '나'의 어머니와의 산행을 통해 더욱더 구체화된다.

> 나무등걸을 잡고 쉬는 나를 돌아보며 어머니는 뜻밖의 말을 했다.
>
> "집에서도 이 산을 보고 있으면, 저 뒷자락에 네가 살고 있으려니 싶

었으니…… 이 산이 너를 나하고 이어주는 것 같아 고맙기도 하고 더 커 보이기도 하더라."

평생 딸에게 곰살궂은 말을 건네본 적이 없는 어머니였기에 나는 어떻게 대답해야 할지 몸둘 바를 알 수 없었다. 어머니가 북한산을 볼 때마다 내 생각을 하리라고는 상상조차 하지 못했다.

—「아기 부처」

한평생 '칼'을 품고 살아와 후회가 된다는 어머니는 산행 중 '나'를 향한 사랑과 관심을 표현한다. 어머니와의 산행 이후 나는 꿈에서 본 음흉하고 흉악한 아기 부처의 모습이 결국 자기 자신의 모습에 다름 아니라는 사실을 깨닫는다. 어머니에 대한 뿌리 깊은 분노, 남편을 향한 증오로 가득했던 '나'의 내면은 아기 부처의 형상과 닮아 있다. 이렇게 날카롭고 차가운 이미지로 가득한 세계는 연꽃 봉오리가 피어나는 날, 생명력이 있는 식물의 세계로 변한다.

얼음 풀린 계곡을 향해 허리를 구부린 소나무들을 바라보다가 나는 새로운 사실을 발견했다. 겨울부터 저 날카로운 솔잎들은 초록빛을 띠고 있었다. 그러나 이제 보니 푸른색이지만 분명히 달랐다. 방금 나온 어린 싹 같은 연푸른빛이 생생하게 차올라 있었다.

겨울에는 견뎠고 봄에는 기쁘다.

—「아기 부처」

'나'는 '그'와의 관계가 어긋나게 된 원인이 '나' 자신에게도 있음을 알게 된다. 선한 것과 악한 것, 진실과 거짓 사이에서 '나'는 '그'를 마음 깊은 곳에서부터 증오하고 혐오해 왔다. 이런 '나'를 바라보며 '그'는 자신도 모르는 사이에 버림받은 소년의 얼굴, 깊숙이 흉터를 숨긴 얼굴로 침통하게 서 있었다. 이를 자각한 '나'는 이제 새 여자로부터 상처 받고 돌아온 '그'를 진정 어린 마음으로 받아들일 수 있다. 고통을 겪으면서 걸어왔던 '나'의 행로는 자기 인식의 길이었으며 그 길의 끝에 연푸른빛의 어린 싹이 차오르는 활력과 만나게 된다. 깨달음이 있은 후에 '나'는 '그'의 화상을 받아들이며 더욱 애틋하게 그 상처를 껴안게 된다.[43] 비로소 '나'는 타자와의 경계를 허물고 타자의 삶을 이해할 수 있게 된 것이다. 이처럼 내가 타자에 대한 사랑의 진정한 의미를 체득하였을 때, 타자를 대하는 태도가 변하였을 뿐만 아니라 세상을 바라보는 시선 또한 달라진다. 그래서 숲 속의 풍경도 이전과는 다르게 보이는 것이다. 이는 자연, 여성, 남성이 하나로 놓이는 풍경이다. 이와 같이 「아기 부처」에는 남자와 여자를 구분 짓는 이분법이 아닌, 서로간의 경계를 허물며 삶의 외연을 넓고 부드럽게 하는 생태적 감수성이 드러나 있다.

「해질녘에 개들은 어떤 기분일까」에도 생태학적 자기실현을 통해 남성들을 포용하고자 하는 작가의 세계관이 드러난다. 이 작품의 주인공인 아이는 어머니와 동일시되어 강압적이고 폭력적인 아버지를 이해하고 연민의 감정으로 바라보는 존재이다.

아이의 아버지는 납덩이처럼 차갑고 딱딱한 얼굴에 팔뚝에는 용 문신이 살갗을 뚫고 튀어나올 듯 새겨져 있는 인물로, 그가 시켜먹는 음식도 중국 음식이나 돈까스, 삼겹살 등 기름기 많은 것뿐이다. 아버지는 짐승의 세계를 대변하며 아이가 바다로 가는 길을 막아섰던 개들과 닮아있다. 그러

---

43 방민화, 「관(觀) 수행으로 본 한강의 아기 부처」, 『세계문학비교연구』 제50집, 한국세계문학비교학회, 2015, p.103.

나 그 역시 아내나 아이와 마찬가지로 폭력적 지배 질서 속에서 소외되고 타자화된 존재이다.

자신으로부터 도망간 아내를 찾아 온 도시를 헤매는 그는 유약하고 초라한 모습이다. 아이에게서 아내의 모습을 찾는 그의 마음속에는 어떤 순수성과 자연성이 내재되어 있다.

> 아빠는 다리를 떨고 있다. 옷을 입은 채 변기 위에 걸터앉는다. 아이는 그의 얼굴이 젖은 것을 본다. 물일까, 땀일까? 아빠가 쥐었다 놓은 아이의 어깨가 욱신거린다. 아이는 타일 바닥에 주저앉은 채 그를 올려다본다. 그의 얼굴이 낯선 사람처럼 일그러지는 것을, 처음 듣는 목울음이 어흑어흑 터져나오는 것을 본다.
>
> —「해질녘에 개들은 어떤 기분일까」

사랑은 서로 다른 두 존재, 두 세계를 연결하고 결합하는 힘이다. 그리고 그것은 눈물로부터 시작된다. 아버지가 서럽게 우는 바람에 좋아졌다던 어머니의 고백처럼 '우는 것과 좋아지는 건 뭔가 분명한 관계가 있'다. 아이에게 독 바른 잼을 먹이려다 토하게 한 후 우는 아버지의 모습을 통해 아이는 지겹고 무서운 아버지가 동시에 무서워하는 아버지일 수도 있음을 깨닫는다. 들짐승처럼 무섭게 짖어대던 개가 천막 쇠기둥에 매인 초라한 개로 변화되어 나타나는 것은 이러한 인식의 변화와 연관이 있다. 이때 '나'와 '너', 무서운 대상과 무서워하는 존재, 꽃과 짐승은 대립적 관계에서 벗어나 하나로 합쳐진다. 아버지가 끝내 버리지 않은 엄마의 꽃핀, 이것은 아버지와 어머니의 두 세계를 다시금 이어줌으로써, 개의 세계와 꽃의 세

계가 하나로 만날 수 있음을 보여준다.[44]

> 구름은 전체 모습을 알아볼 수 없는 거대한 황금빛 새의 날개 같다. 광선의 움직임 속에 그 날개가 소리 없이 퍼덕이고 있는 것 같다. 돌아보니 소읍 뒤로 섰는 산은 평소와 다른 모습을 하고 있다. 등성이의 발가벗은 나무들이 옴죽옴죽 빛을 향해 피어오르는 것 같다. 마른 가지들을 빛 쪽으로 벌리고 서서히 다가오는 것 같다.
>
> (중략)
>
> 아빠의 손가락이 헤집어놓은 목구멍이 빠근하게 아파온다. 하지만 이상하게도 아이는 아빠가 밉지 않다. 대신 아빠가 목놓아 울던 모습을 생각하자 가슴이 서늘하게 저며온다. 그 낯선 통증이 아이의 발을 자꾸만 땅에 끌리게 한다.
>
> ―「해질녘에 개들은 어떤 기분일까」

아이는 죽음의 공포 속에서 벗어나 「아기 부처」의 화자가 그랬듯이 자연의 생명성과 창조적 재생력을 인식한다. 아버지에 대한 이해와 자연의 내재적 가치의 발견은 그 순간을 함께 한다. 이처럼 한강은 작품 속에서 모든 생명체의 공존과 평화를 지향하고 이를 바탕으로 한 새로운 윤리적 관계를 구축하려 한다.

---

44 황도경, 「해설/짐승의 시간, 꿈꾸는 식물」, 『내 여자의 열매』, 창비, 2000, p.317.

4. 자연과의 합일을 통한 생명력 회복

반다나 시바는 만물의 본질로서 모든 존재에 스며들어 있는 원동력을 프라크리티(Prakriti)[45]이라 말한다. 프라크리티, 곧 자연은 다양한 생명체의 창조, 재생, 유지의 순환 구조 속에서 강력한 생산적 힘을 발휘한다.[46] 뿐만 아니라 모든 생명체의 안녕과 행복의 진정한 원천으로서 풍요롭고 생동감 있는 세계를 창조한다. 이러한 자연의 내재성과 신성함을 통해 인간은 폭력적인 현실 속에서의 고통을 해소할 수 있고 피폐한 삶에서 해방되어 새로운 생명력을 얻을 수 있다.

한강의 소설은 남성 중심의 지배 담론에서 억압되고 유폐된 여성들이 자연과 하나가 되는 과정을 통해 고통스러운 삶에서 벗어나는 모습을 보여준다. 황폐한 도시 문명과 가부장제의 횡포에 생존까지도 위협받는 지경에 이른 여성들은 강물과의 합일 또는 식물로의 변신 등으로 스스로를 치유한다. 또한 작품 속에 묘사된 자연은 살아 있는 유기체로서 인간과 동일한 존재로 간주되어 모든 생명을 평등하게 바라보는 작가의 생태의식을 엿볼 수 있다.

「철길을 흐르는 강」에는 외로움과 상처, 소통의 단절 속에서 생명력을

---

45 인도의 우주론에 의하면, 모든 존재는 '프라크리티(Prakriti)'라 불리는 태초적 원동력에서 비롯된다. '프라크리티(Prakriti)'는 모든 것의 본질로서 모든 것에 스며들어 있다. 생물과 무생물을 모두 포괄하는 이것은 여성적이고 창조적인 원리의 표현으로서 다음과 같은 특징을 지닌다. 첫째는 창조성, 활동성, 생산성, 둘째는 형태 및 형상의 다양성, 셋째는 인간을 포함하는 모든 존재 사이의 연결성과 상호 관련성, 넷째는 인간적인 것과 자연적인 것 사이의 연속성, 다섯째는 자연 속의 생명의 신성함이다. 반다나 시바, 『살아남기: 여성, 생태학, 개발』, 강수영 역, 솔, 1998, pp.83-87.

46 Vandana Shiva Staying Alive, Women, Ecology and Development in India, London, Zed Books, 1989, pp.38-42, 재인용, 김임미,「에코페미니즘의 논리와 문학적 상상력」, 영남대학교 박사학위논문, 2003, pp.13-14.

소진한 여성이 등장한다. 그녀는 온기 없고 차가운 공간에서 우울과 허무, 절망감을 느끼며 삭막한 삶을 살아간다.

> 그녀는 그 철길의 무덤 위에 앉아 있었다. 레일 사이에서 썩어가고 있던 침목들의 나뭇결은 강물의 긴 혀가 스쳐갈 때마다 정교한 무늬로 되살아났다. 장의차 같은 화물열차의 견고한 몸들이 서서히 강에 용해되고 있었다. 이제 곧 이 둔덕까지 강이 범람해올 것이다.
>
> (중략)
>
> 물살이 그녀의 몸을 덮쳤다. 거품 위로 몸뚱이가 치솟았다. 옥색의 물결이 코로, 귀로, 눈으로 흘러들었다. 이상하게 숨이 막히지 않았다. 그때에야 그녀는 강이라고 생각했던 것이 먹구름장 같은 거대한 새떼였던 것을 알았다. 새떼의 울부짖음이 고막을 찢었다. 참다 못해 소리치려 입을 벌린 순간, 젖은 새새끼들이 일제히 목구멍을 비집고 뛰쳐 날아갔다.
>
> —「철길을 흐르는 강」

무생명적 공간에서 활기를 잃어가던 그녀는 소설의 말미에서 자신의 몸을 덮친 강물을 받아들인다. '정화'와 '재생'의 이미지를 갖는 강물은 그녀의 몸 안에서 차올라 유년의 아픔과 도시에서의 고통 속에서 그녀를 구원하고 다시 소생하게 한다. 그녀는 강물을 통해 재탄생하게 되는 것이다. 이러한 그녀의 모습은 빛을 향해 뛰쳐 날아가는 새떼와 겹쳐진다. 비상하는 새의 역동적 이미지는 무기력하게 하강하던 그녀의 삶이 희망적으로 상승할 것임을 의미한다. 그녀는 강물과 합일된 후 멈추거나 뒤돌아보지 않고 앞으로 걸어 나간다. 이는 그녀가 자연과의 교접 이후 생의 뜨거움을 느끼고 생명력과 활력, 긍정성과 능동성을 회복하려는 욕구를 갖게 된 것으로 해석할 수 있다.

「내 여자의 열매」에서도 가부장제 질서에 유폐되어 있는 여성이 등장하여 자연과의 합일을 통해 삶의 변화를 꾀하고자 한다. '아내'는 어릴 적 바닷가에서의 삶에 답답함을 느끼고 도시 문명을 동경하며 집을 떠났다. 하지만 시끄럽고 복잡한 도시는 자신을 구속하고 억압하는 유폐적 공간임을 깨닫는다. '아내'는 '떠나서 피를 갈고 싶을 만큼' 강하게 도시의 삶에서 벗어나고 싶어 했지만, '아무래도 헤어질 수 없어' 남편과 결혼하여 반복되는 일상 속에 매몰된다. 그러나 이러한 삶은 그녀에게 극도의 불안과 우울함만 가져다 줄 뿐이다. 부자유한 공간 속에서 그녀가 생명력을 상실해 가는 모습은 그녀의 몸에 든 연푸른 피멍을 통해 드러난다.

> 낮이나 밤이나 별들은 유연한 포물선을 그리고, 해가 뜰 때마다 간선도로변 플라타너스들의 몸은 간절히 그쪽으로 기울어집니다. 내 몸도 따라서 그쪽으로 활짝 펼쳐져요.
> 이해할 수 있으세요? 이제 곧 생각할 수도 없게 되리라는 걸 알지만 나는 괜찮아요. 오래 전부터 이렇게 바람과 햇빛과 물만으로 살 수 있게 되기를 꿈꿔왔어요.
>
> —「내 여자의 열매」

위의 문면에서 '아내'는 무의식적으로 자연과 합일되고 싶어 하는 욕망을 드러낸다. 생명력을 상실한 도시 공간 속에서 생태적 세계와 교섭하려는 아내의 근원적 욕망은 식물로의 변신을 통해 충족된다. 식물로 변한 아내는 모든 인위적인 구속으로부터 벗어나 순수한 생명으로서의 자아를 실현한다.

> 이제 아내의 몸에는 한때 두 발 동물이었던 흔적이 거의 남아 있지 않았다. 포도알 같이 맺혀 있던 눈동자는 다갈색 줄기 속에 차츰 파묻혀갔다. 아내는 이제 볼 수 없었다. 줄기의 끝도 까딱할 수 없었다. 그러나 베란다에 들어서면 형언할 수 없는 아련한 느낌이 아내의 몸에서 나에게로 미미한 전류처럼 흘러들어오는 것을 느낄 수 있었다. 한때 아내의 손과 머리카락이었던 잎사귀들이 남김없이 떨어져 내리고, 입이 오그라붙었던 자리가 벌어지면서 한움큼의 열매가 쏟아져나왔을 때 그 실낱 같은 느낌은 끊어졌다.
>
> —「내 여자의 열매」

아내의 변신 이전에 아파트라는 공간은 어떤 생명도 자라지 못하는 불모의 공간이었다. 그러나 아내가 식물로 변신하자 생명력을 잃어버린 공간이었던 베란다에서도 비로소 열매를 맺을 수 있게 되었다. 그녀의 몸에서 나온 열매는 일종의 영성으로서 여성적 원리의 회복을 나타내는 상징적 기호이다. 그런데 아내의 변신이 여성적 원리의 회복, 식물적 세계로의 회귀만을 상징하는 것은 아니다. 아내의 변신은 무생명적 사회가 전복되기를 희망하며 자연의 순환적 질서가 존중되기를 소망하는 것이라 볼 수 있다.

이처럼 한강의 작품 속 여성 인물들은 자연으로의 회귀를 넘어 자신이 곧 자연이 됨으로써 생명력과 창조성을 되찾으며 자연의 존재를 재조명한다. 이들이 가지는 여성적 원리는 자연과 사회에 존재하는 모든 생명체를 유지하고, 더욱 풍요롭게 만들 수 있는 공간을 창조하고 확장한다. 따라서 여성적 원리가 회복된다는 것은 여성을 생산적이고 활동적인 존재로 보는 것이며, 자연을 살아 있는 유기체로 보는 것이라 할 수 있다.[47] 즉, 한강은 자연의 내재성과 생명력을 통해 현실을 극복하고 모든 생명체의 상생과 화합을 이루어 생태적 감수성이 넘치는 공동체적 세계를 구축하고자 한다.

5. 결론

이 글은 한강의 여타 단편 소설들을 생태여성문학의 관점에서 고찰함으로써 한강의 문학세계를 조명하고자 하였다. 한강은 작품 활동을 시작한 이래 꾸준히 남성 중심의 지배담론과 이분법적 세계관에 대한 거부를 넘어 잃어버린 생명력과 창조성의 회복, 상호 공생하는 세계로의 방향성을 제시하며 작가 자신의 생태적 사유를 보여주고 있다. 한강의 소설에 나타난 생태학적 양상은 다음과 같이 세 가지로 요약할 수 있다.

첫째, 한강의 작품 속에는 인물들이 떠나온 장소이자 동경하는 공간으로서의 자연이 상징적으로 등장한다. 어릴 적 머문 시골집이나 꿈속의 산, 숙소 근처 바다로 구체화된 공간은 단순한 배경으로서의 역할을 넘어 생태적 세계를 형상화한, 삶의 근원으로서의 자연 공간으로 기능한다. 한강의 작품 속 인물들은 자신이 속한 실재적 세계를 넘어 이상향인 자연적 공간으로 나아가고자 한다. 그리고 이러한 공간적 전이의 과정을 통해 자기 인식에 도달하며 자신의 정체성을 형성하고 발전시킨다. 이들에게 있어 자연은 정신적 기반이자 생명력을 부여하는 생태적 장소인 것이다. 즉, 한강은 작품 속에서 생태적 공간을 그리워하는 인물의 삶을 조명함으로써 생태적 인식을 드러낸다.

---

47 반다나 시바, 『살아남기: 여성, 생태학, 개발』, 강수영 역, 솔, 1998, pp.95-106.

둘째, 한강 소설 속 인물들은 타자와의 관계에서 상처를 입지만 그들을 이해하고 포용함으로써 그 상처를 회복하고자 한다. 인물들이 타자에 대한 사랑의 진정한 의미를 체득하였을 때, 타자를 대하는 태도가 변할 뿐만 아니라 세상도 달리 보게 된다. 이는 모든 인간이 상호연관을 맺을 때, 정신적으로 성장하게 된다는 심층 생태학적 자아실현과 관계가 깊다. 자아의 더 큰 성숙과 성장을 통해 자연과 인간은 하나로 놓이게 되는 것이다. 이와 같이 한강의 작품 속에는 서로간의 경계를 허물며 삶의 외연을 넓고 부드럽게 하는 생태적 감수성이 드러나 있다.

셋째, 한강의 소설은 황폐한 도시 문명과 가부장제의 횡포에 억압되고 유폐된 여성들이 자연과 하나가 되는 과정을 통해 고통스러운 삶에서 벗어나는 모습을 보여준다. 외로움과 상처, 소통의 단절 속에서 생명력을 소진한 여성들은 자연과의 교접 이후 생명력과 활력, 적극성을 회복하게 된다. 이들이 가지는 여성적 원리는 자연과 사회에 존재하는 모든 생명체를 유지하고, 더욱 풍요롭게 만들 수 있는 공간을 창조한다. 이처럼 한강의 작품 속 여성들은 자연으로의 회귀를 넘어 자신이 곧 자연이 됨으로써 생명력과 창조성을 되찾으며 자연의 존재를 재조명한다.

요컨대 한강의 작품 속 인물들의 자연에 대한 동경과 자연 친화적인 태도는 자연과 융화되는 인간의 삶을 희구하는 생태적 이념에 충실한 것임을 알 수 있다. 또한 한강은 여성과 자연이 배제됨으로써 초래된 삶의 비정상성을 일깨워줄 뿐만 아니라 우리가 잃어버린, 그러나 회복해야 할 가치를 환기한다. 그것은 모든 생명체가 균형을 이루고 상호연관을 맺는 협동의 윤리적 관계이다. 따라서 한강의 소설은 모든 생태계의 조화로운 공존을 통해 평화적 공동체를 구축하고자 하는 생태문학에 맞닿아 있다고 할 수 있다.

이처럼 한강의 작품에 포진되어 있는 다양한 생태적 양상에 대한 논의는 그의 문학 세계를 조명하는 작업으로써 매우 긴요한 일이다. 이는 작가의 생태의식을 읽어내는 작업에 다름 아니며 그의 문학정신을 세밀히 규명해 내는 일일 것이다. 나아가 생태문학의 지평을 넓히는 작업이라는 점에서 그 의의를 가진다고 하겠다.

학습 활동

1. 생태여성주의 논의에서 자연은 곧 여성이고, 여성은 곧 자연으로 동일화된다. 자연은 근대 문명의 타자이고 여성은 가부장제의 타자라는 점에서 근대로부터 소외되었다는 공통점을 지닌다. 뿌리 깊은 근대 문명과 가부장제 사회의 변화를 위해 가장 필요한 일은 무엇일까? 당장 내가 할 수 있는 일부터 생각해 보자.

2. 타자와 관련하여 생태여성주의가 지니고 있는 가장 큰 특징은 남성까지도 받아들인다는 점이다. 지금까지 전통적인 여성주의에서는 여성을 억압하고 착취하는 남성은 마땅히 타도하여야 할 적과 크게 다름없었다. 그러나 생태여성주의에서는 남성을 적보다는 오히려 동반자로 본다. 생태 위기를 극복할 수 있는 대안으로서 제시된 '공존의 삶'의 구체적인 형태를 떠올려보자. 또한 이는 우리 사회 또는 자신에게 어떤 의미를 지니는지 이야기해 보자.

3. 바슐라르는 문학작품 안에서 공간의 역할을 매우 중요하게 다루고 있다. 그에 따르면 공간과 더불어 존재하는, 즉 공간과 실존적 관계를 유지하

는 문학작품 속 인물은 공간과의 연관 속에서 서로가 그 의미를 한층 더 해간다. 이러한 관점에서 한강의 작품에 형상화되고 있는 숲과 과수원, 바다의 이미지는 무엇을 뜻하는지 생각해 보자.

4. 「내 여자의 열매」에서 아내는 식물로의 변신을 통해 폐쇄적 삶으로부터 탈주하고자 한다. 생태여성주의적 관점에서 자신이 벗어나고 싶은 현실을 생각해 보고 소설 속 주인공이 되어 '나의 변신담'을 써 보자.

● **더 읽을거리**

박완서, 「꿈꾸는 인큐베이터」

오정희, 「옛우물」

공선옥, 『수수밭으로 오세요』

가스통 바슐라르, 『물과 꿈』

마리아 미스·반다나 시바, 『에코페미니즘』